Handbuch für Erst-Autoren

MANFRED PLINKE

Handbuch für Erst-Autoren

Wie ich mein Manuskript anbiete
und den richtigen Verlag finde

> Tipps & Checklisten,
> Verlage & Agenturen,
> Begleitbrief & Manuskriptgestaltung

Autorenhaus Verlag

Bitte besuchen Sie auch
www.autorenhaus.de

Die Deutsche Nationalbibliothek verzeichnet diese
Publikation in der Deutschen Nationalbibliografie;
detaillierte bibliografische Daten sind im Internet unter
www.dnb.d-nb.de abrufbar.

Umschlaggestaltung: Sigrun Bönold
Illustrationen: Ralf Alex Fichtner, sofern nicht anders angegeben

Siebte Auflage
ISBN 978-3-86671-094-8
© 2010 Autorenhaus Verlag GmbH, Berlin

Die Erstauflage erschien 1999.
Der Inhalt wurde sorgfältig recherchiert, bleibt aber ohne Gewähr
für Richtigkeit und Vollständigkeit.
Nachdruck, auch auszugsweise, nur mit schriftlicher
Genehmigung des Verlags.
Die Adressdatenbanken sind nach dem Urheberrechtsgesetz
ausdrücklich geschützt.
Druck und Bindung: Westermann Druck Zwickau
Printed in Germany.

> *Inhalt*

Liebe Autorinnen und Autoren,

vielleicht liegt Ihr Manuskript schon seit einiger Zeit fertig auf Ihrem Schreibtisch und wartet darauf, Buchgestalt anzunehmen. Dann möchte Ihnen dieser Ratgeber dabei helfen:

Sie erfahren wie ein lektorenfreundliches Manuskript und ein guter Begleitbrief aussehen sollten, was Literaturagenturen für Sie tun können und wie Verlage arbeiten. Außerdem finden sie die Anschriften großer Verlage und ihre Taschenbuch-Programme, damit Sie den richtigen Verlag auswählen können.

Und falls Sie das Angebot eines Verlages erhalten, der einen Zuschuss oder mehr für die Veröffentlichung Ihres Buchs verlangt – dann lesen Sie das Kapitel über Pseudoverlage, bevor Sie unterschreiben ...

In ihren Erfahrungsberichten schildern Autoren den dornigen Weg der Verlagssuche bis zur Veröffentlichung. Und wenn Ihr Manuskript angenommen wird, dann können Sie nachlesen, wie Schritt für Schritt Ihr Buch entsteht.

Wir hören gern von Ihren eigenen Erfahrungen – auch weniger Erfreuliches kann eine Hilfe für andere Erstautoren sein. Schreiben Sie uns Ihre Anregungen und Tipps für die nächste Ausgabe?

Ihr Manfred Plinke

> *Erstlingswerke: Jouer de but*

Noch vor kurzem schien es, als müssten Autoren von Erstlingswerken vor ihrem Auftritt im Literaturbetrieb, im Buchhandel und für die Leser mediengerecht gestylt werden: mit ungewöhnlichem Background, als ausgeflippter Sonderling, Stadtnomade oder Sektenanhänger, ehemaliger Psychiatrieinsasse oder, schön gruselig, als Totengräber und Leichenwäscher. Mit zum Autorenportrait gehörte eine Liste wenig bedeutender Veröffentlichungen und literarischer Kleinsterfolge. Das Alter der Jungautoren war meist mittelalterlich.

Nun ist die Zeit der künstlich ausgeglichenen Imagedefizite vorbei, die Unsicherheit der Verlage gegenüber deutschen Erstlingswerken ist Vergangenheit. Das Autorendebüt, bemerken Marktstrategen, ist zum Medienereignis an sich geworden. Der Wandel lässt sich nicht allein mit einer nachwachsenden Lesergeneration erklären, die mehr nach deutschen Themen und Autoren verlangt, sondern auch mit den wirtschaftlichen Zwängen des internationalen Buchlizenzgeschäfts. Von rund 60.000 Erstauflagen deutscher Verlage sind etwa 7000 Übersetzungen ins Deutsche. Bei etlichen Verlagen mit belletristischem Schwerpunkt machen Übersetzungen immer noch 70, 80 % der Erstauflagen aus. Aber der Anteil übersetzter schöngeistiger Werke ist zurückgegangen.

Die Ursache dafür liegt nicht in einer plötzlichen Schreibschwäche englischer oder amerikanischer Autoren, vielmehr in den hohen Lizenzgebühren, die deutsche Verlage bisher für die Rechte ausländischer Werke zahlten: Der frühere Verleger Bernd F. Lunkewitz schätzt die Lizenzbeträge auf 35 Millionen Euro. Selbst für Verlagskonzerne mit ihren Möglichkeiten der Mehrfachverwertung in anderen Medien werden Übersetzungen ausländischer Bestseller zum schwer kalkulierbaren Risiko. Deshalb haben deutsche Verleger und Lektoren wieder öfter auf deutschsprachige Autorinnen und Autoren gesetzt – je jünger, desto besser.

Diese Entwicklung führte zu einer Gründungswelle deutscher Literaturagenturen. Seither werden Verlage mit höheren Vorschussforderungen bei Verlagsverträgen mit deutschen Autoren konfrontiert. Allerdings ist der Return on Investment für viele Verlage oft mehr in wolkigen Imagebegriffen als in Zahlen messbar und mit schrumpfenden Buchumsätzen schmelzen auch die Vorschüsse wieder.

Literaturpreise und -wettbewerbe sollen neue Talente entdecken helfen, auch wenn der Aufwand, in der Manuskriptflut preiswürdige Autoren zu finden, gigantisch ist. Für Erstautoren bieten Literaturwettbewerbe wie der Open Mike-Wettbewerb der Berliner Literaturwerkstatt Chance und Sprungbrett zur Veröffentlichung. Gelegentlich sitzen Verlagslektoren in der ersten Reihe, um anschließend mit den Autoren zu sprechen. Debüt kommt aus dem Französischen, jouer de but, auf das Ziel hinspielen. So ist auch der Erfolgstipp des früheren Reclam Leipzig-Verlegers Dr. Andreas Anter zu verstehen: »Man schickt ein Manuskript an einen Verlag und hofft auf einen Lektor, dem es gefällt.« Anters Vorgänger, Dr. Rainer Moritz, hat schon auf diese Weise Hits bei den Unverlangten entdeckt, beispielsweise Andrea Brown mit ihrem Debüt. Sie hatte übrigens einen guten Autorenratgeber zur Hand, als sie einen Verlag suchte …

>> *Verschiedene Literatur-Genres*

> Lyrik: wo veröffentlichen?

Der Wert eines Gedichtes

Auf Literatur- und Poesiefestivals werden die Zuhörer zu Zuschauern, hier geht es um poetische Performance. Man möchte den Dichter als Akteur erleben und etliche von ihnen erfüllen diese Erwartung gekonnt mit ihrer Lese-Show. Die Garde etablierter Literaten fürchtete deshalb schon manchmal den Untergang feingeistiger Poesie. Der amerikanische Dichter Alan Kaufman fand bereits vor zehn Jahren, die Jugend kenne mehr Rap-Songs auswendig als ein Literaturabsolvent klassische Gedichte. Na und? fragen die Wortakrobaten und reimen und rappen unbelastet weiter.

Trotz aller Lyrik-Festivals, Spoken-Word-Veranstaltungen und interessanten Internetseiten wie www.lyrikline.org mit Gedichttexten und gesprochener Dichtung möchten Autoren ihr Werk immer noch gedruckt sehen. Die Buchveröffentlichung ist für viele Lyriker das Ziel ihres dichterischen Schaffens.

Nur selten haben unbekannte Dichter eine Chance, in die Lyrik-Editionen bekannter Verlagshäuser aufgenommen zu werden. Es sind vor allem kleinere Buchverlage, die durch den persönlichen Enthusiasmus des Verlegers eine Veröffentlichung ermöglichen. Bei Auflagen von weniger als 1000 Exemplaren, die oft Jahre brauchen, bis sie verkauft sind, ist an weitere Lyrikbände meist kaum zu denken. Diese Situation nutzen Zuschussverlage aus, die sich gelegentlich mit berühmten Dichternamen in der Firmierung schmücken, um an gutgläubigen Autoren reichlich zu verdienen.

Das Angebot, sich an Lyrik-Anthologien zu beteiligen, weckt bei den vielfach enttäuschten Autoren immer wieder Hoffnung, selbst wenn sie nicht, wie üblich, honoriert werden, sondern stattdessen für ihre Veröffentlichung selbst bezahlen sollen. Oder wenn sie sich verpflichten sollen, eine bestimmte Anzahl überteuerter Bücher abzunehmen.

Der erste Gedichtband eines jungen Lyrikers wird sicher nicht gleich bei Suhrkamp oder Hanser erscheinen. Unbekannte Dichter sollten erst die anderen Möglichkeiten nutzen, um auf sich und ihre Lyrik aufmerksam zu machen, an seriösen Wettbewerben teilnehmen, bei öffentlichen Lesungen auftreten, in Literaturzeitschriften veröffentlichen. Wer dort Erfolg hat, womöglich Preise oder Besprechungen erhält, kann bei einem Kontakt zu einem Buchverlag schon etwas vorweisen.

Der Wert eines Gedichts hängt aber nicht davon ab, dass es in einem Buch erschienen ist. Dylan Thomas (1914–1953) hat über das Veröffentlichen von Lyrik geschrieben:»Dichten ist für einen Dichter die lohnendste Arbeit auf Erden. Ein gutes Gedicht ist ein Beitrag zur Wirklichkeit. Die Welt ist nie mehr, was sie war, wenn man sie einmal um ein gutes Gedicht vermehrt hat. Ein gutes Gedicht hilft Form und Sinn des Weltalls verändern und hilft jedermanns Wissen um das eigene Ich und die Welt rundum erweitern.«

Aus: *Gedichte schreiben* von Thomas Wieke

Das Ich hat wieder eine Stimme
Lagebesprechung – die junge deutschsprachige Lyrik
hat Konjunktur

Von Kurt Drawert

D ie verstärkte Zuwendung einer Leserschaft zum Gedicht mag
sich daraus erklären, dass sie damit einem Bedürfnis nach Ver-
langsamung und sinnlicher Erkenntnis folgt. Denn so viel kann
schon und ganz ohne Überheblichkeit festgestellt werden: Gedichte
haben, allen gegenteiligen Meinungen zum Trotz, Konjunktur.

Auch wenn die Lyrik quantitativ nicht konkurrieren kann, da
sie sich seit eh und je an eine Minderheit wendet: qualitativ er-
reicht sie vielleicht eine tiefere Wirkung als so manche andere
Gattung der Literatur. Und ein Recht auf Minderheitenschutz gibt
es ja auch; das umso mehr, als eine Furie der Quoten durch den
Kunstbetrieb fegt wie Laufkundschaft durch eine Ladenpassage.
»Ich habe meine Hoffnung / auf Deserteure gesetzt«, sagte Günter
Eich einmal, und ein bisschen ist Lyrik ja immer auch Desertion.
In diesem Selbstbewusstsein nun gehört ihr der Auftritt, und sie
nutzt ihn, so gut sie es kann. Gerade die sehr jungen Lyriker, sie
schreiben, wie sie es für richtig halten, und übernehmen, was
brauchbar für sie ist; und einen gesünderen Nährboden gibt es eigentlich gar nicht. Vielleicht ist ihnen schon der Instinkt beigege-
ben, dass sie in die Flüchtigkeit eines Betriebes hineinschreiben,
der alles zur Vorläufigkeit erklärt, und deshalb kümmern sie sich
auch um Verbote nicht mehr. Zumal das Auf und Ab der Moden
und Tendenzen im Rhythmus eines kulturellen Verschleißes von
immer kürzerer Dauer und die Etablierung von Herrschaftsdiskur-
sen immer erfolgloser sind.

Noch in den achtziger und beginnenden neunziger Jahren wäre sicher als anachronistisch abgetan worden, was jetzt wieder im Rekurs auf klassische Formen und Stilelemente verwendet werden kann. Die Zerstörung von Satz-, Bild- und Redefigur und die Vermeidung semantischer oder gar erkenntnishafter Aussageblöcke galten als einzig zeitgemäßer Reflex auf eine undurchschaubar gewordene Welt. Und das war ein ästhetisch durchaus zu respektierender Anspruch von zumindest vorübergehender Gültigkeit.

So also finden wir auch in der gegenwärtigen Lyrik die entlegendsten Sujets und unterschiedlichsten formalen Entwürfe auf gültige Weise vereint, ob im klassischen Metrum der Verlust von Heimat beklagt wird oder im parataktischen Langvers die Sprache selbst der Gegenstand von Kritik ist, ob lakonisch gesprochen wird oder pathetisch, laut oder leise, metaphorisch oder realistisch, ob die Geschichte in den Blick genommen wird oder der Körper, der Krieg oder die Liebe. Eines gilt für alle Gedichte: Sie bieten einen Widerstand, wo die Sprache ihrer Abschaffung zutreibt – weil der Mensch selbst es ist, der sich offenbar abzuschaffen gewillt ist. Es wäre sicher zu hoch gegriffen, von einer »Stunde null« der Künste und der Lyrik hier im Besonderen zu sprechen. Aber von einer »Lagebesprechung«, davon kann allemal die Rede sein.

Kurt Drawert ist Lyriker und Essayist.

> *Kriminalromane*

Schreibtischtäter gesucht!

Ein Kenner der Krimi-Szene, der Dortmunder Verleger Rutger Booß, der den Regional-Krimi in Deutschland populär machte, beschreibt im Buchreport-Magazin den Markt für Krimi-Autoren so: »Eine verrückte Situation. Auf der einen Seite gibt es diese Potenziale, aber einfach nicht genügend gute deutschsprachige Krimi-Autoren.« Gleichzeitig aber stapelten sich in den Verlagslektoraten »schlechte Manuskripte«, die den Anforderungen der anspruchsvollen Leser nicht entsprächen. Sein Grafit-Verlag veröffentlicht viele deutsche Erstausgaben, gibt Nachwuchsautoren eine Chance im Krimi-Genre. Doch die literarische Qualität müsse stimmen, seufzt der Verleger »Die meisten kann man leider vergessen.« Und so greift er auf Auslandslizenzen zurück, um sein Programm zu füllen.

Dabei sind es längst nicht mehr nur Verlagslizenzen englischsprachiger Werke, mit denen deutschsprachige Verlage ihren Novitätenhunger stillen. Nach den angloamerikanischen Erfolgsautoren haben in den deutschsprachigen Ländern skandinavische Bestsellerschreiber wie Henning Mankell und Gretelise Holm eine große Fangemeinde erobert. Unter den europäischen Krimiautoren sind deutsche Erfolgsmeldungen noch eher selten. Einen überraschenden Wechsel der Schreibtischseiten hat Veit Heinichen vollzogen: Einer der Gründer des Berlin Verlags schreibt seit 1999 in seiner Wahlheimat Triest Kriminalromane. Sein Kommissar Proteo Laurenti hat schon nach zwei Romanen eine Fangemeinde. Jakob Arjouni, Sohn eines Dramatikers und einer Verlegerin hat im Diogenes Verlag, bei dem auch Ingrid Noll mit ihrem ersten Buch ihre Verlagsheimat fand, die Detektivfigur Kemal Kayankaya zum Leben erweckt. Friedrich Ani lässt bei Knaur seinen Tabor Süden als Kommissar der Frankfurter Vermisstenstelle nicht nur Verschollene suchen. Pieke Biermanns freche Karin Lietze ermittelt als Kommissarin ebenso wie die von Doris Gercke geschaffene Kollegin Bella Block.

Regio-Krimis scheinen besonders in der Eifel, in Kölle (Oliver Buslau oder Peter Meisenberg bei Emons) populär zu sein, Romane mit stark regional geprägten Protagonisten haben Konjunktur, wie Ernst Bienzle, der schwäbische Kommisaar aus Felix Hubys Feder.

Die absolute Bestsellerautorin ist die in Kerpen lebende Petra Hammesfahr mit mehr als 20 Romanen und – seit sie bei Rowohlt verlegt – einer Gesamtauflage von weit über einer Million Bücher. Sie kreiert »keine Wunderkommissare, das interessiert mich einen Dreck. Ich will Gefühl.« Und davon bekommen ihre Leser viel, allerdings keine Heile-Welt-Gefühle, vielmehr das alltägliche Grauen. Die detailversessene Vielschreiberin nimmt es sehr genau, was die Recherche angeht. Ihre Arbeit besteht nur zu 10 Prozent aus Schreiben, zu 90 Prozent ist es Überarbeitung. Manche Autoren glauben, das ließe sich durch blühende Phantasie kompensieren. Damit unterschätzen sie allerdings die Krimi-Leser, die nur zu leicht jeden logischen Bruch entdecken, genau wissen, wie jeder Rang im Polizeidienst heißt, wann und wie Polizistinnen eingesetzt werden, ob Handschellen bei jedem Einsatz an der Hüfte baumeln. Gründliche Recherche, detailgenaue Beschreibungen und Stimmigkeit der Charaktere gehören ebenso zu einem erfolgreichen Kriminalroman wie ein guter Plot. Lajos Egri (*Literarisches Schreiben*) proklamiert, dass erst die genaue Kenntnis der Charaktere dem Autor die Story liefern – nicht umgekehrt. »Fast alle berühmten Menschen und bekannten Kriminelle geben hervorragende Hauptfiguren ab.« Dreidimensional Figuren gelingen dem Schriftsteller, wenn er die »körperliche, soziale und seelischgeistige Dimension« berücksichtigt. »Es reicht nicht, wenn wir wissen, dass jemand grob, höflich, gläubig, gottlos, rechtschaffen oder verkommen ist. Wir müssen auch wissen, warum er so ist. Warum wandelt sich sein Charakter, und warum muss er sich wandeln, ob er will oder nicht?« Lajos Egri verrät das Geheimnis guter Kriminalromane:

»Manche Schriftsteller nehmen dankbar die Gedankenbröckchen auf, die andere Autoren achtlos weggeworfen haben. Ein solcher Autor lässt in seiner Geschichte eine Frau ermorden und präsentiert uns stolz als Motiv: Der Ehemann war eifersüchtig! Nach den tieferliegenden Gründen, die die Kettenreaktion ausgelöst haben, sucht der Leser vergeblich.

Sie müssen Ihre Haupt- und Nebenfiguren mit allem, was zu ihnen gehört, besser kennen als sich selbst.«

Unbezahlbar hilfreich ist ein guter, aber kritischer Freund, der Unstimmigkeiten in der Handlung findet und entdeckt, wo eine Figur nicht überzeugend reagiert – bevor das den Lektor im Verlag nervt. Denn nach dem Schreiben, Überarbeiten und Korrigieren gilt es, den richtigen Verlag auszuwählen und für Ihr Manuskript zu gewinnen. Der Bedarf ist da. Was fehlt, sind gute, originelle Storys aus neuem Blickwinkel geschrieben, mit dreidimensionalen Charakteren, die die Leser fesseln.

Lajos Egri: *Literarisches Schreiben. Starke Charaktere, originelle Ideen, überzeugende Handlung*

Erfahrungsbericht:
Der Himmel ist die Grenze

Jutta Riemann

G eschafft!!! *Ich bin Autorin in einem »richtigen« Verlag. Jetzt gibt es tatsächlich Geld fürs Schreiben. Es war ein verdammt langer Weg bis dahin:*

Irgendwann schrieb ich die ersten Seiten für meinen Krimi und war begeistert von meinem Text. Das Manuskript wurde fertig und ich war sicher, dass unzählige Verlagshäuser nur darauf warteten, von mir zu hören bzw. zu lesen. Na ja. Die Realität holte mich ein. Eine Absage nach der anderen flatterte ins Haus – manchmal nach Wochen, manchmal erst nach Monaten. Warum wollte niemand meinen Spitzen-Thriller drucken? Woran lag es? Saßen in den Verlagen nur Ignoranten? Oder reichte mein Talent nicht? Bald nagten jede Menge Selbstzweifel an mir bis der Groschen fiel: Ein Lektor musste her, er sollte einen Blick auf mein Manuskript werfen. Ein Lektor hätte bestimmt auch tolle Verbindungen zu Verlagen und er könnte mich weiter empfehlen. Natürlich wäre er begeistert von meinem Text und würde mir zu meinem gelungenen Manuskript gratulieren.

Den Blick hat er tatsächlich geworfen. Und mich dann gründlich niedergemacht – aber nicht ohne mich zugleich zu ermutigen. Ich kam aus dem Staunen nicht mehr heraus. Robert Ullmann hat mir über ein Jahr lang schriftlich die Leviten gelesen. Und ich habe unendlich viel von ihm gelernt. Zum Schluss lag eine saubere Arbeit vor, mit der wir beide zufrieden waren. Nun musste ein Verlag her – aber wie? In dieser Phase besuchte ich mit meinem Mann das »Berliner Bücherfest« und fand den Stand des Autoren-

haus-Verlag und das Deutsche Jahrbuch für Autoren. Alle meine Hoffnungen legte ich in dieses Jahrbuch. Hier war er, der Schlüssel zum Literaturhimmel. Acht Tage später schrieb ich verschiedenen Literaturagenturen, deren Adressen ich dem Jahrbuch entnommen hatte. Und es klappte! Zwei Wochen später rief mich Georg Simader von der Literaturagentur Copywrite an. Sein Kollege Frank, der in der Agentur, die Spreu vom Weizen trennt, hatte ihm mein Manuskript in die Hand gedrückt und gesagt: »*Lies es!*« *Ihm gefiel mein Manuskript. Es müsse aber, nach seiner Meinung, noch einmal lektoriert werden, bevor man es einem Verlag anbieten könne. Wir schlossen einen Vertrag und ein paar Tage später ackerten wir das Manuskript bei über 30 ° Celsius telefonisch durch, denn Copywrite sitzt in Frankfurt am Main und ich in Berlin. Es war schweißtreibend. Danach hatte ich viel zu tun, eine Menge Text neu zu schreiben: Spannung rein, Überflüssiges raus.*

Es folgte eine seit längerem geplante Reise nach Amerika und eine Lungenentzündung. Ich lag im Krankenhaus und hatte nur noch zwei Wochen Zeit bis zur Abgabe von Manuskript und Exposé für die Frankfurter Buchmesse. Ich habe es hingekriegt, und dann begann das Warten. Mehrere Verlage zeigten Interesse und forderten das Manuskript an. Der Militzke Verlag, Leipzig, ließ ein Gutachten anfertigen. Das Jahr verging. Dann kam die Nachricht: Militzke hatte zugesagt. Der erste Schritt zum Pulitzer-Preis war getan ...

Neue Dinge wurden wichtig: Buchcover und ein guter Titel – Scar Blues – mussten gefunden und mein Manuskript von 320 auf 250 Seiten gekürzt werden. Der Verlag legte die Buchpremiere und eine von mir geplante Foto-Ausstellung auf den gleichen Tag. Die Presse, u.a. Angelika Spurny von der B.Z., erkannte in mir ein Multitalent.

Interessant waren in der Zeit nach dem Erscheinen meines Buches die Reaktionen in meinem persönlichen Umfeld. In Scar Blues *geht es in punkto Sex ordentlich zur Sache. Seit mein Buch* im Buchhandel zu haben ist, zwinkert mir ein Nachbar vertraulich zu und versucht, mich zu berühren, wenn wir uns zufällig begegnen. Männliche Freunde und Bekannte wollen unbedingt von mir wissen, woher ich so viel über Sex weiß – ob es womöglich persönliche Erfahrungen sind, über die ich geschrieben habe. Und: Falls ich »das alles« selbst erlebt habe – mit WEM??? Schließlich bin ich über dreißig Jahre verheiratet. Ich lächle und schweige – wie mein Mann.

Einige Männer benehmen sich plötzlich, als hätten wir eine gemeinsame sexuelle Vergangenheit. Und Dinge, die sie nur ihrem Urologen erzählen sollten, vertrauen sie jetzt mir an.

Eine Arzthelferin trällerte mir lautstark entgegen: »Ich habe Sie in der Zeitung gesehen.« Die Anwesenden im Wartezimmer mustern mich daraufhin misstrauisch: Warum stand die in der Zeitung? Man sieht ihnen an, wie sie spekulieren. »Hat sie geklaut? Ist sie irgend so ein in die Jahre gekommenes Luder? Oder hat sie ihren Senf bei irgend einer Umfrage dazu gegeben?« Ich lächle peinlich berührt und wünsche mich weit weg.

In meinem Stamm-Video-Laden bekam ich von einer jüngeren Angestellten das schönste Kompliment: »Endlich lernt man mal so jemand kennen wie den Grisham oder den Stephen King!« freute sie sich. Klasse, das ging runter wie Öl! Und seitdem genieße ich dort Promi-Bonus. Ich muss jedenfalls nicht mehr die Kundenkarte vorzeigen, jedenfalls nicht bei ihr. Was werde ich erst erleben, wenn ich eines Tages tatsächlich den Pulitzer-Preis bekommen sollte ..., denn wie heißt es so schön: (Erst) der Himmel ist die Grenze!

Jutta Riemanns zweiter Roman ist geschrieben – die Leser von Scar Blues sind schon gespannt.

> *Crime pays*

Der große Krimi-Hunger

Kriminalromane haben gelegentlich ein Imageproblem – sie erscheinen nicht selten auch als Heft- und Taschenbuchromane, von schlechten Schreibern schnell heruntergeschrieben oder von radebrechenden Übersetzern in die Tasten gehauen und von Buchverlagen als Massenproduktion unlektoriert auf den Markt geworfen. Deshalb werden sie von manchen Lesern als billige Unterhaltung abgetan.

Tatsächlich: billig und unterhaltend sind sie. Die meisten Kriminalromane kommen als Taschenbücher für weniger als 10 Euro auf den Markt. Dass in den einfachen Taschenbüchern aber auch erstklassige Romane stecken können, wissen inzwischen nicht nur Krimileser. Henning Mankell hat mit seinem Kommissar Wallander in den vergangenen Jahren entscheidend dazu beigetragen, dass auch literarisch ambitionierte Leser öfter zum Kriminalroman greifen – und bereit sind, dafür mehr zu bezahlen. Die erscheinen dann in anspruchsvollerem Outfit, die Erstausgabe als Hardcover.

Klassikerausgaben von Autoren wie Raymond Chandler oder Dashiell Hammett stehen unverändert in der Gunst der Leser und gewinnen ständig hinzu. Diogenes hat die Romane von Patricia Highsmith neu übersetzen lassen. Die Genres sind auch nicht mehr strikt getrennt, mancher Roman hat Krimi-Elemente, wird aber nicht als Kriminalroman vermarktet. Der literarische Krimi, unter deutschsprachigen Schriftstellern anerkannt, steht in der Tradition von Autoren wie Friedrich Dürrenmatt *(Der Richter und sein Hen-*

ker) oder Friedrich Glauser *(Matto regiert)* und ist in den Kanon der deutschsprachigen Literatur integriert.

Auch Krimi-Kurzgeschichten in Anthologien oder Magazinen sind beliebt – ein guter Einstieg für neue Autoren. Hier können sie Erfahrungen sammeln und anschließend den Sprung zum ersten Roman wagen.

Jungen Leserinnen und Lesern werden zunehmend auch Kinder- und Jugendkrimis oder Jugendromane mit Spannungselementen aus der Krimiwerkstatt angeboten.

Sicher haben Krimi-Autorinnen wie Ingrid Noll oder Petra Hammesfahr zusätzlich eine weibliche Leserschaft gewonnen, die vielleicht mehr an der psychologischen Motivation, dem Hintergrund ihrer Figuren als am blutigen Geschehen interessiert sind.

Ein eigenes Subgenre hat der Grafit-Verlag mit seinen Regionalkrimis etabliert. Inzwischen erscheinen sogar Krimi-Reiseführer – so groß ist das Interesse am Schauplatz des fiktiven Geschehens.

Der Schriftsteller Horst Eckert *(617 Grad Celsius)* erkennt einen Trend im anhaltenden Krimiboom in der Diversifizierung. Nachholbedarf sieht er in Deutschland vor allem bei der Aufarbeitung der jüngeren Geschichte, der Nazizeit und der DDR-Diktatur: »Da liegt ein literarischer Quell besonderer Dramatik noch weitgehend brach – vielleicht, weil bislang der nötige Abstand und die Unbefangenheit fehlte, um aus solchen Stoffen Spannungsliteratur zu machen«.

Grafit-Verleger Rutger Booß sieht besonders bei kleineren Verlagen Vorteile für deutschsprachige Autoren und verweist auf Jacques Berndorf, der mit seinen Eifel-Krimis seit zwanzig Jahren bei Grafit veröffentlicht und betreut wird. Der Verleger beklagt jedoch ein Ungleichgewicht: Es gäbe einfach nicht genug qualifizierte Manuskriptangebote, um den Hunger der Leser auf neue Krimis zu stillen. Jetzt sind Sie dran !

Tipps und Adressen

Das Syndikat
Mehr als 400 deutschsprachige
Kriminalromanautoren
www.das-syndikat.com

Mörderische Schwestern
Vereinigung deutschsprachiger
Krimiautorinnen
www.moerderische-schwestern.eu

Die Alligatorpapiere
Krimiseite im Internet
www.alligatorpapiere.de

Berliner Krimisalon
Der nicht nur virtuelle
Krimi-Salon
www.susanna-mende.de

Crime Corner
Kritiken und Analysen zur
Kriminalliteratur
www.crime-corner.de

Kaliber38
Krimis im Internet
www.kaliber38.de

Krimi-Couch
Krimis nach Regionen,
Rezensionen
www.krimi-couch.de

Das Krimiseum
Krimiseite mit Forum
www.krimiseum.de

Krimi-Zeit
Umfangreiche Krimiseite
www.x-zine.de/krimi/

**Lexikon der deutschen
Krimi-Autoren**
Die Internet-Ausgabe von
Reinhard Jahn
www.krimilexikon.de

Mordlust
Film noir, Roman noir,
Hard-boiled, Neo-noir
ww.mordlust.de

Lesetipp
Larry Beinhart: *Crime –
Kriminalromane und Thriller
schreiben*
Thomas deQuincey: *Der Mord
als eine schöne Kunst betrachtet*

> Phantastik

Phantastischer Erfahrungsbericht:
Von einem, der auszog, verlegt zu werden

Von Michael Siefener

Die Phantastik ist mein Genre. Schon im zarten Alter von 17 Jahren entschloss ich mich, die Welt mit meinen eigenen unheimlichen Ideen zu beglücken. Erst am Schreibtisch bemerkte ich allerdings: Was in Büchern wie mit leichter Hand dahingeworfen wirkte, war schwierig genug zu Papier zu bringen. Zäh kämpfte ich mit Stilproblemen und Zweifelsfragen der deutschen Sprache. Schließlich entstand eine kleine Kollektion phantastischer Erzählungen, die mir ein Ausbund der Genialität zu sein schienen.

Was tun damit? Ich kopierte die Texte, besorgte mir bei einem Buchhändler, zu dem ich meine gesamte Barschaft zu tragen pflegte, einige Verlagsanschriften, sandte meine Geschichten in die große, weite Verlagswelt und ... wartete. Die erste Absage kam, ich war zutiefst getroffen, ja persönlich beleidigt. Darauf versuchte ich es beim nächsten Verlag. Die besten Adressen schienen mir gerade gut genug. Aber, als hätte man sich gegen mich verschworen – mein kleines kopiertes Textbuch kehrte mit unerträglicher Anhänglichkeit immer wieder zu mir zurück. Endlich beschloss ich zu glauben, dass die Welt noch nicht reif für meine Schriften sei und vergaß zunächst den ehrgeizigen Plan, ein professioneller Schriftsteller zu werden.

Doch ich schrieb weiter; nichts und niemand konnte mich da-

von abbringen, Seite um Seite mit unerhörten Schrecknissen aus den namenlosen Kavernen hirnzerfressender Nachtmahre zu füllen. Und siehe da: Langsam fiel mir das Schreiben leichter. Ich erkannte, dass meine ersten Geschichten eher pubertäres Gewäsch gewesen waren, und plötzlich konnte ich die Verlagsreaktionen verstehen. Aber jetzt schrieb ich anders. Und nachdem ich wieder einmal eine genügende Anzahl von Erzählungen fertig hatte, schickte ich sie gleich dutzendweise auf die Reise durch die Lektorenstuben.

Derweil hockte ich in meiner Dachkammer, rannte jeden Tag zum Briefkasten und erhielt bald mehr Post als mir lieb war. Oh, wie ähnelten sich die Briefe! In den Verlagen benutzte man nun Ablehnungen mit Standardtext, und wenn ich die Briefe miteinander verglich, so ergaben sich frappierende Übereinstimmungen bis in die Wortwahl hinein. MUSS ich noch ausführen, was in diesen Briefen stand? Wieder fand ich mich unverstanden, zog mich tödlich getroffen völlig von der Schriftstellerei zurück und bewahrte so die Leser zunächst vor einem großen Grauen.

Ich verbrachte meine Zeit mit anderen Dingen, nur manchmal erinnerte ich mich bedauernd an meine fruchtlosen Versuche, ein gefeierter Schriftsteller zu werden. Es ist ja doch sinnlos, sagte ich mir. Tatsächlich vergingen etwa sieben Jahre bevor es mich wieder packte. Das Schreiben machte mir ungeheuren Spaß, und als ich die neuen Geschichten mit den alten verglich, stellte ich eine Weiterentwicklung fest. Aber Schriftsteller werden? Nie, das hatte ich mir geschworen. Ich hatte genügend Ablehnungsschreiben gesammelt. Da ich nun wusste, dass ich von Verlagen keine Beurteilung erwarten konnte, sondern nur unbegründete Absagen, besorgte ich mir von einem Fachantiquariat Adressen von Kennern der phantastischen Literatur. Meine Texte fotokopierte ich auf Büttenpapier, ließ sie in einen marmorierten Pappeinband mit goldgeprägtem Lederrückenschild binden und versandte sie als bibliophiles Geschenk mit der Bitte um ein offenes Urteil. Jeder einzelne der Angeschriebenen war voll des Lobes. Nur der Redak-

teur einer renommierten Reihe phantastischer Literatur in einem bedeutenden Verlag warnte: Ich solle mich lieber aufhängen als mit dem Gedanken zu spielen, Schriftsteller zu werden. Diese Warnung kann ich übrigens hier durchaus weitergeben.

Es gibt nur drei Konstellationen, unter denen man das Schreiben zum Beruf machen kann: Erstens: Man hat im Lotto gewonnen oder ist bereits wohlhabend. Zweitens: Man ist verheiratet und der Ehepartner hat einen guten Beruf. Drittens: Man hat einen Beruf, der genug einbringt, aber nicht die ganze Kraft verlangt – oder am besten alles zusammen. Man sollte nicht erwarten, dass sich die eigenen Worte und Sätze in Geld verwandeln lassen.

Aber zurück zu den positiven Urteilen meiner phantastischen Freunde. Sie beflügelten mich. Ich schrieb und schrieb und wagte den Sprung in die Selbständigkeit des Schriftstellerlebens. Mein Problem blieb aber immer noch, einen Verlag zu finden. Der Redakteur mit den guten Ratschlägen war sich sicher dass sein Verlag kein Buch von mir veröffentlichen würde, weil ich unbekannt sei. Auf der Buchmesse lernte ich den Lektor kennen, der mir riet, weiterzuschreiben, auch ohne die Hoffnung auf eine Veröffentlichung.

Langsam dämmerte mir, auf welch unsicherer Reise ich mich als Schriftsteller befand. Trotzdem war es ein verteufelter Spaß, die eigenen Phantasien auf Papier zu bannen, sie zum Leben zu erwecken. Schließlich bot ich kleinen Phantastik-Fanzeitschriften meine Kurzgeschichten an. Sie wurden akzeptiert! Ein erhebendes Gefühl, zum ersten Mal den eigenen Namen über einer Geschichte gedruckt zu sehen. Vielleicht würde ein Lektor auf sie aufmerksam? Aber vergebens. Endlich erhielt ich die Adresse eines Kleinverlags, in dem bisweilen Texte deutscher Phantastikautoren erschienen. Ihm sandte ich meine Geschichten und wartete wieder einmal.

Bingo! Der Verlag wollte meine Texte veröffentlichen. Ich würde ein (wenn auch bescheidenes) Autorenhonorar erhalten. Ich fühl-

te mich wie im siebenten Himmel. Zwar war ich nicht bei Suhrkamp oder Diogenes gelandet, doch was machte das schon! Ein
Buch würde meinen Namen tragen.

Dann lernte ich die Unwägbarkeiten des Verlagsgeschäftes kennen. Ich hatte dem Verleger mitgeteilt, dass einige der Geschichten
bereits in Fanzeitschriften erschienen waren. Darauf zog er seine
Zusage zurück. Er wolle nur Erstveröffentlichungen. Ich ließ aber
nicht locker, verfasste neue Storys und sandte sie meinem Verleger in spe. Manche lehnte er ab, andere akzeptierte er. Dann erschien Bildwelten, mein erstes Buch mit drei Novellen. Es war wie
ein Kind für mich. Die Aufmachung gefiel mir, und es erfüllte
mich mit Stolz, meine Erzählungen in diesem Gewand zu sehen.
Nun konnte es nur noch aufwärts gehen. Dieses Buch würde mir
die Türen zu großen Verlagen öffnen.

Mein Werk wurde in einigen Magazinen positiv besprochen,
aber die raue weite Welt nahm keine Notiz davon. Das Büchlein
ging unter in der großen Woge der angeblich großen Bücher. Allerdings verkaufte es sich recht gut, und heute ist es vergriffen.

Man riet mir, einen Roman zu schreiben, denn nur mit einem
Roman könne man wirklich erfolgreich debütieren. Also schrieb
ich einen Roman. Diesmal befand der Redakteur der Phantastischen Reihe ihn für gut und schlug ihn seinem Verlag vor. Nun
stand ich ganz kurz vor dem Durchbruch! Ich las den Brief mit
zitternden Fingern und sah schon das Blitzlichtgewitter bei der
Verleihung diverser Literaturpreise. Es kam, wie es kommen musste: Der zuständige Lektor lehnte den Roman zwar nicht ganz ab,
nahm ihn aber auch nicht an. Früher dachte ich, das Verlagsge-
schäft würde von klaren Entscheidungen getragen. Das Gegenteil
ist der Fall. Ein Nein kann auch vielleicht, manchmal sogar ein
Ja, aber nicht jetzt bedeuten. Und ein JA kann sich schnell wieder
in Luft auflösen.

Nach dieser Enttäuschung empfahl mir der Redakteur einen
anderen Verlag. Monate später rief der Lektor an: Wenn ich bereit
zu Änderungen sei, könne man den Roman veröffentlichen. So-

fort schickte ich ein Exposé mit Änderungsvorschlägen, aber nach weiteren Monaten erfuhr ich, dass man sich zuletzt doch gegen den Roman entschieden habe. Man brauche für mein Debüt »etwas Gewaltigeres«. Der Roman sei zwar hervorragend, jedoch »zu still« und daher eher für eine zweite Veröffentlichung geeignet. Meine Hoffnungen brachen ein weiteres Mal wie ein Kartenhaus zusammen.

Ich arbeitete gerade an einem zweiten Roman, schickte sofort alles, was ich geschrieben hatte, an den Verlag – und erhielt eine Ablehnung. Aber das konnte mich nicht mehr erschüttern. Als ich ihn beendet hatte, sandte ich das gesamte Manuskript. Schließlich hatte ich nichts zu verlieren. Einige Wochen später lud mich der Lektor zu einem Gespräch auf der Buchmesse ein. Mit zitternden Knien näherte ich mich der Koje des Verlags und war bald mit einem verständnisvollen Lektor in ein interessantes Gespräch verwickelt. Mein Manuskript berge großes Potential, sagte er, der Verlag hätte Interesse an beiden Romanen. Gemeinschaftlich solle an dem Zweiten gefeilt werden, bis er veröffentlichungsreif wäre, was drei oder vier Jahre dauern könne ...

Eines möchte ich hoffnungsvollen Jungschriftstellern noch sagen. Selbst wenn der Erfolg so fern scheint wie ein Lottotreffer, gibt es etwas in unserem Beruf, das dieses Defizit aufwiegt: die Freude am Schreiben, das Vergnügen am Schreibtisch Welten zu erschaffen oder wieder fortzuwischen, Gott Junior zu spielen, sich zu verwirklichen. Mit irdischem Lohn hingegen sollte man besser erst einmal nicht rechnen.

Michael Siefener, freier Autor und Übersetzer, schreibt seit 1992 phantastische Literatur: *Bildwelten*, Erzählungen, Verlag Hubert Katzmarz 1993, *Wirrnis* (mit Marcel Feige), Edition Medusenblut 1999, *Das Reliquiar/Die Wächter*, Zwei unheimliche Novellen, Festa Verlag 2000, *Nonnen*, Heyne 2000, *Die Söhne Satans*, Europäische Verlagsanstalt 2002, *Somniferus*, Kbv 2003.

> *Heftromane*

Groschenhefte für Millionen

»Wenn alle Stricke reißen, schreibe ich eben Groschenhefte!« Dieser Strick würde dann wohl auch reißen. Der etwas naive Trost neuer Autoren-Freiberufler beruht auf dem Vorurteil, es sei ein Kinderspiel, Heftromane zu schreiben. Aber was sich leicht liest, schreibt sich durchaus nicht so leicht. Übrigens waren oder wurden etliche Pulp-Fiction-Schreiber renommierte Schriftsteller, wenn sie auch zuerst unter einem Pseudonym veröffentlichten, das gerade für dieses Genre gern benutzt wird. Deutschlands bekannteste Groschenheft-Autorin, Renate Tintelnot, macht keinen Hehl aus ihrem Beruf, das Pseudonym Marion Alexi hat sie gewählt, damit es zu den Storys und ihren Leserinnen passt. Jede Woche einen Roman – da ist viel Routine, Wissen und Phantasie gefragt – und ein gutes Ohr für die kleinen Geschichten des täglichen Lebens.

Für die Erfolge von Buchautorinnen wie Rosamunde Pilcher oder Maeve Binchy sind gute Beobachtungsgabe, dazu Verständnis und Anteilnahme am Leben ihrer Mitmenschen wichtig. Das ist überhaupt Voraussetzung für das Schreiben von Kurzromanen, denn die Leser spüren, ob die Geschichte »stimmt«, erkennen einen falschen Ton oder eine Unstimmigkeit sofort, besonders, wenn es ums Gefühl geht. Renate Tintelnots Erkenntnis: »Ein gutes Groschenheft ist ein verkauftes Groschenheft« kann dafür als Maßstab gelten.

Groschenhefte verkaufen sich Woche für Woche, hauptsächlich an Frauen. Der Trend ist allerdings zur Zeit etwas rückläufig.

Die Cheflektorin für Frauenromane bei Bastei Lübbe, Elfriede Ligensa, beobachtet allgemein eine »leichte Schwäche bei Frauenromanen: Frauen sparen etwas.« Sicher seien jedoch die bewährten Reihen, auch Nachdruckreihen, aber ein ganz neues Genre würde sie wohl zur Zeit nicht starten. Der Versuch mit Janine eine Reihe für die junge, moderne Frau einzuführen, war nicht erfolgreich. Trotzdem, nicht alles ist triste bei den Belles in der Heftchenwelt: Bastei sucht immer wieder neue Autoren und von 50 eingesandten Manuskripten sind etwa zwei bis drei dabei, die genauer angesehen werden. »Auch jetzt ist Platz für neue Autoren, ältere hören auf, manche wenden sich anderen Dingen zu, wichtig ist eine gute Idee. Eine kurze Skizzierung und zwanzig Probeseiten genügen zur Beurteilung.« Tipp der Cheflektorin: »Vorher mal am Kiosk umsehen und lesen, lesen, lesen.«

Die Aufmerksamkeit erregenden Umschläge der *Cora*-Reihen *Julia*, *Tiffany*, *Bianca* oder *Romana* hat jeder schon im Regal gesehen – allerdings wohl seltener im Buchhandel, denn sie werden dort angeboten, wo Frauen auch sonst einkaufen: in den Filialen großer Einzelhandelsketten, Presseverkaufsstellen und Kiosken. Geschäftsführer Thomas Beckmann: »Wir bauen ausschließlich auf Schnelldreher für den Massenmarkt.« Der Cora-Verlag ist ein Gemeinschaftsunternehmen des Axel Springer Verlags und der nordamerikanischen Harlequin Ltd., von denen die meisten ins Deutsche übertragenen Cora-Titel stammen. Jetzt möchte Cora laut Buchreport-Magazin aber auch »freche Texte für ein junges Publikum anbieten«. Die Heftchen mutieren zu Taschenbüchern.

Bei den Liebesromanen sind die Zeiten, wie der Cora-Verlag betont, »in denen die jungfräuliche Heldin eines Liebesromans geduldig auf ihren Märchenprinzen wartet«, heute vorbei. Selbständige, mutige und den Helden ebenbürtige Frauen stehen im Zentrum der modernen Romances. Die Heldin des dritten Jahrtausends meistert beispielsweise als alleinerziehende Mutter auch ohne Ehemann ihren Alltag – der allerdings macht an der

Die 7 goldenen Regeln des Heftromans

1. **Seitenzahl:** Der deutsche Heftroman spielt sich auf exakt 64 Seiten ab. Die Kunst besteht darin, den Handlungsbogen über 64 Seiten zu bringen und die Höhepunkte ideal zu verteilen.

2. **Titel und Untertitel:** Meist vom Verlag vorgegeben. Zum Beispiel: »Ihr Hochzeitstag«, »Ein Tag der Tränen«, »Sie trug schon den Ring des Andern, als sie Matthias traf«.

3. **Charaktere:** Die Hauptdarsteller sind meist breitschultrig, haben ein kantiges Kinn und sind darüber hinaus einfühlsam und väterlich besorgt. Die Frauen sind appetitliche Erscheinungen mit pfirsichfarbenem Teint, gute Mütter und beherzt. Die Kontrahentinnen dürfen etwas rundlichere Formen aufweisen, bei den männlichen Gegenspielern sind sogar ein Buckel, eine Zahnlücke oder ein Hinkebein erlaubt.

4. **Handlung:** Viel Gefühl und eine heile Welt kennzeichnen die Handlungsmuster im Heftroman. Idylle und Glück werden abwechselnd von Eifersucht, Erbstreitigkeiten, Gesundheitsproblemen oder Naturgewalten bedroht – am Schluss löst sich sowieso alles in Harmonie auf.

5. **Tabuthemen:** Religion und Rassismus. Nicht gerne gesehen werden ausschweifende Sexualhandlungen, Scheidungen, uneheliche Kinder, Homosexualität, Drogensucht, unheilbare Krankheiten und Kunstfehler.

6. **Schreibstil:** Einfache, kurze Sätze, kurze Kapitel, einprägsame und wiederkehrende Adjektive wie »glücklich«, »schmerzlich«, nicht zu viele Personen.

7. **Happy-End:** Unabdingbares MUSS. Wer wird schon gerne unsanft aus überzuckerten Träumen gerissen?

Von Nicole Tabanyi, Annabelle

Seite ihres Traummannes deutlich mehr Spaß. Aber auch bei der Charakterisierung der Helden hat sich in den letzten Jahren eine Wandlung vollzogen. Männer müssen nicht mehr unbedingt reich, gut aussehend, erfolgreich und stark sein. Die Autorinnen geben ihnen heute eher Eigenschaften wie Zärtlichkeit, Zuverlässigkeit und Sensibilität mit auf den Weg. Die Liebe ist es, die diese Eigenschaften, die die Helden oft hinter einer rauen Schale verbergen, zum Vorschein bringt.

In den modernen Romances gehört zur Liebe natürlich auch Erotik. Endete die Beschreibung einer Liebesszene früher meistens mit einem Kuss, so zeichnet sich inzwischen ein deutlicher Wandel innerhalb des Genres ab. Viele Autorinnen lassen ihr Liebespaar die Leidenschaft lustvoll erleben. Wenn sich Held und Heldin treffen, knistert erotische Spannung – doch erst wenn aus dem Gefühl Liebe wird, öffnen sich die Türen zum Schlafzimmer, denn die Romance Novel verbindet Erotik untrennbar mit Liebe. Für die amerikanische Autorin Margaret St. George ist die Darstellung von Erotik unverzichtbares Element: »Eine Romance Novel ist ein lebensbejahender, positiver Roman voller Hoffnung für einen Sieg der Liebe. Und was ist lebensbejahender als der Liebesakt von zwei Menschen, die einander viel bedeuten?«

Auf individuelle Weise und mit psychologischem Einfühlungsvermögen erzählen die Romance-Autorinnen ihre Geschichten. Nora Roberts formuliert ihren Anspruch an die Qualität der Liebesromane so: »Eine gute Romance Novel spiegelt die Werte unserer heutigen Gesellschaft wider und vermeidet Klischees und Stereotypen.«

Aber es geht nicht nur um Herz und Schmerz. Friedrich Trenkrat, einer der Top-Autoren für Kurzromane bei Bastei, blickt auf eine stolze Bilanz von 1200 Romanen mit einer Weltauflage von 35 Millionen Heften zurück. Mal setzt er sich einen Cowboyhut auf, ein anderes Mal schlüpft er in den FBI-Anzug von Jerry Cotton oder in ein Horror-Kostüm. Manchmal erscheinen seine Werke aber auch unter weiblichen Decknamen.

Typen und Tabus

Von der stellvertretenden Chefredakteurin der *Neuen Post*, Ingeborg Schönbrodt-Kreuzer, stammt eine Typologie, die auch für Heftroman-Autoren nützlich ist:

1. Die Heldin ist stark und selbstbewusst, darf aber keine Ehe kaputtmachen, keine glücklichen Ehen zerstören.
2. Die Heldin im Liebesroman darf nicht vom Pfad der Tugend abweichen, Schwarzfahren oder Falschparken geht gerade noch, Ladendiebstahl ist tabu.
3. Gewalt der schlimmen Art ist tabu, ebenso ausgewalzter Sex oder Kindesmissbrauch. Tierquälerei auch.
4. Als Männer sind Kameraden gefragt, sozusagen als Pendant zur gleichberechtigten Frau – das erzeugt Spannung.
5. Er kann natürlich trotzdem der Überlegene sein, nur kein Macho, der ist out. Allenfalls der (von ihr) gebändigte, nachher doch handzahm gewordene Macho.
6. Tränen dürfen sein, Emotionen sind nach wie vor gefragt.

Das andere große Genre neben den Spannungsromanen sind die Arzt-Romane, wie beispielsweise Dr. Norden, der seit einem Vierteljahrhundert eine treue Leserschaft hat. Die erfahrene Autorin Gerty Schiede gibt dem wackeren Doktor stets eine Chance im Kampf gegen die Übel der Welt: Die Erfolgsserie des Kelter-Verlags erscheint in mehreren Ausgaben und wird in andere europäische Sprachen übersetzt. Andreas Schäfer, Cheflektor bei Kelter, verrät das Konzept wie Heftromane sein müssen: »Kurz, präzise und stimmig.«

In Deutschland, Österreich und der Schweiz werden jährlich über 300 Millionen Romanhefte verkauft, Remissionen landen in spanischen Touristengegenden auf dem Wühltisch. Vier Verlagshäuser teilen sich im Wesentlichen den Markt, Bastei bringt wöchentlich etwa 45 Romane heraus, mit einer Gesamtauflage von 1,2 Millionen Exemplaren.

Auch wenn Verlage und Agenturen über die Flut der eingesandten Manuskripte stöhnen, sind sie doch darauf angewiesen. Autorinnen und Autoren sei allerdings geraten, sich vorher gründlich mit Heftromanen zu beschäftigen und nicht einfach drauflos zu schreiben. Über das Honorar sollte man sich keine Illusionen machen: 500 bis 1000 Euro kann man etwa als Durchschnittshonorar rechnen für einen Heftroman.

Presseagenturen wie die Dörnersche Verlagsgesellschaft vermitteln an etwa 25 Regenbogenblätter abgeschlossene Geschichten. Diese Redaktionen bevorzugen Texte, die bereits von einer Agentur auf Qualität und passende Themen vorgeprüft wurden. Der Markt braucht gut 2000 davon. Sibylle Dörner arbeitet viel mit festen, erprobten Autoren zusammen. Sie klagt über mangelnde Qualität bei den unverlangten Manuskripteinsendungen. Ihr Tipp: Die moderne Heldin des Yellow Press-Kurzromans ist selbständig, lebenslustig, schlagfertig, initiativ – und gewinnt ihn durch eben diese Eigenschaften.

Anna Basener: *Heftromane schreiben und veröffentlichen*

Heftroman-Verlage

Bastei Verlag
Romanhefte
Schanzenstr. 6-20
51063 Köln
www.luebbe.de

Cora Verlag
Valentinskamp 24
20354 Hamburg
Tel.: 040 - 347-0
www.cora.de

Martin Kelter Verlag
Mühlenstieg 15-22
22041 Hamburg
Tel.: 040 - 68 28 95-0
www.kelter.de

Moewig Verlag
edel entertainment GmbH
Neumühlen 17
22763 Hamburg
Tel.: 040 - 890 85-0
www.moewig.de

Erfahrungsbericht:
Vom Trivialroman zum Buch

Von Jane Hegers

I ch schrieb hauptsächlich für die Schublade, veröffentlichte gelegentlich ein Gedicht in einer Zeitschrift – meist ohne Honorar. Mit 13 bekam ich einen Scheck über 10 Mark, für ein Gedicht zum Thema Ausländerfeindlichkeit, das als Aufmacher für einen Artikel erschien. Meinen ersten Roman beendete ich ebenfalls mit 13, bot ihn aber nur einem Verlag an. Der prüfte ihn ein Jahr lang und schickte eine Absage. Danach habe ich ihn nicht mehr angeboten, weil ich die Kritik so treffend fand und nicht daran glaubte, mein Manuskript entsprechend umarbeiten zu können.

Dass ich dann Germanistik studierte, war bei meiner Begeisterung für Literatur und Schreiben nur logisch. Gerade das Studium und die Beschäftigung mit »hoher Literatur« aber ließen mich völlig verzagen. Angesichts der Genialität von Goethe und Co. selbst noch etwas zur Literatur beitragen zu wollen, erschien mir völlig größenwahnsinnig. Nach der Geburt meines ersten Kindes und der letzten Prüfung an der Universität, überlegte ich, wie ich ein paar Mark verdienen könne. Nur Hausfrau und Mutter wollte ich nicht sein. Also kaufte ich mir etliche Ratgeber und Handbücher für Autoren. Ich versuchte mein Glück bei einigen Kinderbuchverlagen – vergeblich. Schließlich fing ich an, Kurzromane für Frauenzeitschriften zu schreiben – mit Erfolg und ganz entgegen der Voraussagen einer der führenden Presseagenturen. Es gelang mir, bei zehn verschiedenen Zeitschriften Geschichten zu veröffentlichen. Die Arbeit schulte die Phantasie und nach 60 Kurz-Liebesromanen hatte ich keine Probleme mehr, neue Handlungen und Charaktere zu entwickeln.

Der Kontakt zu Zeitschriften-Redaktionen ist schwierig. Meistens kamen nicht einmal Telefonate zustande. Ich schreibe eine Geschichte, schicke sie los, manchmal erscheint sie (oft erst viele Monate oder gar Jahre später), manchmal gar nicht. Bei Erscheinen erhalte ich dann ein Belegexemplar und ein meist recht anständiges Honorar von 200 bis 1000 Euro pro Kurzroman. Zudem sind die – ungeschriebenen – Konventionen, an die man sich beim Schreiben halten muss, sehr einengend: So ist ein Happy End in aller Regel Pflicht, die »Heldinnen« und ›Helden« müssen »gut« aussehen und schlank sein. Schon ein bärtiger Mann oder eine kurzhaarige Frau werden oft nicht akzeptiert.

Später entstand ein Manuskript, das ich einigen Verlagen anbot. Ich erhielt nur eine einzige Standardabsage, eine andere lautete: »Wir ... würden uns freuen, wenn Sie uns auch in Zukunft Ihre Manuskripte anbieten«, und eine Bertelsmann-Lektorin schrieb: »... Leider zwingt uns der Literaturbetrieb dazu, sehr genau abzuwägen, welche Titel wir platzieren, und häufig muss man sich gegen Manuskripte entscheiden, die uns vom Ansatz her gut gefallen.« Der vierte Brief war die Zusage von Reclam Verlag Leipzig, in dem mein Roman Willkommen im Chaos *nach einigen Änderungen und Überarbeitungen erschien*

Triviale Illustriertenromane, Lyrik, Unterhaltungsromane, Interesse am Sachbuch und anspruchsvolle Prosa sind keine Widersprüche, wenn man gern schreibt. Und so schlecht stehen die Chancen nicht, damit auch Geld zu verdienen – und sei es nur als Nebenjob.

Jane Hegers schreibt an ihrem zweiten Roman. Ihr erster Roman *Willkommen im Chaos* ist bei Reclam Leipzig erschienen.

> *Chick-Lit*

Freche Frauenromane

Was im Englischen »Chick-Lit« heißt, also freche Romane für die junge Frau, heißt in der deutschen Buchbranche bieder und korrekt »Freche-Frauen-Unterhaltung«. Seit Eva Hellers Roman *Beim nächsten Mann wird alles anders,* der zuerst 1988 erschien, gehört das Genre zu den beständigen Umsatzbringern. Nach Angaben der GfK-Marktforschung werden 10 % des gesamten Umsatzes auf dem deutschen Buchmarkt mit Romanen wie beispielsweise von Eva Heller, Gaby Hauptmann, Ildikó von Kürthy und anderen Autorinnen gemacht. Das ist umso bemerkenswerter, als die meisten Bücher dieses Genres gleich als Taschenbuch zu einem niedrigen Preis erscheinen – die Auflagen dieser Untergruppe der Liebesromane jedoch übertreffen oft alle anderen Neuerscheinungen der Unterhaltungsliteratur. Hinzu kommt, dass deutsche Romane, wie *Das Superweib* oder *Mondscheintarif,* inzwischen, ähnlich wie die Bridget Jones-Bestseller von Helen Fielding, auch verfilmt wurden.

Julia Schade, Programmchefin von S. Fischer, beschreibt das Genre in einem Satz, der fast wie eine Vorgabe für das Schreiben frecher Frauenromane klingt:

»Eine starke, erfolgreiche Protagonistin zwischen 25 und 35 Jahren kämpft mit den Widrigkeiten ihres Alltags, der Charakter der Erzählung ist amüsant und unterhaltend.«

Damit wird auch ein Problem dieses Marktes beschrieben: Die Käuferinnen wachsen früher oder später aus dem Genre-Segment heraus, denn jede neue Junge-Frauen-Generation hat zwar ähnliche, aber zeitbedingt nicht dieselben Alltagsprobleme. Nur Gaby Hauptmann hat offenbar eine weitgehend beständige Leserschaft, die mit ihr älter wird und sechs Millionen ihrer Bücher gekauft hat. Hera Lind, heißt es, könne heute keine 25-Jährige mehr begeistern. Während es früher darum ging, das Leben der selbstständigen Frau, die sich gegen den Mann durchsetzt, darzustellen,»wollen heute Frauen nicht mehr gegen Männer aufgehetzt werden«, beschreibt Julia Schade den Wandel. Der Erfolg der Stern-Redakteurin Ildikó von Kürthy (Herzsprung, Mondscheintarif, Freizeichen) mit rund 2,5 Millionen verkauften Exemplaren hat das Genre neu belebt. Marcel Hartges, Programmleiter Taschenbuch bei Rowohlt, sieht immer noch»Potenzial in dem Genre« und glaubt, dass Karrieren noch möglich sind. Allerdings werden die Themen»jünger, freizügiger, rotziger «, meint Programmleiter Ulrich Genzler von Heyne.

Das entspricht auch dem Trend zu jüngeren Zielgruppen, die Grenzen zum Teenagerroman werden immer öfter überschritten – erst von den Leserinnen, dann von den Verlagen.

Tipps und Adressen

Einen Überblick über die verschieden Genres des Liebesromans –
von Nackenbeißer über Regency-Romane bis zum erotischen Liebesroman – geben die folgenden Seiten:

DeLiA
Vereinigung deutschsprachiger
Liebesroman-Autoren und -Autorinnen
Rebecca Michéle
Fasanenweg 33
73230 Kirchheim/Teck
www.delia-online.de

Happy End Bücher
Die Welt der Liebesromane
www.happy-end-buecher.de

Das Liebesromanarchiv
Die größte Sammlung von Liebesromanrezensionen
im deutschsprachigen Raum
www.liebesromanarchiv.de

Loveletter Magazin
Im Internet und als Printausgabe
www.loveletter-magazin.de

> Kinderbuch

Ein äußerst seltener Fall

Von Karl Hübner

Als Kinderbuchautoren versuchen sich viele – nur wenige Manuskripte aber gehen in Druck. Bei Kirsten Boie und ihrem *Paule ist ein Glücksgriff* nahm Oetinger 1985 den Titel beim Wort. Inzwischen sind mehr als 30 Bücher von Boie erschienen. In Deutschland erscheinen seit geraumer Zeit jährlich mehr als 4000 neue Kinder- und Jugendbücher, das sind sieben bis acht Prozent aller Verlagsprodukte. Knapp 3000 Titel davon sind jeweils Erstauflagen. Eine vermeintlich große Zahl. Und dennoch nur ein Bruchteil dessen, was in den Lektoraten auf den Schreibtisch kommt. Besonders groß im Kinderbuchbereich: der Anteil an Hobbyautoren. Viele Menschen fühlen sich offenbar berufen und auch befähigt, Bücher für Kinder zu schreiben.»Kinderbücher werden oft nicht als Literatur angesehen. Viele glauben dann: Das kann ich auch«, sagt Carola Henke, Lektorin für Kinder- und Jugendbücher beim Ravensburger Buchverlag Otto Maier. Dort erscheinen im Jahr mehr als 200 neue Kinderbücher.»Wir haben mal ausgerechnet, dass nur etwa 0,1 Prozent der unverlangt eingesandten Manuskripte den Sprung schafft«, so Henke.»Ich kann mich tatsächlich nur an zwei Hobbyautoren erinnern, die in Druck gegangen sind – Kinderbücher sind eben doch Literatur.«

Ähnlich sieht es beim Oetinger Verlag in Hamburg aus: Auf 1500 unverlangt eingesandte Manuskripte beziffert Anne Tüllmann, eine von drei zuständigen Lektorinnen, den jährlichen Berg auf den Schreibtischen, »von dem es vielleicht ein einziger Text schafft, das Lektorat zu überzeugen« – und zu den etwa 60 pro Jahr neuaufgelegten Titeln zu zählen. Doch während man bei Ravensburger »aus Zeitgründen viele Manuskripte schon im Vorfeld aussortiert und weitgehend ungelesen zurückschickt« (Carola Henke), nehmen die Oetinger-Frauen beinahe jede Einsendung ernst.

»Auch wenn es zu keiner Zusammenarbeit kommt – wir wollen einen fairen, freundlichen Umgang mit allen Autoren«, sagt Alexandra Rak vom Oetinger-Lektorat. Und so wird alles zumindest an- oder quergelesen. »Die ersten zwei oder drei Kapitel sagen uns in der Regel schon, ob eine Geschichte gut ist oder nicht.«

Viele sind es leider nicht. »Nicht jeder bringt die Gute-Nacht-Geschichte, die er abends seinen Kindern erzählt, auch sprachlich angemessen aufs Papier.« Das gilt zum einen für die vielen Eltern und Großeltern, die sich plötzlich am Schreibtisch versuchen, zum anderen aber auch für die, die mit ihren Geschichten gleich eine pädagogische Mission verfolgen. »Es sind viele Psychologen, Ärzte und Pädagogen unter den Einsendern«, so Anne Tüllmann. »Das sind dann oft gute Themen, die auch wichtige Probleme, zum Beispiel von Stotterern, Diabetikern oder Ausländern, thematisieren. Allerdings gelingt es diesen Fachleuten oft nicht, eine geeignete literarische Form zu finden.« Mitunter taugen auch einfach die Themen nicht für eine Veröffentlichung. »Heute ist es schon sehr schwer, noch etwas Neues, Überraschendes zu bringen.«

Auffälliger Dauerbrenner unter den Einsendungen ist anscheinend das Thema *Möwe Jonathan*. Ob als Regentropfen, der anders sein wollte als die anderen Regentropfen, als Wolke, die anders oder als Schwein, das … – in allen Ausprägungen taucht das Leitmotiv der Individualität auf.

Viele der Autoren strotzen vor Selbstbewusstsein oder – Überschätzung. Manchmal warten die Absender bei ihren Anschrei-

ben auch gleich mit vermessenen Forderungen auf, etwa Hono-
rarvorstellungen, Vorgaben zur Schriftgröße oder schroffe Hinweise auf juristische Rahmenbedingungen und Urheberrechte.
Unisono sagen die Oetinger-Lektorinnen und auch Ralf Schweikart, Lektor bei der rororo-Jugendbuchreihe *rotfuchs*: »Jeder sollte
sich vorher anschauen, was wir überhaupt in unserer Palette
führen.« So ist eine Fantasy-Geschichte bei Oetinger ebenso ver-
kehrt wie eine Horrorgeschichte. Beides ist jedoch schon auf den
Schreibtischen von Tüllmann und Rak gelandet. Ein vorheriger
Anruf beim Verlag kann derartig überflüssige Arbeit und Schrift-
verkehr vermeiden helfen.

Auch wenn die Suche nach druckbaren Geschichten unter den
Amateur-Autoren wie die nach der Nadel im Heuhaufen erscheint, so ist ab und zu doch ein Joker unter den vermeint-
lichen Nobodys. Mit Kirsten Boie und ihrem *Paule ist ein Glücksgriff* tat Oetinger 1985 in der Tat einen solchen. Inzwischen sind
mehr als 30 Kinderbücher der Hamburgerin erschienen. »Ein
Glücksfall, der unsere ganze Arbeit rechtfertigt und das Lesen
von 1000 anderen Manuskripten wert ist«, stellt Alexandra Rak
klar.

Auch Ralf Schweikart von rotfuchs kennt ein solches Beispiel.
Beate Kreissl feierte mit *Huch, sagt die Maus* ... 1997 ihren Vor-
stoß in die Bücherregale. Und bei Ravensburger freut man sich
über die Newcomerin Helene Kynast, die 1997 mit ihrem *Alles
Bolero* den Oldenburger Kinder- und Jugendbuchpreis gewann.

Was wünschen sich Lektoren von ihren vielen Einsendern?
Schweikart zum Beispiel ein »aussagefähiges Exposé«, das oft
fehle. Dieses sollte allerdings nicht überlang sein, wie Anne Tüllmann betont (»eine Seite genügt«), da ohnehin der Stil der ersten
Kapitel entscheidend sei. Schweikart empfiehlt den Autoren
auch, eine eben geschriebene Geschichte nicht sofort abzu-
schicken, sondern nach zwei Wochen »mit etwas Abstand noch
einmal zu lesen – viele Unzulänglichkeiten erkennen sie dann
schon selber«.

Schier die Tränen in die Augen treibt es den Lektoren allerdings, wenn sie ein handgeschriebenes Manuskript bekommen.
Kaum zu glauben – doch auch das gibt es.

Ein Verzeichnis der Kinderbuchverlage mit ihren Programmen
bietet das *Deutsche Jahrbuch für Autoren & Autorinnen*.

> *Vom Baby-Buch zur All-Age-Literatur*

Der Markt für Kinder- und Jugendbücher

»Ich glaube, dass die Schwelle, ein Kinderbuch, eine Geschichte für Kinder zu schreiben, sehr viel niedriger ist als in der Belletristik, denn es scheint so viel einfacher. Dabei wissen die wenigsten, dass es mitunter sogar schwerer ist«, erklärte Barbara Gelberg von Beltz & Gelberg gegenüber dem »Buchreport«. Der Verlag erhält fast 2.000 Manuskripte im Jahr. Wenn Kleinstkindergeschichten schon als »putzig«, »knuffig« und »herzig« angekündigt werden, weiß die Lektorin, hier erliegen die gut meinenden Eltern oder Großeltern dem Irrtum, dass die Geschichten, von denen die eigenen Kinder begeistert sind, auch andere Kinder und deren Eltern bezaubern müssten. Das Verlegen von Büchern ist aber »keine reine Leidenschaftssache«, der Markt für die netten Kinderbücher ist hart umkämpft, die Verlage stehen in einem scharfen Wettbewerb. »Die eigenen Kinder, denen man vorliest, sind nicht unbedingt ein Garant für die Qualität von Texten«, gibt Barbara Gelberg zu bedenken, »denn Kinder lieben es nun mal, wenn sie vorgelesen bekommen! Nicht alles, was im Hausgebrauch funktioniert, muss verlegt werden. dennoch versuche ich immer wieder, eben solche Autoren und Autorinnen zu ermutigen, weiterzuschreiben, so lange und so viel es Spaß macht. Das Verlegen solcher Texte ist eine vollkommen andere Sache«.

Der Markt für Kinderbücher ist attraktiv, denn die Kaufkraft der sechs Millionen Kids von 6 bis 13 Jahren ist beachtlich und wächst offenbar weiter: Sie hatten nach einer Verbraucheranalyse mehr als sechs Milliarden Euro zum Ausgeben. Jeden Monat erhalten sie durchschnittlich 20 Euro Taschengeld, weitere Geldgeschenke kommen hinzu. Für Süßigkeiten, Zeitschriften, Comics und Mobiltelefone geben sie am meisten aus. Und vieles schaffen die Eltern für die Kinder an, wie Computer oder andere elektronische Spielgeräte. Dennoch bleibt genug übrig für Kinder- und Jugendbücher: Der Anteil an der gesamten Produktion von Erstauflagen ist 2003 auf 7,9 Prozent gestiegen. Der Markt wird auch von den Experten in den Verlagen immer stärker differenziert, angefangen von Baby-Büchern für die Null- bis Zwei-Jährigen über die altersmäßig abgestuften Kinderbuchsegmente hin zum Jugendbuch. Die größte Rolle spielen dabei die Mädchen: Unter den 10- bis 13-Jährigen ist Lesen die drittliebste Beschäftigung. Auch bei Jungs sind Kinderkrimis beliebt, die es inzwischen für alle Altersklassen gibt. Hinzu kommen die All-Age-Titel – Jugendbücher, die durchaus auch von Käufern zwischen 9 und 99 Jahren gelesen werden, wie beispielsweise die Harry-Potter-Romane oder die Lemony-Snickets-Bücher.

Der Kinder- und Jugendbuch-Markt braucht immer wieder neue Impulse, neu erzählte Geschichten, immer wieder auf andere Weise illustriert. Der Bedarf an guten Manuskripten ist groß, aber zu viele scheinen nicht geeignet zu sein, weil sich Autoren zu wenig mit ihrer Zielgruppe, dem Markt und dem Handwerk des Schreibens beschäftigen. So ist unter Lektoren bekannt, dass besonders Kinderbuchautoren oft handgeschriebene Manuskripte einreichen – kaum zu glauben, aber wahr. Für die Lektorin Sabine Zürn (Ravensburger) sind »Handgeschriebene oder einzeilig geschriebene Manuskripte« schon ein Zeichen mangelnder Professionalität, wie auch Barbara Gelberg »Handgeschriebenes oder Ergüsse, solche, bei denen schon der Begleitbrief alles sagt«, gleich zur Seite legt. Aber »manche Manuskripte guckt man sofort gierig an, die meisten harren aber viele Monate der Lektüre, denn wir schauen alle an, für die eine Perle, die darunter sein könnte. Klaus Kordon und Mirjam Pressler sind übrigens solche Autoren, die vor vielen Jahren Manuskripte an Beltz & Gelberg schickten.«

Ein Blick in den Text genügt, um einen tödlichen Fehler zu erkennen: Den erhobenen Zeigefinger oder »wenn die pädagogische Absicht sofort erkennbar oder der sprachliche Wust ungenießbar ist«, verrät Saskia Heintz (Hanser Kinderbuch). Aber sie sucht auch stellvertretend für ihre künftigen Leser nach Spannung: »Wenn mir nach zwei Seiten die Augen zufallen«, schlägt sie das Manuskript zu. Es gibt noch einen anderen Grund, der kein Urteil über die Qualität eines angebotenen Manuskripts ist: »Wenn das perfekte Buch zu diesem Gegenstand bereits im Programm ist.« Aber dann könnte es in einem anderen Verlag durchaus Erfolg haben.

Bei Sachbüchern für Kinder kommt es auf Sprache, Verständlichkeit und Klarheit an: »Wenn Texte überfrachtet sind mit detaillierten Fachinformationen, Fremdwörtern oder wissenschaftlichen Begriffen, wenn sie nicht logisch aufgebaut sind«, dann ist die Lektorin Sabine Zürn wenig geneigt weiterzulesen. »Was ich nicht verstehe, versteht ein Kind erst recht nicht!« Aber es kommt auch darauf an, ob es ein Autor versteht, seinen Stoff spannend darzustellen; die Aufmerksamkeitsspanne bei Kindern ist kurz, der Wettbewerb mit anderen Medien groß.

Heidemarie Brosche: *Kinder- und Jugendbuch schreiben und veröffentlichen*

> *Kauf auf den ersten Blick*

Der Markt für Bilderbücher wird schwieriger

Der Markt für Bilderbücher wird immer schwieriger, klagen Verlage und Buchhandlungen. Wenn von einem Bilderbuch im ersten Jahr 3.000 Exemplare verkauft werden, gilt das bereits als Erfolg. Die »durchschnittliche Verweildauer auf dem Markt« der oft liebevoll gestalteten Bücher für die Kleinsten beträgt nur noch ein Jahr – dann hat sich ein Bilderbuch durchgesetzt oder, was leider bei vielen der Fall ist, es wird von der Buchhandlung wieder an den Verlag zurückgegeben, um Platz für neue Titel zu machen. Deshalb sind auch so viele schöne Bilderbücher auf den Tischen der Wohlthatschen Buchhandlungen, im Katalog von Jokers und bei anderen Resteverwertern, den Modernen-Antiquariats-Buchhändlern, zu finden.

Obwohl die Kinderbuchverlage die Zahl ihrer Neuerscheinungen bereits reduziert haben, landen immer noch viele Bilderbücher im Ramschverkauf. Die Erstauflagen sind ebenfalls zurükkgegangen, die Kinderbuchverlage sind vorsichtiger geworden: Waren noch vor wenigen Jahren 7.000 Stück als Startauflage üblich, sind es heute vielleicht 4.000 Exemplare, eine kritische Zahl, denn darunter kann ein Bilderbuch seine Kosten nicht mehr decken. Deshalb wird manchmal von vornherein eine Auflage für das Verramschen zu günstigen Kosten mitgedruckt: Läuft das Buch, umso besser, wenn nicht, gehen 2.000 Exemplare an die Modernen Antiquariate, was zwar keinen Gewinn bringt, aber hilft, die Kosten zu decken.

Besser geht es mit einer eingeführten Serie oder Figur – von solchen Bilderbüchern können auch 10.000 bis 30.000 Exemplare als

Erstauflage gedruckt werden. Diese Titel sind die Stützen des Verlagsprogramms. Die Entscheidung über Auflage und Gestaltung wird inzwischen oft direkt in Zusammenarbeit mit den Verlagsvertretern und den Einkäufern der Kinderbuchabteilungen in den Buchhandlungen getroffen. Das wird kritisiert, weil sich dadurch ungewöhnliche Gestaltungen kaum durchsetzen können und es zu einer Nivellierung kommen könnte. Andererseits hat der Verlag dadurch noch einmal die Chance, einen Umschlag, der schon als Abbildung im Verlagskatalog nicht so gut ankommt, notfalls noch einmal neu zu gestalten. Denn die Erfahrung ist, dass der erste Blick aufs Cover über Kauf oder Nichtkauf entscheidet.

> Sachbuch

Jede Formel halbiert die Auflage

Von Michael Christian Grumann

Als Stephen W. Hawking seine *Kurze Geschichte der Zeit* schrieb, bat ihn sein Lektor höflich darum, auf Formeln zu verzichten. Der größte lebende Physiker entsprach der Bitte. So entstand jene verblüffend klare und einfache Darstellung der Entstehung unseres Universums, die als Buch und auf anderen Medien zum Bestseller wurde. Dabei haben sich Autor und Lektor nur an die älteste Faustregel gehalten, die es im Verlagswesen gibt: Jede Formel halbiert die Auflage. Was der bedeutendste Wissenschaftler der Gegenwart kann, sollten Sie als Sachbuchautor/in locker können – oder schnell von ihm lernen.

Ihr Sachbuch sollte also frei von Formeln, aufwendigen Tabellen, wissenschaftlichen Vergleichen, Spezialbegriffen und hochtrabenden Behauptungen sein, wenn Sie es einem großen Verlag anbieten. Kommen diese oder ähnliche Dinge vor, sind meine Ratschläge nicht für Sie, denn dann sind Sie sicher schon mit einem Spezialverlag, einer Uni oder sonst einem Interessenten handelseinig über Ihr Projekt. Denn dann schreiben Sie vermutlich ein (Fach-) Buch für Spezialisten.

Ich gehe aber davon aus, dass Sie ein allgemein interessierendes Thema, z.B. Kindererziehung, Gelderwerb, Hundehaltung, Medizin, Teeanbau, Autoreparatur, Pflanzenbestimmung oder das Sammeln klassischer indischer Fahrräder mit einem Sachbuch einer breiten Öffentlichkeit näher bringen wollen. Da heißt es, zuerst einen Verlag überzeugen. Wovon eigentlich? Klar doch: Davon, dass Sie ein Sachbuch schreiben können. Selten werden Sachbücher komplett fertiggestellt und dann Verlagen angeboten. Sinnvoller ist es, Verlage von Ihrer Kompetenz und Fähigkeit zu überzeugen und das zu beweisen.

Einfachster Weg: Formulieren Sie ein Buchangebot. Wie? Etwa so: Beschreiben Sie Ihre Biografie, darin Ihre Kompetenz. Nichts überzeugt so sehr wie der Nachweis Ihres kontinuierlichen Wegs durch die Sümpfe Ihres Fachgebietes. Wenn sie schon seit ihrem zehnten Lebensjahr indische Klappräder sammeln und nebenbei Zweiter Vorsitzender des entsprechenden Vereins in Deutschland sind, brauchen Sie kein Profi zu sein, kein Fahrrad-Ingenieur oder Bike Designer von der Fachhochschule. Sind Sie zufällig aber ein solcher, gelten die folgenden Regeln auch für Sie.

Strukturieren Sie Ihr Angebot an den Verlag! Zuerst sollten Sie sagen, warum es Ihr Buch geben muss. Am besten schon mit dem Titel. Wie wär's mit: *200 Ratschläge, mit Leuten umzugehen, denen Ihre Kinder ein Dorn im Auge sind!* (Ein solches Buch können Sie schreiben, ohne Erziehungswissenschaftler, Psychologe oder Preisboxer zu sein; es reicht, wenn Sie Kinder haben und sich seit geraumer Zeit erkennbar und belegbar mit dem Problem allgemeiner Kinderfeindlichkeit auseinandergesetzt haben, z.B. als Aktivist in einem entsprechenden Verein o.a.)

Als nächstes müssen Sie belegen, welcher Problemstellung Ihr Buch entsprungen ist: In Deutschland werden pro Jahr 500.000 Anzeigen gegen Kinder als vermutete Täter erstattet. Oder: Laut Experten liegt die Dunkelziffer bei gesetzwidrigen Maßregelungen von Kindern durch Dritte bei etwa 1 Mio. Fällen im Jahr. (Für beide Ziffern sollten Sie die Quelle nennen.)

Sie haben jetzt sowohl das Problem und seine Entstehung aufgezeigt und bieten eine Lösung an. Und das für belegte 1,5 Mio. potentielle Käufer. Das Schöne daran ist, dass diese 1,5 Mio. Leser nur die zwei Ratschläge aus Ihrem Buch brauchen, die für diese zwei Probleme Hilfe anbieten. Wenn Sie für jeden der verbleibenden 198 Ratschläge auch 750.000 potentielle Interessenten belegen können, können Sie den Marketing-Chef Ihres Verlags theoretisch mit einem Käuferpotential von 150 Millionen verblüffen ...

So einfach ist es in Wahrheit natürlich nicht, es ging in diesem Beispiel auch nur darum zu erklären, warum Ihr Sachbuch einem Verlag gute Verkaufsergebnisse bringen könnte: Für welches nachweisbare Problem von wie vielen Menschen bietet Ihr Sachbuch welche Lösung/en an?

Sie lieben Marionetten? Dann belegen Sie mit der Auflagenhöhe der Marionettenzeitung den potentiellen Markt für Ihr Sachbuch mit dem Titel: *Wie man Fäden zieht und damit Puppen beeinflusst.*

Liefern Sie dem Lektorat in Ihrem Buchvorschlag neben einem griffigen Buchtitel auch entsprechende Kapitelüberschriften. Die sagen in ihrer sachlichen Gliederung, aber auch in ihrer sprachlichen Gestaltung viel über Ihr Sachbuch aus. Helfen die Überschriften – wie der Titel selbst – dem Verkauf? Anders ausgedrückt: Sind Ihre Überschriften selbsterklärend?

In wenigen Sätzen etwas zu Lebenslauf, Buchtitel, Problemhäufigkeit. Haben Sie Ihre Kompetenz, den Nutzwert Ihres Buches und den möglichen Markt beschrieben, geht es den Lektoren in den Verlagen nun noch um den Wettbewerb. Selbstverständlich kennen Lektoren den Markt der von ihnen betreuten Sachbücher genau. Darum sollten Sie als Autor mit einer kleinen Wettbewerbsanalyse beweisen können, warum gerade Ihr Sachbuch eine gute Figur im Markt machen wird. Manchmal gelingt der Beweis mit einem Superlativ à la: Katzenpflege völlig anders. Das erste Sachbuch, das rigoros mit dem Irrglauben vieler Katzenhalter aufräumt, man könne eine Katze auch in einem Hundesalon pflegen lassen.

Wenn Sie allerdings behaupten, das erste Buch überhaupt zu einem speziellen Problem zu schreiben, müssen Sie auch das

Problem beweisen. Etwa so: 30.000 in Hundesalons aufgefresse-
ne Katzen in Berlin im Jahr 2002 belegen allein den potentiellen
Berliner Markt! Falls Ihr Fachgebiet die Voraussagen des Nostradamus für die Weltkatastrophen zum Jahreswechsel 2999/3000
sind, dann ist es leicht, jetzt das erste Buch zum Thema anzubieten. Wenn Sie allerdings eher Fachfrau für die Erklärung des
Ausbleibens der von benanntem Herrn vorausgesagten Unbill
zum vergangenen Jahrtausendwechse! sind, könnten Sie z. B. mit
dem Superlativ der Einzigen aufwarten, die es bemerkt hat:
»Mein Buch *Nostradamus konnte rechnen* wird als einziges Buch
im Markt nachweisen, dass die Voraussagen erst zum Jahreswechsel eintreffen!« Allerdings gilt: Wehe Ihnen, wenn Sie nicht
der Erste und nicht die Einzige sind. Lektoren reagieren extrem
sensibel auf alles, was nach Übertreibung riecht. Erwischen sie
Sie bei einer, ist alles, was Sie schreiben, verdächtig. Kommen
wir zurück zu Ihrer Kompetenz. Können Sie die beweisen und
Ihren Lektor überzeugen, dann sind Sie Ihrem Ziel schon sehr
nahe.

Wenn Sie als Fachmann für Motivation ständig Vorträge halten, ist es kein Problem, zur Markteinführung Ihres Buches über
Selbstmotivation allein dessen Inhalt in den Mittelpunkt Ihrer
Vorträge zu stellen. Die anderen hier erwähnten Fachautoren haben es da schon schwerer. Und trotzdem sollten Sie eine Art Pro-
motion für Ihr eigenes Buch ersinnen und anbieten. Der erste
Schritt dazu ist, sich selbst klar zu machen, welche Auflagenhöhe Sie mit Ihrem eigenen Sachbuch überhaupt erreichen wollen.
Wenn Sie sich an die Reihenfolge: Problemnachweis, Marktgrö-
ße, Wettbewerb halten, werden Sie auch hier auf eine realistische Zahl stoßen.

Ein Tipp: Behandeln Sie Ihr Buch wie ein selbstverlegtes Buch
– egal, wer es nun verlegt. Das Wenige, das Verlage für Erstlinge
tun – ein paar Rezensionsexemplare, ein paar halbherzige Versuche, Besprechungen unterzubringen – tun sie vordem Erscheinungsdatum. Geht Ihr Sachbuch gut ab, dann – aber nur dann! –

legen Verlage noch einen drauf. Weit über 90 Prozent aller Bücher gehen aber nicht ab. Das bedeutet: Zwei Monate später und für alle Zeit danach gibt es nur noch Sie – und Ihr Sachbuch!

Haben wir mit dem größten Wissenschaftler unserer Zeit angefangen, hören wir mit dem reichsten Mann der Welt auf. In Bill Gates' Buch *Blick nach vorn* steht der Satz: »Weniger als ein Prozent aller für den Handel bestimmten Bücher bringen ihren Verlagen Gewinn.« Recht hat er! Sie allein, nicht der Verlag, entscheiden, ob aus Ihrem Sachbuch vielleicht doch eine längere Geschichte wird ...

> *Autoren, die übersetzen*

Etliche Autoren arbeiten auch als Übersetzer – eine Tätigkeit, die den Schreibern liegt: Sie können am eigenen Schreibtisch arbeiten und sind frei in der Einteilung ihres Arbeitstages. Aber wie kommen sie an Aufträge? Meist arbeiten Verlage mit bereits bekannten und bewährten Übersetzern zusammen und es ist für den Nachwuchs nicht einfach, einen ersten Auftrag zu erhalten. Wenn Verbindungen zu einem Verlagslektorat bereits bestehen, ist das hilfreich. Auch das Genre, in dem der Autor zu Hause ist, kann ein Vorteil sein: Wer selbst Science Fiction schreibt könnte auch ein guter Übersetzer von SF-Büchern sein. Ist die erste Übersetzung zur Zufriedenheit abgeschlossen, bestehen Chancen für weitere Aufträge und Interesse anderer Verlage.

Das Seitenhonorar ist unterschiedlich: 10 oder 12 Euro sind immer noch üblich und nur die Top-Übersetzer literarischer Werke oder spezialisierte Fachübersetzer erhalten mehr. Es richtet sich auch nach Schwierigkeitsgrad des Textes und nach der Marktlage. Wie bei Autoren soll das neue Urhebervertragsrecht die Situation der Übersetzer verbessern helfen.

Die sprachlich überzeugende Übertragung eines Werkes ist ein wichtiger Faktor, der zum Erfolg eines Buches beiträgt. Und wird aus dem übersetzten Buch, das eingekauft wurde, weil es im Original bereits ein Besteller war, auch in den deutschsprachigen Ländern ein Hit, möchte der Übersetzer am Erfolg beteiligt sein.

Original-Buchautoren betrachten die Forderungen ihrer Übersetzerkollegen nicht ohne Neid: Schließlich erhalten Übersetzer bereits vor Arbeitsbeginn einen Vertrag, der sie absichert. Sie haben nicht, wie der Autor, das Problem der Vorausarbeit an einem Buch – ohne finanzielle Unterstützung – dafür mit dem Risiko, dass es womöglich nie veröffentlicht wird.

Sind Übersetzer Autoren? Die Frage geht dem an die Substanz, der die Leistungen eines Radebrechers kennen gelernt hat – und solche stehen auch im VdÜ-Übersetzer-Verzeichnis, neben Top-Übersetzern. Denn aufgenommen wird jeder, der eine Übersetzung in Buchform vorweisen kann. Angenommen, diese Übersetzung war katastrophal schlecht und der Verlagslektor hat sie anschließend lektoriert oder richtiger überarbeitet, dann kann der radebrechende Wortkünstler am Ende sogar noch ein akzeptables Werk als Referenz vorweisen.

Es kann aber auch anders sein: Die Übersetzerin Ulrike Seeberger beispielsweise hat das Buch des indischen Schriftstellers Vikram Chandra »mit sprachlicher Eleganz und feinem rhythmischen Gespür bewältigt« und, so Angela Schader in der NZZ, »einen stimmigeren Titel gefunden ... als der Autor selbst«.

Harry Rowohlt wurde 1999 für seine kongenialen Übersetzungen (von Autoren wie Frank O'Brien, Kurt Vonnegut, Frank McCourt oder Milnes *Pu, der Bär*) mit dem Johann-Heinrich-Voß-Preis der Deutschen Akademie für Sprache und Dichtung ausgezeichnet. Zur Frage der Bezahlung von Übersetzern erklärte er »Natürlich kriegt der Autor mehr Kohle, das wäre ja noch schöner. Obwohl übersetzen viel mehr Arbeit macht als selber schreiben. Beim Selberschreiben ist man nur sich selbst verpflichtet ... – na und? Aber wenn man Quatsch übersetzt, ist man – wie wir Übersetzer aus dem Englischen sagen – in heißem Wasser«.

Dass sich daraus allerdings auch ein Lustgewinn für Rezensenten und aufmerksame Leser ziehen lässt, zeigt das Beispiel der deutschen Übersetzung von David Gutersons *Östlich der Berge*, die noch vor dem amerikanischen Original erschien. Vielleicht war nicht genug Zeit für ein sorgfältiges Lektorat geblieben, denn: »Aus der offenen Tür des Mannes strömten Licht und Wärme in die Nacht hinaus.«

> *Journalismus*

Schreiben für die Zeitung

Auch Zeitungsredaktionen sind ratlos, was mit der Menge unverlangt eingesandter Manuskripte geschehen soll: Manche wollen sie gar nicht erst ansehen, zu selten ist etwas Brauchbares darunter.

Regionalblätter haben nicht selten vergleichbar informative und gut geschriebene Beiträge wie die national verbreiteten Zeitungen. Das verdanken sie teilweise auch den freien Autoren, die ihnen, über das redaktionelle Tagesgeschäft hinaus, Beiträge zu speziellen Fachbereichen anbieten. Professor Friedrich Kraft, Chefredakteur des *Donaukurier* rechnet, dass er von den rund 1000 Manuskripten, die er pro Jahr erhält, etwa 50 veröffentlicht. Und er schätzt die freien Mitarbeiter: »Journalistische Manuskriptangebote sind erwünscht!« Auch der Ressortleiter des Feuilletons vom *Westfalen-Blatt*, Manfred Stienicke, erhält rund 1000 Manuskripte pro Jahr, wovon etwa 30 den Sprung in die Spalten schaffen. Dr. Wolfgang Bok, Chefredakteur der *Heilbronner Stimme*, sagt zwar, nur wenige der bis zu 500 Manuskripte würden veröffentlicht, ist aber offen für Anfragen. Sein Text-Tipp: »Kurz, solide, keine PR!« Auch die *Arbeitsgemeinschaft Westdeutscher Tageszeitungen* hört sich gerne an, was Buchautoren vorschlagen. Manfred Kriger, Chefredakteur, empfiehlt »eine vorherige telefonische Anfrage«. Berthold Dücker, Chef der *Südthüringischen Zeitung* in Bad Salzungen, ist an politischen Themen interessiert: »Analysen, kritische Fragen zu Politik und Gesellschaft«.

In Redaktionen geht es hektisch zu, entsprechend kurz und klar formuliert sollten die Angebote sein: Chefredakteur Joachim Westhoff vom *Bonner Generalanzeiger* bevorzugt ein knappes Exposé. Dr. Uwe Zimmer, Chef der *Münchner Abendzeitung*, möchte erst dann Papier sehen, wenn man sich vorher telefonisch abgestimmt hat. Damit spricht er den meisten Kollegen aus dem Herzen: Eine kurze E-Mail oder ein Anruf genügten, um herauszufinden, ob Interesse an einem Thema besteht.

Buchautoren werden beispielsweise gerne eingeladen, die Neuerscheinung eines Kollegen zu rezensieren, nicht ganz ohne Hintergedanken. Weiß doch jeder Redakteur, dass Buchautoren oft die schärfsten Kritiker ihrer Kollegen sind und zu offener Polemik und vernichtendem Zynismus neigen, wenn es um das Werk des anderen geht – und das hat für Zeitungsleser einen gewissen Reiz ...

Wer Monate, manchmal Jahre an einem Buch arbeitet, besitzt meist fundiertes Fachwissen. Das gilt für Sachbuch- wie Belletristik-Autoren, die lange recherchiert haben, um ihrer Romanfigur einen glaubwürdigen Background zu geben. So könnte ein Krimiautor beispielsweise interessante Parallelen zwischen Fiction Crime und realen Kriminalfällen liefern. Mehr Kontakt zu den Kollegen in den Redaktionen ist wichtig, um zu hören, was dort gerade gebraucht wird, wenn man eine Zusammenarbeit wünscht denn Redakteure haben ein untrügliches Gespür für gute Storys, für neue, originelle Themen.

Auch wenn überregionale Tageszeitungen regelmäßig mit Experten als Gastautoren zusammenarbeiten, sind sie für interessante Themenangebote offen. Teilweise lesen die Herausgeber selbst die eingehenden Leserbriefe und manchmal kann sogar aus einem informativen Leserbrief ein Beitrag werden. Roger de Weck erwartete als Chefredakteur der *Zeit* von seiner schreibenden Leserschaft selbstverständlich Qualität und empfahl Buchautoren, Manuskripte den entsprechenden Ressorts anzubieten.

>> Hörfunk, Theater, Film

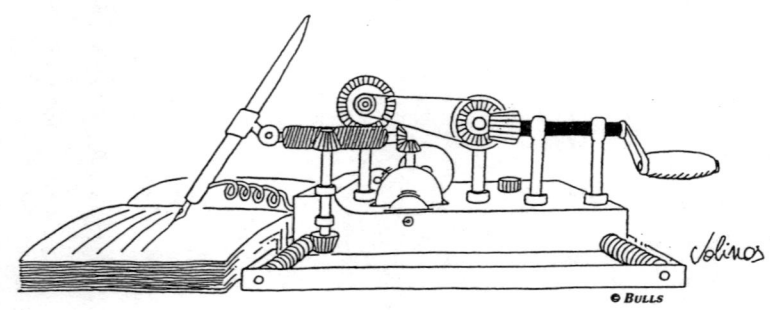

Solinas, © Bulls, aus: *Deutsches Jahrbuch für Autoren, Autorinnen*

> *Hörspiel*

Medienmitarbeit

Von Manfred Mixner

Die Marginalisierung des Literarischen in der Schulbildung – ob Ursache oder Wirkung eines Entwicklungsprozesses spielt dabei keine Rolle – hat Folgen im alltäglichen Umgang mit den poetischen Erkenntnisleistungen der Gegenwart wie der Vergangenheit. Wo das Verständnis fehlt, sinkt das Interesse. Das kann man bedauern oder auch nicht, die Literatur hat ihre Äquivalente. Der Literaturbetrieb baut sich seine Ersatzwelt, in der sich das Verstehen zur Kenntnisnahme wandelt, der Einblick in Übersicht, der literaturgeschichtliche Prozess zum Trend. Dennoch bleibt das Bedürfnis zu schreiben konstant, viele haben Geschichten zu erzählen, einige wollen die literarischen Methoden und Mittel weiter entwickeln, die einen arbeiten daran, Bewusstsein von Gesellschaft und Zeitphänomenen in Sprache zu fassen, andere versuchen Lebensgeschichten und Individualität zu dokumentieren.

Im öffentlich-rechtlichen Radio, das zwar auch in den Sog einer wachsenden Kommerzialisierung gerät, aber dabei seine Standards zu halten versucht, hat das Literarische nach wie vor Spielraum. Genreformen und Präferenzen ändern sich, und das Gerede über Kunst und Literatur drängelt sich wie immer schon vor und beansprucht den Platz, der eigentlich der ästhetischen Eigenleistung des Mediums vorbehalten wäre. Die Auffächerung des Programmangebotes in Spezialprogrammen, formatiert für spezielle Hörerinteressen, verlangt von den Radioautoren eine stärkere Anpassung an diese Programmprofile, an das sogenannte Programmumfeld.

Ist das Schreiben fürs Radio schwerer geworden? Es gibt in einigen Anstalten weniger Geld als noch vor Jahren und damit weniger Sendeplätze für das Hörspiel. Im Raum steht der Wunsch der Medienpolitiker nach »Strukturbereinigung« in der ARD – es soll weniger Anstalten geben. Die Hörspielleute in den Anstalten, längst entsolidarisiert, stecken Reviere ab. Die Nachfrage sinkt, heißt das, und die Ansprüche der Dramaturgen steigen. Die einzelnen Dramaturgen (und Regisseure) wollen Wettbewerbe gewinnen, Preise erringen, mit denen sie ihren Marktwert erhöhen und ihre Abteilungen schmücken können, was auch auf ihre Anstalten ein gutes Licht werfen soll, was wiederum den jeweiligen Redaktionen und ihren Etatwünschen zugute kommen soll – der Argumentationszirkel ist ein schwacher Trost für Autoren, deren Texte nicht mehr berücksichtigt werden. Die Auswahlkriterien der Dramaturgien sind vielfältiger, unübersichtlicher geworden in den vergangenen Jahren, die Szene ist differenzierter, segmentierter und damit ein gutes Stück unwirtlicher geworden.

Autoren, Dramaturgen, Regisseure, Kritiker wollen im Trend sein, denn zum Radiomarkt kommt nun der Tonträgermarkt – und wie gesagt – es sollen ja auch nicht alle Produzenten auf dem Markt bleiben, es sollen weniger werden. Mit dem wachsenden Druck, ein originelles, einmaliges und unverwechselbares Produkt anzubieten, dreht sich die Spirale von Trendsetterei, Verdrängungswettbewerb und Eitelkeiten bei allen Beteiligten (einschließlich der Rezensenten).

Von den Mitwirkenden nahezu unbemerkt hat sich in den vergangenen Jahren auch in der Produktionsästhetik des Radios vieles verändert. Bis in die achtziger Jahre haben sich Hörspielregisseure vornehmlich um hermeneutische Probleme gekümmert, es ging – zumindest versuchsweise – um eine möglichst werkgetreue Inszenierung, in der sich der akustische Genius des Regisseurs mit dem literarischen Genie des Autors verbinden sollte. Der Hörerschwund, der dann einsetzte, in der Hauptsache verursacht durch eine ungeschickte Spielplan- und Programmpolitik, sollte dadurch aufgefangen werden, dass wirkungsästhetische Überlegungen in die Produktionsästhetik einfließen sollten. Eine Tagung von Hörspielleitern im Rahmen der EBU (der Dachorganisation der westlichen Rundfunkanstalten) Mitte der achtziger Jahre hatte auf der Tagesordnung als wichtigstes »praktisches« Thema die Frage: »Wie spannend gestalte ich die ersten Minuten eines Hörspiels, damit mir die Hörer dran bleiben, auch wenn sie die Geschichte nicht sonderlich interessiert?« (Damals galt noch allgemein der Grundsatz, dass die Hörer das zu hören bekommen, was sie hören sollen, und nicht das, was sie hören wollen!) Und mit dem Wandel der Produktionstechnik von analoger zu digitaler Klangverarbeitung, mit dem Einzug des Rechners in das Studio und mit der damit verbundenen »Demokratisierung« des produktionstechnischen Know-hows erfolgte ein weiterer Bruch in den Hörspiel-Traditionen: Die Autorenproduktion wurde zunehmend salonfähig, wenngleich sich die reichen Anstalten von ihrem Produktionsmonopol nur sehr ungern trennen.

Worauf läuft die Entwicklung hinaus? Die zusätzliche Auffächerung der Wege und Möglichkeiten zu einem guten Hörspiel zu kommen, macht den Betrieb bunter (das sollte man als Positivum nicht unterschätzen), verstärkt allerdings auch den oben beschriebenen irrationalen Erfolgsdruck. Für die Autoren – so scheint es – ist damit die Hörspielarbeit, das Schreiben, das Produzieren, das Anbieten, mehr als je zuvor zu einer Medien*mit*arbeit geworden, und wo dies verweigert wird, bleibt es ein Lotteriespiel.

Manfred Mixner, Hörspielredakteur beim RBB Berlin, beschäftigt sich nicht nur mit Literaturvermittlung: *Die Welt im Trüben. Vom Fischen und Dichten* (hrsg. von Manfred Mixner, erschienen bei Eichborn) ist eine illustrierte und schön gebundene Sammlung von *fishy tales* seiner angelnden Lieblingsautoren, mit Papa Hemingway auf dem Titel.

> *Das Hörfunk-Feature*

Die Atmo hochziehen

Von Rainer Schildberger

Die Maultiere kamen direkt auf mich zu. Glöckchen bimmelten. Hufgetrappel auf felsigem Boden. Ich jubelte stumm über mein Glück, das mir ein solches Geräusch bescheren wollte, nahm das Mikro und hielt es den vorbeiziehenden Tieren hin. Der Maultiertreiber, ein Athosmönch, grüßte brummig. Dann verschwand er und die Herde hinter einem Felsvorsprung, und ich lernte meine erste Lektion als Rundfunkautor: Für Außenaufnahmen braucht man einen entsprechenden Windschutz. Auf dem Band war nur das entsetzliche Blubbern und Klopfen des Windes zu hören. Und auch die zweite Lektion war gleich mit inbegriffen: Kopfhörer tragen bei der Aufnahme, um zu kontrollieren, was wirklich aufgenommen wird.

Diese und noch viele andere Lektionen hatte ich zu lernen, nachdem ich das erste Mal 1994 im Auftrag des erst seit wenigen Jahren existierenden Ostdeutschen Rundfunks Brandenburg (ORB) mit Mikrophon und Bandgerät losgefahren war, um mein Thema: Wie lang ist die Ewigkeit? – Ein Besuch in der Mönchsrepublik Athos, akustisch einzufangen. Diese Anfangssituation des klassischen »Learning by doing« bestimmte über lange Zeit meinen Werdegang beim Radio. Denn vom Radiomachen hatte ich keine Ahnung. Wie viele freiberufliche Mitarbeiter im Rundfunk bin auch ich Seiteneinsteiger. Ursprünglich wollte ich Lehrer für Geschichte und Sport werden. Aber das ist ein anderes Thema.

In meinem ersten Exposé strich ich vor allem meine Kompetenz hinsichtlich des Themas heraus, phantasierte blauäugig über die akustische Umsetzung und bluffte auch ein bisschen. Von dem deutschen Athosmönch, den ich zu kennen vorgab, hatte ich lediglich in der Zeitung gelesen. (Später habe ich ihn aber tatsächlich getroffen.)

Ein Sender reagierte überhaupt nicht auf mein Angebot. Ein Redakteur riet mir, es als Anfänger doch mit etwas Einfacherem zu versuchen, als mit einem 60-Minuten-Auslandsfeature, ein anderer ließ mich in dürren Worten wissen, dass man auf zwei Jahre ausgebucht sei. Doch mit diesen wenig ermutigenden Reaktionen, mit denen ein Anfänger auch heute rechnen muss, konnte ich leben, weil ich meinen ersten Auftrag bereits in der Tasche hatte. So kam ich als ahnungsloser Wessi zu den gestandenen Ost-Radioleuten des ORB nach Potsdam. Ein Glücksfall. Denn im Gegensatz zu den alten Sendern, die Neulingen wenig Chancen boten, war die Feature-Abteilung des ORB – natürlich auch auf Grund politischer Vorgaben – im Neuaufbau und daher offen für unbekannte Autoren.

Der Redakteur war sehr geduldig. Denn um mein erstes Manuskript sendefähig zu bekommen, benötigte ich fünf Anläufe. Aufbau, Dramaturgie, Sprache eines Rundfunkfeatures. Das alles schälte sich erst von Version zu Version heraus. Vor allem musste ich die Radio-Sprache lernen. Die kurzen, prägnanten Sätze, die dennoch nicht zu dürr sein dürfen, die Rhythmus haben müssen und Melodie, um Bilder im Kopf zu erzeugen. Die sich vor allem sprechen lassen müssen. Sich das Manuskript laut vorzulesen, bevor man es einreicht, wirkt meist Wunder. Für Schachtelsätze, geschraubte Formulierungen und Fremdwortgeklingel ist im Radio-Feature kein Platz.

Wenn der Redakteur zum Gespräch über das Manuskript bittet, bedeutet das immer Kampf und Überwindung. Denn wer lässt schon gerne liebgewordene Sätze unterm Rotstift sterben. Wenn die Chemie zwischen Autor und Redakteur nicht stimmt, kann diese notwendig akribische Arbeit am Text zum echten Ärgernis werden, weil man sich überrollt und als Erfüllungsgehilfe eines fremden Konzeptes fühlt. Meine Erfahrung ist die, dass man hier nicht zimperlich sein darf. Die eigene Meinung vertreten, aber auch auf den guten Willen und den Blick des Redakteurs vertrauen. Ich bin bei allen meinen Arbeiten sehr oft für meine Sprache gelobt worden. Ein großer Teil des Lobes fällt auch auf den Redakteur zurück.

Ich will nicht verschweigen, dass gerade hier echte und deftige Konflikte lauern, die sich zu unschönen Machtdemonstrationen ausweiten können. Es gibt Redakteure, die sagen ungeniert: »Ich lese prinzipiell keine Manuskripte auf Papier. Schicken Sie mir ihr Werk als E-Mail!« Ergebnis: Man findet irgendwann die korrigierte Fassung im elektronischen Briefkasten mit den neuen, von der Redaktion bereits eingefügten Formulierungen. Ende der Diskussion. Friss oder stirb?

Nein, denn gegen den Autor kann keine Sendung entstehen. Sich im Kampf um Formulierungen aufzureiben, lohnt sich nicht. Aber die eigene Handschrift, das Konzept muss erhalten bleiben. Schließlich wird es im Namen des Autors gesendet. Es liegt im Ermessen des Autors, ob und wann er zum letzten Mittel greift: Das Manuskript zurückziehen. Sich mit dem Ausfallhonorar begnügen. Die Tür zu einer Redaktion hinter sich zuschlagen. Glücklicherweise sind solche Fälle die Ausnahme.

Hat das Manuskript die endgültige Gestalt angenommen, wird es sehr schnell ernst. Der Termin zur Produktion wird angesetzt. Vorher wartet aber noch das Rendezvous mit dem Tontechniker zum Umschneiden der O-Töne und Atmos. Das sind die im Text angegebenen Interviewpassagen sowie die gesammelten Geräusche und Musiken, die nun zu produktionsfähigen Portionen geschnitten werden. Früher analog, also auf Band, heute digital, gleich in den Computer geladen. Zu diesen Terminen (für Einstundensendungen können schon mal zwei Tage draufgehen) erscheint man besser bestens präpariert, hat die Interviews abgetippt vorliegen, die benötigten Stellen markiert und sortiert. Tontechniker sind Menschen mit goldenen Ohren und eiserner Geduld, aber auch sie können ungehalten werden, wenn die knapp kalkulierte Schneidezeit mit chaotischem Suchen auf Datenträgern verstreicht.

Als ich das erste Mal im Studio einen richtigen Sprecher, einen Schauspieler, dessen Stimme ich bisher nur als Synchronstimme von Kevin Costner oder Brad Pitt kannte, meinen Text sprechen hörte, lief mir Gänsehaut den Rücken rauf und runter. Das war nicht mehr nur mein Text. Das war Kunst. Ich verbrachte glückselige Stunden im Studio mit bloßem Zuhören. Seitdem habe ich auch eine besondere Vorliebe für Stimmen, weiß, was sie aus einem Text machen können.

Das Studio ist das Hoheitsgebiet der Techniker und vor allem der Regie. Es gibt Regisseure, die vom Autor nur das Gedruckte sehen wollen und allenfalls Höflichkeitsbesuche im Studio dulden. Bei anderen soll man möglichst die gesamte Produktion begleiten und darf auch beraten. Aber immer auf Nachfrage. Wer im Studio den Co-Regisseur geben will, sollte besser gleich zuhause bleiben. Ich habe mal während einer Produktion gedacht, mehr Ahnung zu haben als die Regie und ungefragt meine Meinung gesagt. Darauf die Regie: »Sie halten jetzt mal den Mund!«

Wenn es möglich ist, sollte man sich das Dabeisein im Studio aber nicht entgehen lassen. Es gibt dafür kein Extrahonorar, dafür kostenlos unbezahlbare Hilfen für die weitere Arbeit. Im Studio ist mir erst klar geworden, was mein Manuskript, die O-Töne und die Atmos wert sind und dass ein Rundfunkautor immer auch ein Gespür für die akustische Umsetzung eines Themas haben sollte. Das gelingt natürlich besser, wenn man die technischen Möglichkeiten kennt, gehört hat, wie Text und Geräusch zu einer Szene werden und aus vielen kleinen akustischen Bausteinen die Grundstimmung des Features entsteht, die es auf dem Papier zuvor nicht gegeben hat.

Der Autor muss die Regie vor allem als eigene künstlerische Leistung begreifen. Regisseure haben ihr Handwerk gelernt. Sie denken dramaturgisch, haben immer das Ganze im Auge bzw. Ohr und verfolgen eine Idee, die sie durch entsprechende Besetzung von Sprecherrollen, Sprecherführung und Bauen von akustischen Räumen umzusetzen versuchen. Ich habe Regisseure, bis auf eine Ausnahme, immer als Bereicherung, als echte Wegbereiter erlebt.

Die Ausnahme sah so aus. Ein passabler Text wurde durch fehlbesetzte Stimmen, schlampige Schauspielerführung und das Hinzufügen unsäglicher Musik »zerstört«. Der Regisseur war sehr von sich eingenommen, glaubte den Text durch witzige akustische Possen peppiger machen zu müssen. Damals stand ich noch am Anfang als Autor und glaubte, mir das gefallen lassen zu müssen. Heute weiß ich, dass ein Anruf in der Redaktion genügt hätte, um für Abhilfe oder wenigstens Verhindern des Schlimmsten zu sorgen. Das Stück wurde gesendet (immerhin), ist aber bis heute das Einzige, das nicht wiederholt, geschweige denn von anderen Sendeanstalten übernommen wurde.

Irgendwann gibt es dann auch mal Geld. Bei Neuproduktionen wird in der Regel gezahlt, wenn das Manuskript abgeliefert wurde, spätestens aber mit dem Umschneiden der O-Töne, also unmittelbar vor Beginn der Produktion. Handelt es sich um Übernahmen oder Wiederholungen trifft das Honorar etwa vier Wochen nach der Sendung ein. Es gibt aber auch hier Sender, die bereits nach Erteilung des Auftrags überweisen und andere, die man gelegentlich ans Honorar erinnern muss.

Die Höhe des Honorars ist abhängig von der Größe des Senders und natürlich von der Länge der Sendung. Für ein 60-Minuten-Feature erhält man zwischen 2500 und 4000 Euro (Brutto). Bei den halbstündigen Sendestrecken schwanken die Preise zwischen 750 Euro (Radio Bremen) und 1800 Euro (WDR).

Besonders schlecht zahlt der Bayrische Rundfunk. Hier bekam ich mal für eine halbe Stunde knappe 700 Euro überwiesen. Auf meine Nachfrage, ob es sich dabei um eine Abschlagszahlung

handle, wurde mir geantwortet:»Nein, wir zahlen eben schlecht.«
Andere Sender, wie etwa der Hessische Rundfunk, betreiben eine
rigide Sparpolitik. Es wird wenig selbst produziert, dafür viel und
gerne übernommen. Das 50-prozentige Übernahmehonorar, das
dem Autor zusteht, wird durch interne Gepflogenheiten unterlau-
fen, indem nur bis zu einer bestimmten Grenze gezahlt wird. Beispiel: Für eine halbe Stunde WDR (Honorar 1600 Euro) müsste der
HR ein Übernahmehonorar von 800 Euro zahlen, überweist aber
nur 500 Euro. Hier heißt es lapidar am Telefon:»Tut uns Leid, aber
wir können uns den WDR nicht leisten. Sie können wählen: 500
Euro für die Übernahme oder eben keine Sendung und kein Geld.«

Als mein erstes Honorar überwiesen war, mehr als 2000 Euro
vom ORB für eine 63-Minuten Sendung, habe ich meine sämtlichen Nebenjobs aufgegeben und mich voll aufs Radiomachen
gestürzt. Eigentlich ein Wahnsinn, denn von den einmaligen Honoraren für Neuproduktionen kann keiner leben. Interessant und
damit halbwegs lukrativ wird es erst, wenn Sendungen übernommen oder wiederholt werden. Dann kassiert der Autor ohne einen
weiteren Handschlag 50 % bzw. 25 % (bei kleinen Anstalten) des
ursprünglichen Honorars. Besonders schön ist es, wenn Co-Pro-
duktionen zustande kommen. Dann streicht der Autor zusätzlich
zu seinem Honorar noch einmal 100 % vom jeweiligen Co-Produ-
zenten mit ein. Es gibt Kollegen, die auf diese Weise mit einer
Sendung auf einen Schlag zwischen 6000 und 20.000 Euro verdienen. Mir war das bisher nicht vergönnt. Es geht hier auch um Beziehungen und Hartnäckigkeit. Jetzt, da ich das achte Jahr dabei
bin, könnte es erstmals zu einer Co-Produktion kommen.

Ich habe mich notgedrungen auf die sogenannte Zweitverwer-
tung gestürzt, also aus der langen Sendung mehrere kurze gebas-
telt. Ein Beispiel: Die Magie der Hand. Das war eine 60-Minuten
Sendung des ORB 1997, in der vom Tischler bis zum Wahrsager
so ziemlich jeder mit einer speziellen Funktion der Hand zu
Wort kam. Daraus resultierte eine Sendung für den Kirchenfunk
des WDR (*Gott die Hand geben*), den Wissenschaftsbereich des

HR (*Die künstliche Hand*) und die Redaktion Bildung des SDR (*Die sprechende Hand*) zum Teil wieder mit Übernahmen. So wurden aus den ursprünglichen 2250 DM Honorar für die Ursendung bis heute rund 10.000 Euro. Um beim Radio als freier Mitarbeiter über die Runden zu kommen muss man also erfinderisch sein und auch finanzielle Engpässe aushalten und abfangen können. Das ist der Preis für eine außerordentliche persönliche Freiheit im Beruf.

Um hier nicht unter Druck oder in eine »Auftragsmühle« zu geraten habe ich stets Themen gesucht, die mir Zeit ließen, zeitlos sind und mir die Möglichkeit boten, nicht nur als Beobachter und Reporter Material über andere zu sammeln, sondern selbst Erfahrungen zu machen oder einzubringen. Der sogenannte Ich-Erzähler ist in meinen Beiträgen eine wichtige Komponente. So war ich hinter Klostermauern beten und schweigen, barfuss auf einer Büßerinsel, in der Rolle eines Narren unter Fantasy-Spielern oder als Manndecker in einer alternden Fußballmannschaft aktiv. Neben dem Interesse an neuen Erfahrungen sehe ich in dieser Vorgehensweise eine gute Möglichkeit, die Distanz zu überwinden und das Misstrauen abzubauen, dass einem oft begegnet, wenn man als Fremder, als Medienmann in das Leben anderer tritt. Menschen wollen nicht bloß befragt, sie wollen verstanden werden. Das ist auch eine, vielleicht die wichtigste Lektion, die mich die Arbeit als Rundfunkautor gelehrt hat. Niemanden drängen, niemandes Leben manipulieren. Verzichten auf das, was nicht freiwillig gegeben wird. Bei aller Neugier: Aufrichtigkeit und Rücksicht.

Das Mitmachen ist aber auch und ich gebe das gerne zu, ein Weg, um der Einsamkeit des Schreibens, dem Schreibtisch und den vier Wänden immer mal wieder zu entkommen und Welt aufzunehmen. Mit allen Sinnen und einem Mikrophon.

Rainer Schildberger, seit 1994 freier Rundfunkautor im Bereich Feature und Hörspiel. *Der Einflüsterer*, Roman, Dahlemer Verlagsanstalt 2002. *Wo der Himmel redet. An Europas heiligen Orten*, Herder, 2003

> *Schreiben für das Theater*

Von Gudrun Gerlach

Laut Deutschem Bühnenjahrbuch gibt es in Deutschland etwa 900
Theater und fast ebenso viele Freie Gruppen. Etwa vier von fünf
Stadttheatern sind Wiederkäuer, die selten neue Stücke spielen,
stattdessen immer wieder sogenannte Klassiker und Halbklassi-
ker im Spielplan haben. Bislang kam das Publikum trotzdem, allerdings ist seit einiger Zeit die Tendenz rückläufig. Boulevard der
20er, Brecht-Liederabende, Goethe und vor allem die sichere Num-
mer Shakespeare, sollen helfen, die leeren Häuser wieder zu füllen.
Ob das gelingen kann, bleibt abzuwarten: Vor kurzem sah ich Viel
Lärm um Nichts, Regie: Leander Haußmann, vor 40 Zuschauern –
in einem Haus mit knapp 1000 Plätzen.

Welche Chancen können dann die Stücke unbekannter Autoren haben? Noch werden sie kaum wahrgenommen, man äugt aber
zu anderen Theatern, ob dort ein neuer Autor gespielt wird, der
das Haus füllt. Noch immer sind die Theater hoch subventioniert,
obwohl es in den Kulturausschüssen schon öfter Ermahnungen gibt,
wenn die Zuschauerstatistik nicht stimmt, ansonsten heißt es: »Wei-
termachen!«. Im Extremfall denkt man auch über das Auswechseln
des Intendanten nach, aber allgemein herrscht in der Theaterszene
die absolute Ratlosigkeit.

Die Feuilletons reagieren darauf, indem sie warnen, das auf der
Welt einmalige deutsche Theatersystem stehe auf dem Spiel. Doch
keiner der Intendanten und Kulturfunktionäre kennt ein wirksames
Rezept, die Zuschauer wieder in die Häuser zu locken

Ich beobachte das von außen, denn ich gehöre zu den vielen unsubventionierten sogenannten Freien Gruppen, die sich um die Projektmittel schlagen müssen, sich aus Geldmangel die Tantiemen sparen und ihre Stücke selber schreiben. In der Feuilletonlandschaft werden sie kaum wahrgenommen, obwohl diese Szene gut vernetzt und kontaktfreudig ist, aber immer noch hängt ihr ein Schmuddelimage der Unprofessionalität an. Anderer Meinung war Dietmar N. Schmidt (Leiter des Kultursekretariats Wuppertal) als er, nach einer missglückten Diskussion über die Stadttheatermisere, den Leuten des Off-Theaters zurief:»Ihr seid unsere Hoffnung!« Leider ging der Ruf im Tumult unter.

Das Theater, besonders das Stadttheatersystem, befindet sich im Umbruch – und gerade deshalb sind nun Autorinnen und Autoren gefragt – unverbrauchte, neue.

Meine Erfahrungen als Schauspielerin, die viele Jahre auf der Bühne stand, waren Basis für das Stückeschreiben für meine Theatergruppe. Ich habe hier versucht, die wesentlichen Punkte zusammenzustellen, die mir für das Schreiben von Theaterstücken wichtig erscheinen. Zwei Voraussetzungen:

1. Die eine ist, einfach Freude daran zu haben, Dialoge zu schreiben, Inhalte in Dialogform (Gesprochenes) und nicht nur in Worten (Schrift) auszudrücken. Natürlich geht es über das Dialogisieren hinaus, aber es ist ein Anfang.

   Vielleicht probiert man einfach einmal aus der Erinnerung, ein Gespräch im Büro, am Abendbrottisch zu rekonstruieren und festzuhalten – das ist einfacher als es sich anhört.

2. Die zweite Voraussetzung hat auch etwas mit Freude zu tun, nämlich der Freude, das Geschriebene, das Stück auch aufgeführt zu sehen, also nicht für den Papierkorb zu schreiben. Das bedeutet, dass man sich um einen möglichen Produzenten kümmert, bevor man mit dem weißen Blatt beginnt. Notfalls arrangiert man eine szenische Lesung unter Freunden. Theaterstücke sind nicht zum Lesen da, sie müssen gespielt werden!

Hier nun einige praktische Hinweise:

Vorbilder

Anfang und erste Überlegung ist natürlich das Thema, das Sujet. Ähnlich wie in der Musik, gibt es nahezu kein Thema, keine Geschichte, keinen Konflikt, der nicht schon einmal dramatisch verfasst worden ist. Das muss kein Hindernis sein oder entmutigen. Meister Brecht hat kaum eines seiner Stücke ohne ein bereits vorhandenes Vorbild entwickelt. Der Plagiatsvorwurf ist schnell erhoben. Brecht hat ihn überlebt und juristisch gesehen ist er ziemlich stumpf. Warum dann nicht alles sammeln, was es bereits zum Thema gibt? Es geht nicht ums Abschreiben, das Plagiieren muss man mit seiner eigenen Moral bewältigen. Auch zitieren muss man nicht, denn es geht um Theater und nicht um eine Seminararbeit.

Mitarbeiter

Bertolt Brecht, heißt es, habe keines seiner Stücke allein geschrieben. Es gibt Kritiker, die behaupten, einige hätte er sich ganz von seinen willigen Helferinnen schreiben lassen. Die dienstbaren Ghostwriter erscheinen in der Suhrkampausgabe kleingedruckt und geschlechtslos unter »Mitarbeit: M. Steffin«. Das Wichtigste an einer solchen Mitarbeit ist das zeitgleiche Arbeiten beim Schreiben. Also nicht ein nachträgliches Redigieren, sondern ein Hin- und Herreichen neuer Texte, ein gegenseitiges aufeinander Eingehen mit dem gemeinsamen Ziel, den Text, das Stück, zu verbessern. Wenn dabei, wie bei Brecht, auch erotische Komponenten mitwirken, muss das für die Texte kein Nachteil sein.

Improvisation

Dieser Punkt ist wichtig: Aus Improvisieren lernen. Ich gebe einer Theatergruppe grob ein Thema vor, erfinde genauso grob einige Figuren und lasse die Gruppe losspielen. Entweder schreibe ich dabei mit oder ich lasse die Videokamera mitlaufen. Von mehreren Stunden Material sind vielleicht nur wenige Minuten brauchbar. Entscheidend ist, dass dabei Ungewohntes, wirklich Neues herauskommt, Sprünge, Brüche, Variationen entstehen, die kein noch so intensives Brainstorming bringen würde, weil die daran Beteiligten nur Denker wären, nicht aber gleichzeitig auch Spieler.

Streichen

In letzter Zeit ist es Mode geworden, Stücke »ungestrichen« aufzuführen – mit mäßigem Erfolg. In der Regel werden Theatertexte von Regie und Dramaturgie eingestrichen, teilweise auch stark bearbeitet, bevor sie auf die Bühne kommen. Der Autor sollte beim Schreiben daran denken: Was zweimal gesagt wird, ist oft einmal zu viel. Geschwätzigkeit entfaltet szenische Langeweile. Notfalls ist ein Stück eben kürzer, warum nicht? Ein Regisseur kam zu der Aussage, dass ein guter Theaterabend, inklusive Pause, nicht länger als zwei Stunden dauern sollte, darunter schon, darüber nicht. Die gähnende Leere in unseren Theatern scheint ihm Recht zu geben.

Regiebemerkungen

Eine Schwäche von Theaterautoren ist es, ihre Texte mit Unmengen von Regiebemerkungen nahezu totzuschlagen. Zusätze wie »gefühlsbetont« oder »mit großer Energie« und detailverliebte Szenenanweisungen zügeln die Kreativität der Theaterleute. Normalerweise wirkt ein dramatischer Text aus sich selbst, man sollte es daher dem Impetus der Bühnenleute überlassen, ob man etwas laut oder leise spricht, sich dabei hinsetzt oder aufsteht. Darüber entscheiden Regie und Schauspieler nach entsprechender Auffassung und Bearbeitung.

Aktion

Stücke, die am Schreibtisch entstehen, wirken oft allzu statisch. Die Figuren geben Gedankengebäude von sich, während ein Schauspieler spricht, langweilt sich der andere, wie bei Laienaufführungen sitzen die Personen steif am Tisch. Selbstverständlich ist Bewegung auch Aufgabe der Regie, trotzdem sollte der Autor die dramatische Umsetzung immer mit im Kopf haben. Beim Film heißt die Aufforderung zum Spiel schlicht: »Action!«

Schon Goethe erkannte: »Man kommt zuschaun, man will am liebsten sehn.«

Vom Zuschauer aus denken

Der wichtigste Ansprechpartner für den Autor ist weder ein Verlagslektor, noch ein Theaterleiter, nicht der Dramaturg, nicht der Regisseur, nicht der Schauspieler, sondern allein das Publikum. Der Autor muss sich ständig in die Rolle der Zuschauer hineinversetzen. Die sitzen neugierig und erwartungsvoll im Theater und erleben auf der Bühne Dinge, die in ihrem eigenen Leben undenkbar wären.

Exposition

Auch große Dichter hatten ihre Schwierigkeiten mit dem Anfang, der die Figuren vorstellt, der die Grundlagen der Handlung erklärt und den Konflikt erläutert. »Wie du weißt Luise, bist du meine Schwester« (Schiller).

Heute streichen Regisseure diese Expositionen weitgehend ein, andere lassen sie ganz weg. Natürlich will der Zuschauer wissen, wo er ist und was mit wem geschieht, aber er muss das nicht unbedingt alles zu Anfang mitkriegen und manches erklärt sich durch die spätere Handlung also: kurze Expositionen. Es gibt aber auch Stücke, wie bei Beckett, die eigentlich nur aus einer Exposition bestehen.

Kippmomente

Keith Johnstone nennt sie »Kipp-Momente«, überraschende Dreh-punkte, verblüffende Richtungswechsel. Alles was unerwartet kommt, belebt die Handlung. Das Unerwartete erzeugt neue Span-nung, sowohl im Lauf der Handlung wie auch in den Charakteren der Bühnenfiguren.

Rhythmus

Jeder Text lebt vom Wechsel der Rhythmen, wie ein Musikstück, und das nicht nur, wenn man in Versen schreibt. Rhythmus ist sicher auch eine Aufgabe der Regie, dennoch sollte der Text schon die Grundzüge der gesamten Komposition vorgeben, den Wechsel von der schnellen zur langsamen Szene, von der lauten zur leisen, vom Heiteren zum Ernsten.

Bogen

Entscheidend für ein gut spielbares Stück ist es, einen eigenen Handlungsbogen zu erfinden. Es geht dabei nicht um das Erfül-len eines vorgegebenen (und von Generationen von Literaturwis-senschaftlern erforschten) Schemas, sondern um das Entdecken und Erfüllen eines für dieses Stück gültigen eigenen Spannungs-bogens mit direkt angesteuerten Höhepunkten und erkennbaren Tiefen.

Gegenpart

Ein oft nicht genug beachteter Gesichtspunkt in der dramati-schen Literatur ist die Rolle des Gegenparts. Zumindest eine Fi-gur sollte die Handlung im Stück kreuzen, sie stören, Überein-künfte, Konventionen brechen. Wenn alles nur in eine Richtung läuft, hat der Zuschauer nichts Neues zu entdecken.

Figurenentwicklung

Wie der Schauspieler mit besonderem Interesse an seiner Rolle, sollte der Autor sein Stück, nachdem er es beendet hat, mehr-

fach lesen, sich ganz in jede einzelne seiner Figuren hineinden-
ken. Welche Entwicklung macht sie? Hat die Figur eine innere
Logik? Wird sie vorgestellt? Kann sie sich verabschieden? Hat sie
Widersprüche, Entwicklungen, ist sie eigenständig oder bleibt
sie blass und theoretisch in einem Textgebirge?

Raum für Assoziationen
Theater muss nicht alles erklären. Im Gegenteil, hier geschehen
Wunder und Dinge, die gewöhnlich nicht geschehen. Dazu ist
Raum zu lassen, Raum für Assoziationen, für Antworten, die erst
der Zuschauer findet. Das bedeutet, dass nicht alle Abläufe an
gedankliche und zeitliche Logik gebunden sein müssen. Dinge
existieren jenseits der Wirklichkeit. Theater muss nicht Realität
sein.

Hospitanz
Eine praktische Möglichkeit die Bühnenarbeit kennen zu lernen
ist die Hospitanz an einem Theater, möglichst an einem nicht zu
großen, um einen breiten Überblick zu bekommen. Hier kann
der künftige Theaterautor alles lernen und erfahren, was er für
die Gestaltung seiner Stücke benötigt, beispielsweise auch, welche Bedeutung die Bühnenverhältnisse und die Zahl der Schauspieler für ein Stück haben.

Soweit die Tipps aus meiner Schreibpraxis, sie sollen eher Anregungen, denn Gebote sein. Vieles hat sich im Laufe der Zeit für
die Dramaturgie verändert: Heiner Müller, Peter Handke, George
Tabori und Elfriede Jelinek schrieben zum Beispiel Textstücke,
die im konventionellen Sinne eigentlich gar keine sind. Sie sind
nur noch Material. Material, aus dem man etwas machen muss –
für kreative Regisseure eine reizvolle Aufgabe. Ein wichtiger Teil
der szenischen Schreibarbeit wird dadurch in das Theater verlegt
– vielleicht ein Zukunftsmodell?

Gudrun Gerlach hat nach 15 Jahren als Schauspielerin an etablierten Theatern mit ihrem Kollegen Axel Walter im Bochumer Kulturhaus Thealozzi die Freie Theatergruppe stahlhausen enterprises aufgebaut. Sie richten den Bochumer Jahrhunderthallensommer aus mit eigenen Stücken wie *Bombenfrauen, Der Bochumer Jedermann,* aber auch *Glückliche Tage* von Beckett, *Marat/* Sade oder *Die Mutter* von Brecht. Beide schreiben, inszenieren, spielen, organisieren, kümmern sich um die Finanzierung und geben in der Theaterschule des Kulturhauses Thealozzi Kurse zur Schreib- und Theaterpraxis.

Aber außerdem ist einem jungen Schriftsteller auch wünschenswert, zu den Theatern selbst, ihren Vorständen, ausgezeichneten Mitgliedern usw. in unmittelbare Beziehung zu treten. Er lernt dadurch das Theaterleben, seine Forderungen und seine Bedürfnisse kennen. ... Dem deutschen Dramatiker tut der frische, anregende Umgang mit gebildeten Darstellern mehr Not als irgend etwas anderes, denn am leichtesten erwirbt er durch ihn, was ihm gewöhnlich fehlt, genaue Kenntnis des Wirksamen auf der Bühne.

Gustav Freytag: *Die Technik des Dramas*

> *Drehbuchautoren*

Grundlegende Elemente des Geschichtenerzählens

Von Christopher Keane

Es ist die Story, die die begehrte Tür öffnet. Die erste Frage, die ein Produzent stellt, ist eben nicht, um wen es in dem Film geht, sondern um was. Eine mitreißende Geschichte öffnet Türen, starke Charaktere sorgen dafür, dass Sie im Raum bleiben. Ohne eine gute Geschichte werden Ihre Figuren – auch wenn sie noch so gut und raffiniert ausgearbeitet sind – nur ziellos herumwandern, bis der Produzent zu gähnen beginnt und sich für Ihren Besuch bedankt.

In diesem Sinne möchte ich Sie durch die Tür hinein in das wichtige Zimmer führen. In den folgenden Kapiteln werden Sie erfahren, wie man ein Drehbuch aufbaut. Das heißt, wie Sie Ihre Identität als Autor vergessen und sich auf die Rolle des Geschichtenerzählers konzentrieren. Denn nur in dieser Eigenschaft lernen Sie, wie man den Zuschauer, Zuhörer oder Leser so fesselt, dass er gespannt auf der Stuhlkante herumrutscht und dem Fortgang der Geschichte entgegenfiebert.

Das ultimative Ziel des Drehbuchschreibens ist es, eine emotionale Reaktion zu erwirken, zuerst bei der Person, die das Drehbuch liest, später dann beim Publikum, das schließlich Geld bezahlt, um Ihren Film zu sehen.

Zum Beispiel *Jeder Kopf hat seinen Preis*. Ich hatte die Aufgabe, aus meinem eigenen Roman ein Drehbuch zu machen. Was wollte das Publikum sehen? Ich saß in meinem Arbeitszimmer und murmelte vor mich hin: »Du hast eine zentrale Figur, einen modernen Kopfgeldjäger, und musst diesen nun durch den ersten, zweiten und dritten Akt bringen, bis es schließlich zum Showdown kommt.« Denn nur weil ich bereits das Buch geschrieben hatte, hieß das nicht, dass ich die grundlegenden Elemente des Geschichtenerzählens im Drehbuch-Format übergehen konnte.

Vier Elemente in aller Kürze:

1. *Ihre Geschichte sollte im wichtigsten Moment im Leben Ihrer Hauptfigur stattfinden. Was bedeutet, dass Sie Ihrer Hauptfigur das Leben nicht allzu leicht machen dürfen.*

So, wie für die Kartenspieler in *Der Todespoker* Gewinnen und Verlieren alles bedeutet, muss der Kopfjäger in *The Hunter / Jeder Kopf hat seinen Preis* die übelsten Desperados, denen er je gegenüberstand, fangen. Seine Frau ist schwanger (und will trotz seiner Proteste das Kind austragen) und wird von einem Irren verfolgt. Sein bester Freund, ein Cop, steht wegen Drogenschmuggels unter Anklage. Finanziell und gesundheitlich geht es dem Jäger erbärmlich. Mit anderen Worten: Die Hauptfigur geht durch eine emotionale und körperliche Hölle.

Vor hundertfünfzig Jahren sagte der Schriftsteller Henry James, dass eine Geschichte nicht erzählenswert sei, wenn die Hauptfigur sich nicht gerade in der größten Krise ihres Lebens befindet. Das gilt auch heute noch.

Machen Sie Ihrer Hauptfigur jede Menge Ärger. Tun Sie es nicht, können Sie sich das Erzählen sparen. Wenn die Figur die Krisen in der Vergangenheit erlebt hat, weiß sie inzwischen, damit umzugehen. Aber sie muss immer wieder herausgefordert werden. Stellen Sie ihr ausschließlich überraschende und scheinbar unüberwindliche Hindernisse in den Weg. Lassen Sie sie schwitzen. Halten Sie auf jeder Seite die Spannung und die Unvorhersehbarkeit aufrecht. Seien Sie hart zu Ihrem Hauptcharakter, damit er gezwungen ist, sich im Lauf der Geschichte grundlegend zu ändern.

2. Ihre Hauptfigur will das Ziel unbedingt erreichen – sie will es mehr als alles andere in ihrem Leben –, und sie muss gewillt sein, alles zu tun, um dorthin zu gelangen.

Machen Sie es ihr so gut wie unmöglich, ihr Ziel zu erreichen, und warten Sie ab, wie sie mit der Situation umgeht. Es heißt, dass die besten Storys die sind, in der der Hauptcharakter gegen Ende des zweiten Aktes einen Punkt erreicht, an dem nichts mehr zu gehen scheint, um dann aber im dritten Akt doch noch zum Zug kommt, weil er seine allerletzten Reserven mobilisiert.

3. Ihre Geschichte sollte sich darauf konzentrieren, wie Ihre Hauptfigur den Hindernissen gegenübertritt und ob sie sie überwinden kann oder nicht.

Welche Alternativen bieten sich ihr? Welche Niederlagen muss sie in Kauf nehmen? Wächst sie am Widerstand und wenn ja, wie? Die Irrfahrt Ihrer Hauptfigur ist das Rückgrat Ihrer Geschichte. Alles dreht sich darum. Jede Szene hängt damit zusammen; die Geschichte lebt dadurch. Das Rückgrat sorgt dafür, dass Sie auf das Wesentliche konzentriert bleiben und sich nicht auf Abwegen verirren.

4. Externe Schurken und interne Dämonen – keine Geschichte kommt ohne physischen oder emotionalen Konflikt aus. Und hier treten Schurken und Dämonen auf den Plan.

Äußere Kräfte, Schurken oder Antagonisten lauern im Verborgenen und schlagen zu, wenn man sie am wenigsten erwartet. Es kann sich um böse Buben, unheimliche Fremde, die plötzlich in der Stadt auftauchen, Krankheitserreger, Seuchen, den Nachbarn, einen Freund, die Ehefrau oder sogar um die eigenen Kinder handeln. Sie sind die Monster, die unterm Bett lauern und Ihre Hauptfigur mitten in der Nacht holen kommen. Ihr Leser

muss sie sehen, muss sich vor ihnen fürchten, muss spüren können, wie sie aus der Seite herausspringen. Manchmal finden sich
diese Kräfte in der Natur – Berge, die zu besteigen sind, Wüsten,
die durchquert werden müssen. Oder es ist Jack Nicholson als
Marine-Kommandant, den Tom Cruise in *Eine Frage der Ehre* zur
Strecke bringen muss. Es ist die Million Dollar und all das, was
sie für Demi Moore in *Ein unmoralisches Angebot* darstellen. Es
ist der Fluss und die Kanonenboote in *African Oueen*, die biesti-
ge Mutter in *Willkommen im Tollhaus*.

Oder es sind die inneren Dämonen, die die Hauptfigur ins
Schwitzen bringen, die Geister der Vergangenheit, die sie verfolgen. Die Kräfte, die die Hauptfigur aus dem Inneren heraus bewegen, sind die schlimmsten Ängste, die emotionalen Saboteure,
die uns daran hindern, das zu bekommen, was wir uns wirklich
wünschen. Unsere Obsessionen. Unsere Furcht. Unsere persönlichen Schrecken. Die Gründe, warum wir plötzlich keinen Meter
weitergehen, nicht durch bestimmte Türen treten, uns nicht an
den Computer setzen und schreiben können. Wie Nicholson in
Shining. Und Sie wissen ja, was mit ihm geschah.

Ihre Hauptfigur hat Verhaltensmuster entwickelt, die sie
schwächen: Sie sucht sich die falschen Partner, gerät immer wieder in denselben Schlamassel, streitet sich mit denselben Leuten
über dasselbe alte Thema. Das Leben der Figur ist beeinträchtigt
durch diese Verhaltensmuster oder Dämonen. Indem Sie den
wichtigsten Moment im Leben Ihres Charakters wählen, stellen
Sie ihn auf die Probe und drängen ihn dazu, diese Verhaltensmuster ein für alle Mal zu durchbrechen und sein Leben fortzuset-
zen. Und es darf nicht leicht werden. Tatsächlich ist es sogar die
größte Prüfung, der sich Ihr Charakter je unterziehen musste.
Denn wenn nicht, ist die Story nicht erzählenswert.

Denken Sie einen Augenblick nach. Was sind Ihre persönlichen Dämonen? Was sind Ihre größten Ängste, Ihre Obsessionen, das, was Sie zu oft tun oder zu oft lassen? Das, was Sie
mehr als alles andere in Ihrem Leben daran gehindert hat, das zu

bekommen, was Sie haben wollen? Aus was besteht diese emotionale Last, die Sie mit sich herumschleppen – das, was Ihnen einflüstert:»Du bekommst es nie. Vergiss es. Du verdienst es nicht. Es ist zu schwierig. Du schaffst es nicht! Gib's einfach auf.« Was würden Sie tun, um es loszuwerden? Wie weit würden Sie gehen?

Sie wissen, was es ist. Setzen Sie es für einen guten Zweck ein und beladen Sie Ihre Hauptfigur damit. Und dann warten Sie ab, wie diese Figur damit umgeht. Man kann nie wissen – vielleicht entwickeln Sie nicht nur einen starken Charakter, sondern finden sogar noch heraus, wie Sie sich Ihren eigenen Dämon vom Hals schaffen können.

Im Laufe eines Drehbuchs muss sich die Hauptfigur all seinen Dämonen stellen. Ich rede nicht von Sylvester Stallone, der eine komplette Armee auslöscht, um Amerika vor der gelben Gefahr zu beschützen. Ich meine das Dunkle im Inneren einer Seele, die Tiefe, aus der die Ängste nach oben dringen. Rühren Sie an diesen Ängsten und Sie erhalten einen prächtigen inneren Konflikt, an dem Ihr Charakter wachsen kann.

Wenn der Zuschauer das Kino verlässt, ist es weder der Plot noch die Szenerie noch die Anzahl der Leichen, die ihm im Gedächtnis bleiben, sondern der heroische Kampf des Helden gegen echte Schurken und innere Dämonen. Dies ist einer der Hauptgründe, warum *Casablanca* oder *Citizen Kane* immer wieder auf der Liste der»Zehn besten Filme der Kinogeschichte« auftauchen.

Aus: Christopher Keane: *Schritt für Schritt zum erfolgreichen Drehbuch*, Deutsch von Kerstin Winter

Autoren spielen bei der Entstehung eines Films die wichtigste Rolle, – und wir müssen alles in unserer Macht stehende tun, um zu verhindern, dass sie es herausfinden.

Irving Thalberg, MGM

> Bestsellertitel:
Liebe, Mann, Frau, Nacht

Um einen Eindruck davon zu geben, welche Inhalte in 100.000 FSK-Prüfungen von 1949 bis 2004 eine Rolle gespielt haben, hat die Freiwillige Selbstkontrolle der Filmwirtschaft (FSK) ein Ranking aus den am häufigsten verwendeten Titelwörtern gebildet. Die FSK ist eine Einrichtung der Spitzenorganisation der Filmwirtschaft e.V. (SPIO), dem Dachverband von derzeit 16 film- und video-wirt-schaftlichen Verbänden. Im Zentrum der Arbeit der stehen Altersfreigabeprüfungen für Filme, seit Anfang der 80er Jahre auch für Videokassetten und vergleichbare Bildträger (DVD, CD-ROM etc.), die in der Bundesrepublik Deutschland für die öffentliche Vorführung und Verbreitung vorgesehen sind. Seit Beginn der Tätigkeiten der FSK im Jahr 1949 sind mehr als 100.000 Filme und Bildträger geprüft worden.

Fordert Sie das nicht heraus, Ihren eigenen Buch- oder Filmtitel zu kreieren?

Also gut, jetzt sind Sie dran: Die Stichworte der meist gebrauchten zehn Worte in Filmtiteln könnten, besonders wenn man sie gleich alle unterbringt, das anspruchsvollste Kinopublikum alarmieren – das Abenteuer von Liebe und Tod bei Tag und Nacht im Leben von Mann, Frau und Mädchen wird ewig die Welt bewegen.

Aber vielleicht gehören Sie ja zu den besonders Gewitzten, die sich sagen »Jetzt weiß ich, was ich vermeiden muss«, und es fällt Ihnen so etwas Ungewöhnliches ein wie »Herr Lehmann« oder »Schulze gets the Blues« oder Sie lassen fette Jahre vorbeiziehen

– alles ganz aufmerksamkeitsstark und noch nicht auf der Liste der FSK. Wäre schön von Ihnen zu hören.

Top 50 Titelwörter

Die 50 meist verwendeten Substantive aus 100.000 FSK-geprüften Titeln (die Häufigkeit der Pluralform eines Wortes wurde dazu addiert: Mann = Mann/Männer).

Rang	Wort	Häufigkeit	Rang	Wort	Häufigkeit
1	Liebe	1036	26	Haus	237
2	Mann	957	27	Traum	221
3	Frau	794	28	Herr	218
4	Nacht	657	29	König	214
5	Welt	630	30	Paris	213
6	Leben	613	31	Berlin	208
7	Tag	500	32	Schatten	197
8	Mädchen	490	33	Mord	196
9	Tod	457	34	Peter	190
10	Abenteuer	424	35	Himmel	189
11	Stadt	400	36	Rückkehr	186
12	Hölle	364	37	Angst	184
13	Zeit	363	38	Sonne	177
14	Geheimnis	329	39	Kampf	173
15	Sex	314	40	Paradies	170
16	Geschichte	304	41	New York	166
17	Spiel	301	42	Sommer	164
18	Land	282	43	Mission	162
19	Weg	279	44	Familie	162
20	Rache	278	45	Laurel	159
21	Reise	277	46	Morgen	159
22	Macht	255	47	Tiger	155
23	Engel	252	48	Hardy	155
24	Teufel	245	49	Jagd	153
25	Killer	239	50	Kinder	152

>> *Buchmarkt*

T. Plaßmann, aus: *Börsenblatt für den Deutschen Buchhandel*

> Bücher, Büchermacher und Leser

Der deutsche Buchmarkt, so scheint es, befindet sich schon seit Gutenberg-Zeiten in der Krise. Aber seit einigen Jahren geht es der umsatzverwöhnten Branche tatsächlich nicht gut. Hinzu kommen die drastischen Kürzungen öffentlicher Ausgaben, besonders die reduzierten Einkäufe von Bibliotheken, Schulen und anderen öffentlichen Einrichtungen.

Die Leser jedenfalls sind nicht mehr ohne weiteres bereit, mehr Geld für Bücher auszugeben und auch höhere Preise zu akzeptieren. Bei niedrigeren Einkommen vergleichbarer Haushaltstypen liegen die Ausgaben für Bücher in den neuen Bundesländern sogar relativ höher als in den alten. Allerdings legt man in Ostdeutschland nicht so leicht mehr als 15 Euro für ein Hardcover auf den Ladentisch. In Westdeutschland liegt die Preisgrenze bei 20 Euro.

Mit höherer Bildung und steigendem Einkommen wächst die Bereitschaft, mehr für das einzelne Buch und den Jahres-Bücheretat einzuplanen: Die Gutverdienenden lassen sich ihre Leselust doppelt soviel kosten wie mittlere Einkommensschichten. Frauen haben übrigens ein größeres Interesse an Büchern als Männer und sind auch häufiger im Buchladen anzutreffen.

Bisher hat die gefürchtete Konkurrenz durch elektronische Medien, selbstberuhigend auch elektronische Bücher genannt, die Position des Buchs als bevorzugtes Lesemedium nicht beeinträchtigt.

Der Appetit großer Medienunternehmen wie Holtzbrinck, Bonnier und Bertelsmann kleinere Verlage zu schlucken, scheint gestillt. Viele Verlage haben bereits durch Segmentierung alle Marktfelder, die sie bearbeiten wollen, besetzt. Sie führten neue Verlagsnamen ein oder wiederbeleben alte, man nennt diese Verlagsnamen Imprints. Tatsächlich braucht aber ein großes Buchangebot überschaubare und mit einem Verlagsnamen identifizierbare Programme. Deshalb stoßen Verlagskonzerne kleine Verlagsteile ab, die sie erst wenige Jahre zuvor gekauft hatten, und konzentrieren sich auf das »Kerngeschäft« und auf Kostenreduzierung und Programmbereinigung.

In Deutschland werden fast eine Milliarde Bücher im Jahr produziert. Gleich möchte man die Frage anschließen: Auch gelesen? Nach Aussage der Statistiker entspräche dies zwölf Büchern pro Kopf der Bevölkerung.

Das Verzeichnis Lieferbarer Bücher (VLB) listet rund eine Million Titel auf, die jederzeit bestellt und geliefert werden können. 2005 wurden von Verlagen in Deutschland rund 90.000 Neuerscheinungen herausgebracht.

Darin enthalten sind aber auch mehr als 22.000 Neuauflagen, also fast ein Viertel aller Neuerscheinungen.

Rund 6300 Erstauflagen waren Taschenbücher, das sind etwa 8 % aller Erstauflagen, deren Auflagevolumen sie zum beliebtesten Lesermedium macht. Mehr als die Hälfte der Taschenbücher waren belletristische Titel.

Unter allen Neuerscheinungen dagegen befanden sich »nur« 14 % schöngeistige Werke, rund 10.000 Titel. Kinder- und Jugendliteratur hatte einen Anteil von über 7 % an der Titelproduktion, die weitaus größte Zahl der Neuerscheinungen waren also Sach-, Fach-, Schulbücher und andere.

Nicht alle Bücher stammten aus der Feder deutschsprachiger Autoren: Rund 6000 Werke sind Übersetzungen, etwa 60 % aus dem Englischen, 9 % aus dem Französischen und 3 % verdanken wir den Autoren aus *bella Italia*. Über ein Drittel sind belletristische Werke.

Immer noch eine Einbahnstraße: Nach einer Umfrage des Börsenvereins wurden knapp 400 deutsche Lizenzen zur Übersetzung ins Englische vergeben. Einen besserer Markt finden deutsche Verleger in China und zunehmend in osteuropäischen Ländern wie Polen und Tschechien. Das Adressbuch für den deutschsprachigen Buchhandel verzeichnet 22.000 Unternehmen des Buchhandels. Ein Drittel davon sind verbreitende Buchhandlungen, zwei Drittel Verlage. Die tatsächliche Zahl der aktiven Buchhandelsfirmen ist weit geringer. Eine realistische Einschätzung aktiver Marktteilnehmer gibt der Börsenverein des deutschen Buchhandels, in dem 1700 Verlage und 3800 Buchhandlungen Mitglied sind.

Das geschätzte Umsatzvolumen von fast 10 Milliarden Euro zu Endverbraucherpreisen geht zu 52 % über die Ladentheken des Sortiments, also der Buchhandelsgeschäfte. Der Umsatzanteil des Versandbuchhandels einschließlich Internetbuchhandel am Buchmarkt beträgt 15 Prozent.

Direktlieferungen von Verlagen haben einen Marktanteil von 18 %, Tendenz steigend, wie beim Versandbuchhandel. Der Buchverkauf über das Internet ist weiter wachsend.

Welcher Autor wagt bei solchen Zahlen noch auf die Veröffentlichung seines Manuskripts zu hoffen? Oder ermutigen diese Zahlen vielleicht gerade, sich ebenfalls um einen Regalplatz zu bewerben? Dazu gehört allerdings auch, dass Autoren darüber nachdenken, wo sie ihre Leser finden. Denn nur selten suchen sich die Bücher ihre Leserinnen und Leser selbst.

Kreative
> Autoren
> Herausgeber
> Übersetzer
> Fotografen
> Künstler
> Agenturen
> Institutionen
> Vermittler

Berater
> Juristen
> Statistiker
> Gutachter
> Dienstleister
> Personalberater
> Moderatoren
> Unternehmens- und
  Betriebsberater

> Lektoren
> Redakteure
> Dokumentare

> Hersteller
> Grafiker
> Layouter
> Bilddokumentare

Verleger

> Vertriebsleiter
> Marketing-
  Spezialisten
> Werbeleiter
> Vertreter

> Controller
> Betriebswirte
> Personalleiter
> EDV-Spezialisten

Anbieter/Kunden
> Auslieferer
> Grossisten
> Sortimenter
> Bibliothekare
> Archivare
> Käufer
> Leser

Lieferanten
> Setzer
> Drucker
> Buchbinder
> Zulieferer

Menschen und Berufe um das Buch herum. Aus: Ehrhardt Heinold, *Bücher und Büchermacher*, D&M Verlag

> *Verlage und Autoren*

Originalausgaben

Die Verlagskonzentration bringt auch eine Konzentration auf die umsatzstarken Titel mit sich. Das Marketing-Engagement gilt hauptsächlich Büchern, die erfolgreich sind. Buchprojekte mit geringer Auflagenerwartung erreichen in Konzern-Verlagen nicht einmal mehr die Entscheiderstufe, sie werden schon im Vorstadium aussortiert. Immer öfter befinden Controlling- und Marketing-Experten über belletristische Literatur wie über ein neues Lifestylebuch. Kleinere Verlage nutzen die Nischen, die den großen zu klein sind. Sie dürfen die Krümel vom Tisch haben und sollte darunter womöglich ein Brocken sein, lässt man mal beobachten, wie es läuft, bevor man als Großer groß darauf einsteigt ...

Für Autoren, deren Werke keine ausreichend hohen Auflagen versprechen, wird es schwerer werden, unter den Buchkonzernen einen Verlag zu finden. Noch lassen sich kleinere Verlage auf das Verlegerrisiko ein. Sie müssen nicht wie die *big boys* bei der Buchkalkulation hohe Gemeinkosten auf jedes einzelne Buch umlegen. Die kleinen Verlage werden weiter versuchen, dem Druck des Marktes mit Literaturbegeisterung, Originalität, Witz und gewohnter Selbstausbeutung aller Beteiligten zu begegnen. Stürzt das Preisgefüge zusammen, werden sie nur noch in Nischen überleben können, in denen sie sich bereits fest etabliert haben.

Ein kleinerer Verlag mit klarem Themenprofil und gutem Namen im Buchhandel und bei den Lesern wird den Werken seiner

Autoren mehr Aufmerksamkeit widmen, ihnen den Glanz des Besonderen verleihen. Wenn dann hoffentlich auch einmal ein Buch-Hit darunter ist, sollte der Autor den Wechsel zu einem großen Verlag gut bedenken – aus Loyalität und Dank für die erste Chance. Ohne das Engagement und die Begeisterung kleinerer Verlage gäbe es weniger Debüts.

Die Taschenbuchverlage veröffentlichen inzwischen immer öfter Originalausgaben, also Bücher, die zum ersten Mal erscheinen, es ist oft auch das erste veröffentlichte Buch eines Autors. Das ist eine gute Chance, Werk und Autor im Buchmarkt bekannt zu machen. Denn selten werden Taschenbücher unter 5000 Exemplaren herausgegeben. Eine Veröffentlichung als Taschenbuch hängt also davon ab, ob das Werk eine entsprechend große Leserschaft erwarten lässt. Die Meinungen darüber gehen allerdings oft auseinander.

Autoren tun also gut daran, sich Gedanken über den Lesermarkt zu machen, denn solche Fragen werden bei Interesse am Manuskript bestimmt gestellt.

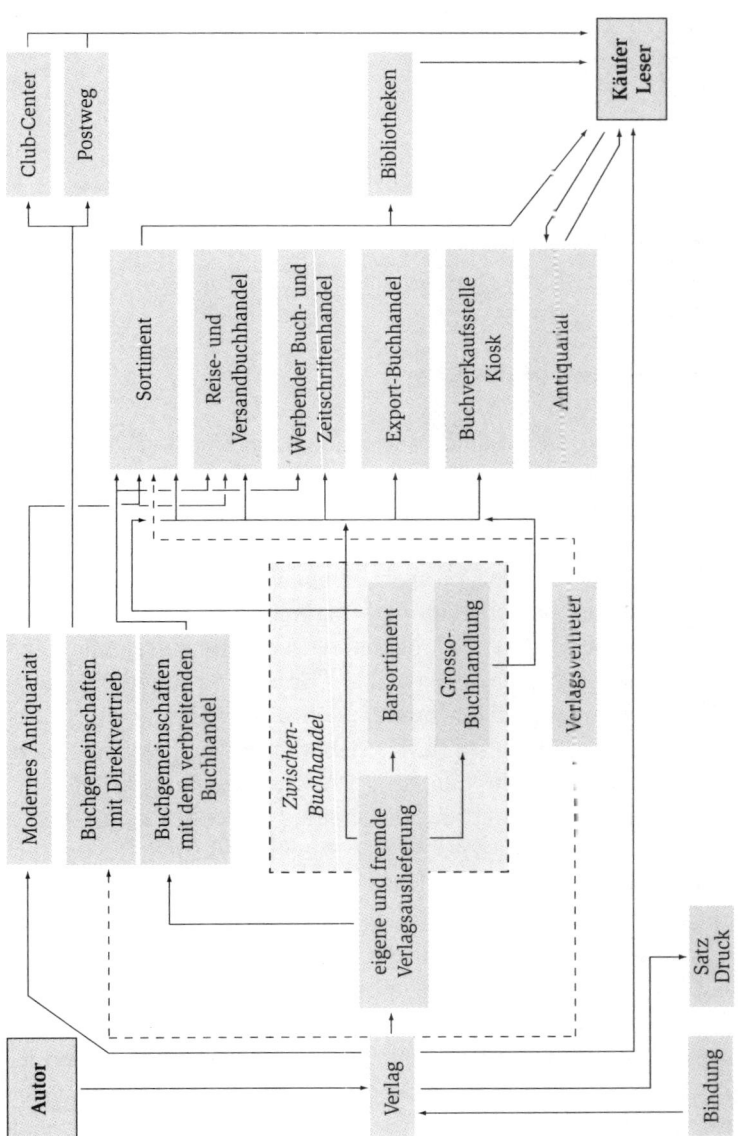

Der Weg eines Buches vom Autor zum Leser.
Aus: Ehrhardt Heinold, *Bücher und Büchermacher*, D&M Verlag

> Buchhandel

Konzentration in der City

Ein Freund aus den Staaten stand an einem Samstagabend kopf-schüttelnd vor einer großen Buchhandlung in guter Innenstadt-lage: »Warum ist der Laden zur besten Verkaufszeit geschlossen? Meine Buchhandlung hat bis Mitternacht geöffnet. Wir gehen oft abends noch hin – und bringen immer Bücher mit, selbst wenn wir kein bestimmtes Buch gesucht hatten.«

Well, in Berlin hat die Buchhandelszukunft nach amerikani-schem Muster bisher nur bei den Großen begonnen: Hugen-dubel, Dussmann, Thalia breiten sich aus, während die früher größte Berliner Buchhandlung Kiepert und viele kleine Buch-handlungen schließen mussten. Die Ladenöffnungszeiten sind flexibler geworden und in Dussmanns Kulturkaufhaus würde man gerne auch noch nach 22 Uhr Bücher verkaufen.

Der Wettbewerb in der City wird nicht nachlassen, große Buchhandels-Filialisten verdrängen Kiez-Buchhandlungen, wenn sie sich nicht rechtzeitig auf ein Fachsortiment spezialisiert ha-ben. Im Buchhandel beginnt eine Entwicklung wie sie in ande-ren Branchen ebenfalls stattfindet oder bereits abgeschlossen ist. Hugendubel steht in Deutschland als Synonym für diese Ent-wicklung und wird von manchen in der Branche gar als Ursache einer Strukturveränderung angesehen, die in anderen Bereichen schon Wirklichkeit ist. Für die Kunden, die Leser, muss das nicht nur nachteilig sein.

Der Bücherfluss vom Verlag zum Leser wird künftig stärker

über den Zwischenbuchhandel führen, der auch Barsortiment genannt wird, weil er den Buchhandel früher nur gegen Cash belieferte. Längst sind diese Großhandelsunternehmen zu unverzichtbaren Dienstleistern für den Bucheinzelhandel geworden: Sie lagern etwa 90 % der gängigen Buchtitel und liefern Buchhandelsbestellungen von einem Tag auf den anderen aus, ähnlich wie der Pharmagroßhandel.

Nur so können die vielen kleinen Bestell-Buchhandlungen ihren Kunden überhaupt noch einen akzeptablen Service bieten. Bei Direktbezug vom Verlag können manchmal bis zu 14 Tage vergehen, bevor der Kunde sein Buch erhält. Die Großhändler dagegen bauen ihren Service immer weiter aus, so dass der Einzelhandel geradezu abhängig wird: Er bestellt über das ständig aktualisierte Sortimentsverzeichnis des Großhändlers.

Der Trend zum Vertrieb via Barsortiment ist den Verlagen allerdings nicht so lieb: Sie müssen höhere Rabatte gewähren und fürchten die konzentrierte Einkaufsmacht einiger weniger Zwischenbuchhandelsunternehmen in Deutschland. Einen Vorgeschmack bekam die Branche, als die Großhändler die Auslieferung von Büchern eines bestimmten Verlags boykottierten, weil dieser neue Konditionen für seine Verlage durchsetzen wollte.

Man kann zwischen drei Buchhandlungstypen unterscheiden:

1. Die kleine Bestell-Buchhandlung in der Nachbarschaft mit begrenztem Sortiment, die kompetent berät und über Nacht den gewünschten Titel beschafft.

2. Die Kompetenz- oder Themen-Buchhandlung, die auf bestimmte Gebiete spezialisiert ist, z. B. Kunst, Schule, Wirtschaft, Wissenschaft.

3. Die große Sortiments-Buchhandlung, in der man fast alle aktuellen Titel ansehen und sofort mitnehmen kann und Hardbacks und Paperbacks zu allen Themen bereit hält. Der Kunde kann sich durch Einlesen und Blättern entscheiden, ob ein Werk für ihn brauchbar ist, sich aber auch zum ungeplanten Kauf anderer Bücher verführen lassen.

Man schätzt in Branchenkreisen, dass Buchhandlungen unter 250.000 Euro Jahresumsatz oft an der Grenze der Rentabilität arbeiten. Da klingen die Empfehlungen von Betriebsberatern, Buchhandlungen sollten keine Einzelbestellungen an Verlage mehr ausführen, weil sie betriebswirtschaftlich nicht vertretbar seien, ziemlich marktfremd, denn: Kein Kundenservice – keine Kunden – keine Buchhandlung.

Der Aufstieg des Internet-Buchhandels unterstreicht die Chance kleiner Buchhandlungen durch persönlichen Kundenkontakt und Beratung, das besondere Sortimentsprofil und den Charme einer betont literarischen Buchhandlung, in deren Atmosphäre sich Bücherfreunde willkommen fühlen, ihren Platz zu behaupten.

Wertmäßige Buchproduktion nach Warengruppen 2008

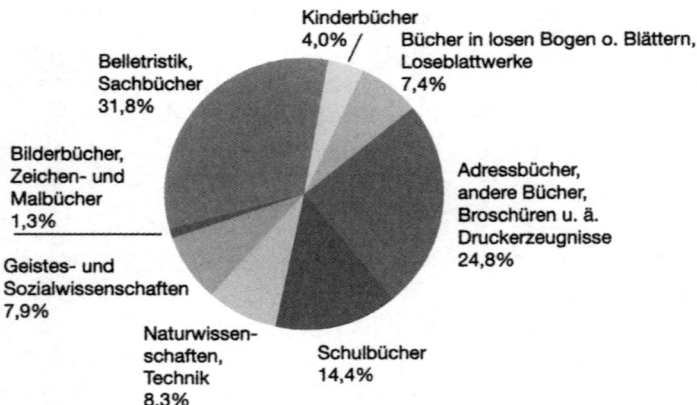

(Quelle: Statistisches Bundesamt, Vierteljährliche Produktionserhebung 2008, Berechnung: Börsenverein des Deutschen Buchhandels)

> *Raue Sitten in schöngeistigen Gefilden*

Das Diktat der Ketten und Konzerne

Von der allgemeinen Konsumflaute ist auch der Buchmarkt betroffen – die Käufer geistiger Ware blieben aus. Oder wenn sie sich überhaupt im Buchhandel blicken ließen, war der Betrag auf der Quittung niedriger als in früheren Jahren. Nur der Internet-Buchhandel legte weiter zu, allen voran Amazon.de, die für einen höheren Marktanteil bereit sind, auch Verluste beim Verkauf von Büchern zu tragen: Ein Buch im Wert von fünf Euro konnte zum Weihnachtsfest 2008 bequem von zu Hause per Post bestellt werden – Amazon zahlte die Versandkosten und legte drauf. Denn nicht einmal die von den Verlagen verlangten höheren Rabatte könnten solche Verluste ausgleichen. Das aber versucht der Handelsriese und setzt Bestseller-Verlage unter Druck. Als sich Dio-genes weigerte, neue Forderungen von Extrazahlungen, die Amazon von dem Verlag erwartet hatte und die sich umgerechnet auf deutlich über 50 Prozent Rabatt beliefen, zu akzeptieren, wurden sämtliche Diogenes-Titel von Amazon.de »ausgelistet«. Der amerikanische Internethändler bestrafte und boykottierte einen der renommierten deutschsprachigen Verlage und statuierte ein Exempel.

Marketingchefs großer Verlage betrachten diese Entwicklung gelassen, denn sie gewähren schon lange den Mega-Buchhandlungen höhere Rabatte, Extra-Zahlungen, Werbebeihilfen – ganz wie im allgemeinen Einzelhandel üblich. Nach der beispiellosen Verlagskonzentration in den vergangenen zwei Jahren, mit dem

Verkauf der Springer-Buchverlage Econ-Ullstein-List und des
Heyne-Verlags unter Aufsicht des Kartellamtes an Random House
und die schwedische Bonnier-Gruppe, die bereits mit Piper und
Carlsen im deutschsprachigen Markt etabliert war, hat sich eine
neue Konstellation internationaler Medienkonzerne ergeben.

Die zehn größten Publikumsverlage
(Umsatz 2008 in Mio Euro)

1.	Random House	259
2.	Rowohlt	79
3.	S. Fischer	71
4.	Droemer/Knaur	68
5.	Verlagsgruppe Lübbe	59
6.	Oetinger Verlagsgruppe	54
7.	Piper	50
8.	Carlsen	48
9.	Egmont Holding	48
10.	dtv	47

(Es folgen Suhrkamp, Ullstein, Diogenes; Umsätze teilweise geschätzt,
Quelle: Buchreport-Magazin, April 2009)

Diogenes hatte mehrere gute Gründe, warum der Verlag die Extra-
zahlungen an Amazon nicht leisten wollte: Zum einen überstiegen
sie die Möglichkeiten eines mittleren Verlages und brachten das
Konditionengefüge gegenüber dem Sortimentsbuchhandel durch-
einander. Zum anderen ist jeder Rabatt von mehr als 50 Prozent
im Rahmen der gesetzlichen Preisbindung und aus wettbewerbs-
rechtlichen Gründen verboten: Höhere Rabatte würden die kleinen
Sortimenter schlechter stellen als größere Buchhandlungen, gerade
aber die Kleinunternehmen sollen geschützt werden, damit eine flä-
chendeckende Versorgung mit Büchern in ganz Deutschland möglich ist – zu gleichen Preisen, egal ob der Kunde in einer Münchener

Großbuchhandlung von 5.000 Quadratmetern Ladenfläche oder in der kleinen Kiez-Buchhandlung um die Ecke mit 100 Quadratmetern einkauft.

Diese Rabattgrenze gilt auch für die Buchgroßhändler, die Barsortimente, eine Art Apothekendienst für geistige Produkte, die mit ihrer landesweiten Logistik Bücher über Nacht ausliefern können: Heute bestellt, morgen in der Buchhandlung zum Abholen bereit. Unternehmen wie Libri, KNV, Umbreit, Könemann geben von ihrem Gesamtrabatt von maximal 50 Prozent den größeren Teil an ihre Buchhandelskunden weiter. Sie sind das logistische Rückgrat der ganzen Buchbranche und halten teilweise mehr als 400.000 Titel in entsprechender Anzahl vorrätig, um jederzeit in ganz Deutschland Buchbestellungen von einem Tag auf den anderen ausliefern zu können. Besonders kleine Sortimenter und kleinere Verlage sind auf diese Dienstleister angewiesen, und auch deshalb ist die gesetzliche Preisbindung für die Branche als Ganzes so wichtig. Doch das kümmert die Konzernverlage, denen die Preisbindung vielleicht eher als ein Hinderungsgrund für eine aggressive Preispolitik erscheint, wenig. Für Käufer und Leser wäre es, wie in den Ländern, die die gesetzliche Preisbindung für das Kulturgut Buch aufgegeben haben, qualitativ nicht gerade ein Vorteil. Es gäbe mehr Trash. Und für die Autoren wäre eine solche Entwicklung allemal schlecht: Ohne Buchpreisbindung würden weniger Originalausgaben in kleinen Auflagen verlegt. Dann müsste sich das verlegerische Interesse mehr auf sichere, ertragsstarke Titel konzentrieren – anspruchsvolle, ungewöhnliche Literatur würde zugunsten von Mainstream-Titeln zurückgedrängt. Die einzigartige Vielfalt der deutschsprachigen Buchproduktion wäre gefährdet.

Die auf den schnellen Ausbau des Marktanteils ausgerichtete Strategie von Amazon-Gründer Jeff Bezos erzeugt für seine Kapitalgeber Verluste. Dabei könnte Bezos von einem Kollegen lernen, wie man das Versandgeschäft mit Büchern profitabel betreibt: Carel Halff ist Chef des Weltbild-Verlags- und Handelsunternehmens, das er in drei Jahrzehnten vom verlustbringenden kleinen katholischen

Zeitschriftenverlag zur heutigen Marktmacht und Umsatzgröße von mehr als einer Milliarde Euro ausgebaut hat und das, im Gegensatz zu Amazon, seine Inhaber mit reichlichen Gewinngaben erfreut. Die Eigentümer sind die in pekuniären Fragen verschlossenen 14 Bistümer und die Soldaten-seelsorge in Berlin. Solange ihr Verlagsmanager nicht gerade Kirchenkritik und Anstößiges veröffentlicht und vertreibt, lassen sie ihn gewähren, denn was er tut, mehrt das Vermögen und bringt Segen. Was aber kann Carel Halff besser als selbst der ausgebuffte Amazon-Erfinder?

Hier kommen nun wieder die Konditionen ins Spiel: Weltbild-Chef Halff hat das Unternehmen auf amerikanische Weise so auf Profit ausgerichtet, dass Weltbild-Einkäufer bei Verlagen mindestens so geschätzt wie gefürchtet sind: Es geht um Rabatte und Auflagen – beide sind hoch oder gar nicht. Eine Lizenzausgabe beispielsweise zusammen mit Weltbild herauszubringen kann dem Werk ungeahnte Verbreitung bringen, aber auch den Markt für die Originalausgabe des lizenzgebenden Verlags sättigen.

Branchenbeobachter befürchten nun eine nochmals beschleunigte Konzentration im Buchhandel. Dennoch kann man nicht von amerikanischen Verhältnissen sprechen, dort dominieren Barnes & Noble und Borders den Buchmarkt, während Deutschland immer noch eine große Zahl unabhängiger Sortimenter hat. Allerdings empfinden auch Verlage die Marktmacht der beiden Handelsriesen bedrohlich: Random House, als Deutschlands größter Publikumsverlag macht nur ein Drittel des Umsatzes, den die DBH-Buchhandelskette hat.

Amazon, Thalia und DBH werden gewiss nicht zimperlich sein, wenn es darum geht, die besten Konditionen durchzusetzen. Allerdings muss man sagen, dass gerade die Großbuchhandlungen und Buchhandelsketten immer noch differenzieren. Ohne deren breite und tiefe Sortimente wären viele Bücher kleinerer Verlage überhaupt nicht in Buchhandlungen vorrätig. Sie müssten immer erst für den Kunden bestellt werden. Die Großbuchhandlungen in Deutschland, Österreich und der Schweiz sind aus dem Sortimentsbuchhandel entstanden und gewachsen, sie fühlen sich den Buchhandelstraditionen verpflichtet und leisten viel für die Verbreitung von Büchern: Sie ermöglichen indirekt das Erscheinen vieler Titel – auch noch von unbekannten Autoren, auch in geringen Auflagen, auch in kleineren Verlagen.

Die zehn größten Buchhandlungen
(nach Umsatz 2008)

1. Thalia Holding, Hagen
2. DBH, München
3. Mayersche, Aachen
4. Schweitzer Fachinformationen, München
5. Libro, Guntramsdorf
6. Orell Füssli, Zürich
7. Kaufhof, Köln
8. Lehmanns, Heidelberg
9. Morawa, Wien
10. Osiander, Tübingen

(teilweise geschätzt, Quelle: Buchreport-Magazin, März 2009)

> *Skizze von der Buchmesse*

Bei den Messe-Besuchern unterscheidet man zwei Sorten von Geschädigten: die Fußkranken auf ihren unendlichen Wanderungen durch unzählige Gänge in Hallen, die alle gleich aussehen, und die Wirbelsäulengeschädigten aus den Bücherhütten, die ihre Tage meist fest verstuhlt mit Gesprächen, Verhandlungen und Arbeitsessen verbringen.

In einer winzigen, bescheiden dekorierten Ausstellungsbox sitzt ein einsamer Kleinverleger. Hinter ihm, ebenso einsam, sein Verlagsprogramm: 10 Bücher, Taschenbuchformat. Von den vorbeieilenden Messebesuchern ignoriert, konzentriert er sich auf den Stapel Manuskriptseiten, die er Korrektur liest. Die Arbeit mit den Worten lenkt ab von der Frage, ob die Order der Buchhändler die Kosten für Stand und Aufenthalt decken können.

Das Zweier-Lizenzeinkaufs-Team vom Eichborn-Verlag ist in der Auslandshalle unterwegs und besucht zielstrebig verschiedene Verleger, informiert sich, verhandelt, schließt ab, was im nächsten Jahr als Auslandsdebüts in Deutschland präsentiert wird. Wer clever ist, folgt der Konkurrenz als Literatur-Detektiv in Sachen Rechtekauf und sperrt die Ohren auf, um Programmerweiterungen und Tendenzen frühzeitig zu erkennen …

In Halle 6 irren zwei junge Frauen durch die Gänge, die eine trägt eine schwere Beuteltasche, die andere einen ausgebeulten schwarzen Rucksack: »Hier finden wir aber den Verlag auch nicht, der Autoren sucht«, ruft ungeduldig das Rucksackmanuskript dem Beutelmanuskript zu.

Am Illustratoren-Stand erhält der Verleger, Lektor oder Autor mit freundlichen Worten ein Button angesteckt, das ihn für die anwesenden Zeichner, die den direkten Kontakt suchen, kenntlich macht. Hier zahlen die Illustratoren für die Ausstellung ihres Arbeitsporträts und werden in eine alphabetische Namensliste aufgenommen. In Plastikschubern zum Durchblättern und in einer Hängeregistratur finden Buchdesigner, Lektoren und Wort-Autoren eine Vielfalt von Arbeitsproben eigenwilliger Stile bis zum Comic und können sich für ihre Projekte den geeigneten Künstler aussuchen.

Wie im Straßenbild der Großstädte sind auch auf der Buchmesse schon kurz nach dem morgendlichen Öffnen der Messehallen die Bistro-Stände, Kleinrestaurants, Cafes belagert. Die Nacht war lang, die Zeit fürs Frühstück zu kurz. Essen und Trinken ist auch für die mit geistiger Nahrung Beschäftigten, ein wichtiges Kapitel. Belegte Brötchen, Bockwurst, Pizza & Co., alles ist zu haben, wobei Delikatessen- und Champagner-Bars besonders gut besucht sind.

Manchmal sieht man Schüchterne mehrfach bestimmte Verlagsstände umkreisen. Sie tragen Hefter unter dem Arm und werfen sehnsüchtige Blicke ins Innere, wo an kleinen Tischen in enger Runde viel ernsthaft geredet wird. Es sind Autoren, die auf einen günstigen Augenblick warten und doch fast immer vergeblich kommen:»Schicken Sie uns doch ein Exposé nach München«, heißt es mit verbindlichem Lächeln.

Irgendwo in der Hektik und Überfülle von Büchern sitzt auf dem Boden, angelehnt an eine standleere Wand, die Beine in den Gang ausgestreckt, ein Mädchen, versunken in ein Buch – wie auf einer Insel.

Buchmessen, Bücherwochen

März:	Lit Cologne, Köln
	Leipziger Buchmesse
Frühjahr:	Freiburger Bücherschau
Mai:	Berliner Bücherfest
Juni:	Bücherbummel auf der Kö
September:	Bücherherbst Köln
Oktober:	Frankfurter Buchmesse
November:	Berlin-Brandenburgische Buchwochen
	Buchlust Hannover
	Münchner Bücherschau
November/Dezember:	Karlsruher Bücherschau
	Stuttgarter Buchwochen
2011, 2013:	Mainzer Minipressen Messe

Siehe auch lokale Ausstellungen und Messen mit Verlagsbeteiligung.

>> Manuskriptgestaltung und Begleitbrief

St. Verney, aus: *Tagesspiegel*

> Eigener Name oder Pseudonym?

Sie wollen Ihre Identität nicht preisgeben und suchen einen anderen Namen? Ganz einfach: Sie nehmen sich ein Pseudonym! Es gibt keine »Genehmigungsstelle für die Vergabe von Decknamen«, Hauptabteilung Literatur. Jeder kann ein Pseudonym wählen, unter dem er veröffentlichen möchte. Aber natürlich sollte man vorher untersuchen, ob dieser Name bereits verwendet wird. Sich Andrea Brown zu nennen, wenn die echte gerade einen Bestseller gelandet hat und ihr Name überall bekannt ist, wäre rechtlich bedenklich. Es kann Sie allerdings niemand daran hindern, unter Ihrem echten Familiennamen zu veröffentlichen, selbst wenn er gleich lautet wie der eines bekannten Autors.

Allerdings ergibt sich aus dem sogenannten Recht der Gleichnamigen eine Verpflichtung, mögliche Irreführungen in zumutbarer Weise zu verhindern. Der Autor, der den gleichen Nachnamen wie ein bekannter Autor hat, müsste also immer seine Vornamen hinzufügen. Hat der unbekannte Autor womöglich einen übereinstimmenden Vor- und Nachnamen mit einem bekannten Autor und eventuell weitere eingetragene Vornamen, dann muss er diese hinzufügen.

Die Motive für die Wahl eines Pseudonyms können vielfältig sein. – Meist soll den Lesern die wahre Identität (bis zur unweigerlichen Entlarvung durch einen Spurenleser aus der Journalistenriege) verborgen bleiben. Vielschreiber wie Ruth Rendell (Barbara Vine) oder Stephen King (Richard Bachmann) sind unter ihren Pseudonymen fast ebenso bekannt wie unter ihrem echten Namen. Sie teilen ihre bewundernswerte Schreibproduktivität durch zwei Identitäten, um ihren Namen nicht zu verschleißen.

Manchmal kann Scham oder Cleverness der Grund dafür sein, dass Autoren sich Ersatznamen für Werke unterschiedlicher Stilrichtungen und Leserschaften aussuchen. Wer nebenbei als Heftromanautor oder als Magazin-Kolumnist sein Geld verdient, arbeitet oft im Schutz eines Pseudonyms. Um die Leser anspruchsvoller Literatur aus seiner Feder nicht zu irritieren, verwendet er einen anderen als den eigenen Namen. Für seine Lyrik oder Romane hält er den echten Namen unbefleckt von Trivialität.

Die berühmte E. Marlitt (1825–1887), Trostspenderin einsamer Frauenherzen, Autorin der Gartenlaube, war im Original Eugenie John. Welches Genre Oscar Herbert Breucker gepflegt hat, verraten seine Pseudonyme: Arizona-Tiger, Tex Connor und Billy Jenkins um nur drei seiner 26 Decknamen zu nennen. Manchmal möchte eine inzwischen verheiratete Autorin ihren Mädchennamen, unter dem sie vorher veröffentlicht hatte, weiterverwenden – schon ist ein Pseudonym zum eigentlichen Familiennamen entstanden. Ein anderer Grund für den Gebrauch eines Decknamens: Wer hätte nicht Verständnis, dass Charlotte von Hünerbein lieber unter ihrem Mädchennamen Charlotte von Ende bekannt werden wollte? Wie bei Politikern, die stets auf die Unverwechselbarkeit ihres Namens Wert legen, fügen auch Schriftsteller ihrem Allerweltsnamen manchmal den Geburts- oder Wohnort hinzu. So wird aus Müller, geboren in Amorbach, der Schriftsteller Müller-Amorbach.

Ein wohlbekanntes Pseudonym diente vielen verschiedenen Autoren als Mantel: Unter dem Decknamen Jerry Cotton wurden beispielsweise 67 Männer und drei Frauen der schreibenden Zunft zu FBI-Agenten. Nur selten wird ein Deckname so intensiv genutzt. Meist ist es umgekehrt: Der blühenden Autoren-Fantasie gefallen ausgefallene Decknamen auf ihrem Buchumschlag. In Eymers Pseudonymen Lexikon finden sich 27.000 Eintragungen in der Pseudonymen-Datei und 18.000 im Realnamen-Verzeich-

nis. Die Differenz lässt sich leicht erklären: Manche Autoren
schufen nicht nur zahlreiche Romanfiguren, sondern auch mehrere Schriftsteller-Egos. Um nur einige bekannte Namen zu enttar-
nen: Hans Magnus Enzensberger gab sich den nicht weniger mar-
kanten Namen Serenus M. Brezengang, Günter Grass schlüpfte in
die Haut von Artur Knoff, Ror Wolf wurde zu Raoul Tranchirer,
Kurt Tucholsky war auch Paulus Bünzly, Hugo Grotius, Kaspar
Hauser, Theobald Körner, Peter Panter, Old Shatterhand, Theobald Tiger, Ignaz Wrobel oder zeichnete mit »von einem Berliner«. Den Pseudonymenrekord hält Fernando Pessoa, der nicht
nur 44 verschiedene Pseudonyme, oder Heteronyme, wie er sie
nannte, benutzte, sondern auch konsequent in 44 verschiedenen
Stilen schrieb und für einige sogar verschiedene Biographien er-
fand.

Ich hatte immer nur schreiben wollen. Das hatte ich schon als
Sechzehn-, Siebzehnjähriger gewusst, mich aber nie der trügeri-
schen Hoffnung hingegeben, dass ich davon würde leben kön-
nen.

Paul Auster

> *Der Titel verkauft das Buch*

Die Profis in Verlagen lassen sich gerne zum Lesen verführen: Von einem starken Titel, einem gelungenen Einstieg oder einem spannenden Plot. Autoren sollten immer versuchen, einen starken Titel zu finden, davon lassen sich auch Lektoren verführen. Allerdings ist die Titelwahl nicht immer die Stärke von Autoren. Zu ihren Megahits gefragt, erklärte das Multimediatalent Hera Lind, sie sei von Eva Hellers *Beim nächsten Mann wird alles anders* durch den Titel angesprochen worden. Mit diesem Titel hätte ihr Vorbild ihren Erfolg geschafft. »Der Titel ist die halbe Miete«, erklärte Hera Lind.

Mit anderen Worten, es lohnt sich, viel über den Titel nachzudenken, ganze Listen möglicher Titel zu erstellen, besonders wenn es kein Bestsellerstoff ist. Sie können eine gelungene Zeile aus dem Buch, einen Schlüsselsatz, eine umwerfende oder ergreifende Frage aus einem Dialog verwenden. Ein Popsong, ein Gedicht oder ein Filmtitel kann sie inspirieren. Der Titel sollte jedenfalls elektrisieren, Assoziationen wecken, neugierig machen, und beim Sachbuch deutlich sagen, worum es geht. Untertitel können dabei zusätzlich helfen.

Die Wahl des Titels ist Verlagssache. Wird ein Buch in einer bereits bestehenden Reihe veröffentlicht, ist meist auch die Titelwahl vorgegeben, damit das neue Buch vom Reihencharakter profitiert. Üblicherweise klärt der Verlag die rechtliche Seite: Gibt es diesen Titel schon? Eine Recherche im Verzeichnis lieferbarer Bücher (VlB), in der Datenbank der Deutschen Bibliothek sowie im Verzeichnis der Domainnamen – alle zu finden unter www.Autorenhaus.de – ist ratsam. Absolute Sicherheit haben Sie damit noch nicht, es könnte bereits ein Verlag den Titel durch eine Titelschutzanzeige beansprucht haben. Wenn Sie einen besonders zugkräftigen Buchtitel gefunden haben, ist es deshalb eine Überlegung, ob Sie ihn schon vor Veröffentlichung durch eine Titelschutzanzeige beanspruchen (Börsenblatt für den Deutschen Buchhandel, Postfach 100442, 60004 Frankfurt a. M., www.boersenblatt.net) deren Anzeigenabteilung auch gerne die übliche Formulierung für Sie einsetzt), oder darauf vertrauen, dass nicht inzwischen ein anderer denselben Einfall hat. Ebenso könnten Sie feststellen, ob der Titel noch als Domain-Name im Internet frei ist.

Üblicherweise wird das alles der Verlag tun, das gehört zu seinen Aufgaben und ist auch sein Interesse. Verzichten Sie auf allen dekorativen Schmuck des Titelblatts, denken Sie lieber mehr über einen wirklich guten Titel nach – auch das kann einen Lektor ansprechen. Selbst wenn es nicht der Titel ist, der später auf dem gedruckten Buch steht – Verlage haben viel Erfahrung und es spielen noch andere Überlegungen bei der Wahl des Titels mit hinein –, einem guten Titel kann keiner widerstehen.

Titelschutzanzeigen im *Börsenblatt für den Deutschen Buchhandel*

> *Konzeption, Exposé, Leseprobe*

Sie haben eine großartige Idee und möchten, bevor Sie zu schreiben beginnen, einen Verlag suchen, der mit Ihnen einen Verlagsvertrag über Ihr Projekt abschließt. Das ist aus Autorensicht verständlich, was aber sagt der Verleger dazu? Für ihn erhöht sich das Risiko: Die Idee mag begeisternd sein, aber wird auch das ausgeführte Werk den Vorstellungen entsprechen? Gelingt dem Autor die Umsetzung, macht er es sich vielleicht zu einfach, da er den Vertrag schon in der Tasche hat? Der Verlag wird also mehr Information erwarten.

Für Sachbücher ist es relativ einfach eine Konzeption vorzulegen: Thema, Inhalt, Nutzen. Für wen ist das Buch gedacht, wie sieht der Lesermarkt aus, welche Konkurrenten gibt es bereits, was ist der entscheidende Unterschied, das Neue, das gerade Ihr Buch zu einem Erfolg werden lässt? Ein vorläufiges Inhaltsverzeichnis überzeugt von der klaren Gliederung und Struktur des Buchs, eine Leseprobe von der Stilsicherheit.

Mit Newcomern werden für schöngeistige Werke nur sehr selten Verträge abgeschlossen, wenn das Manuskript noch nicht vorliegt. Erstautoren, die bereits ein weiteren Erfolg versprechendes Debüt veröffentlicht haben, erhalten gelegentlich einen Vertrag für das nächste Werk – was durchaus ein Flop werden kann, wie jüngste Beispiele beweisen. Deshalb sind Verlage heute eher wieder vorsichtig geworden.

Grundsätzlich ist eine Idee nicht schutzfähig, je weiter sie ausgearbeitet ist, um so eher genießt Ihr Werk bereits Urheberschutz. Es ist also ratsam, zumindest die Grundzüge des schon vorliegenden Werkes auf ein bis drei Seiten zu skizzieren, also ein Exposé vorzulegen:

Wovon handelt es?

Was ist das Besondere, das Neue, die neue Sicht?

Dazu eine kurze Charakterskizze der zwei, drei Hauptfiguren.

Eine Leseprobe des aus Ihrer Sicht besten Kapitels soll einen Eindruck von Ihrem Stil vermitteln.

Haben Sie damit Interesse geweckt, wird das ganze Manuskript angefordert.

Checkliste: Manuskriptgestaltung

Kein gutes Manuskript wird allein wegen seiner äußeren Form abgelehnt (ausgenommen, es ist schlecht lesbar), entscheidend ist der Inhalt. Aber eine saubere, übersichtliche Textpräsentation, ebenso wie möglichst feeelerfreie Schreibweise helfen. Als Lektor geht es Ihnen wie dem Leser: Manche Bücher kann man nicht aus der Hand legen, andere erschließen ihren Reiz erst in der Mitte oder zum Schluss. Und dann gibt es noch die mit den verborgenen Qualitäten, die nicht jeder Lektor gleich erkennt und – das Manuskript ablehnt. Die Literaturgeschichte ist voller Beispiele dafür.

✓ Lektor oder Lektorin sind die ersten Leser, machen Sie ihnen die Lektüre leicht!

✓ Vermeiden Sie ein extravagantes Design, wenn es sich nicht um ein Werk handelt, bei dem die Gestaltung eine wichtige Rolle spielt.

✓ Ihr Text soll leicht lesbar sein. Wählen Sie keine ausgefallene Schrifttype, die vom Inhalt ablenkt, z.B. ist

✓ eine Schreibmaschinentype wie Courier New in 12 Punkt gut geeignet,

✓ und die im Flattersatz, Silbentrennung ausgeschaltet.

✓ Ihre Anschrift mit Telefon und E-Mail sollte auf dem Deckblatt stehen,

✓ ebenso ein Urheberrechtsvermerk: Alle Rechte beim Autor und Jahreszahl oder © 2011 Autorenname.

✓ Sie können den Gesamtumfang berechnen lassen (bei Word unter Extras – Wörter zählen ...) und auf dem Deckblatt vermerken;

✓ bei Fachbüchern, wissenschaftlichen Arbeiten auch die Fuß- und Endnoten berücksichtigen.

✓ Keine Formatierungen im Manuskript: Nur Überschriften oder Zwischenüberschriften fett setzen und

✓ keine Tabulatoreinzüge.

✓ Manuskriptseiten nur einseitig beschreiben,

✓ auf weißem DIN-A4-Papier,

✓ mit maximal 60 Anschlägen pro Zeile,

✓ bei 30 Zeilen,

✓ also maximal 1800 Anschläge pro Seite und

✓ eineinhalb- bis zweizeiligem Abstand.

✓ Die Manuskriptseiten sollten nummeriert sein,

✓ zumindest am Anfang und Ende Ihre Anschrift tragen

✓ und geheftet oder (vom Copyshop) schlicht gebunden sein.

✓ Schicken Sie nur Fotokopien auf die Reise. Das Original bleibt immer beim Autor,

✓ bei Illustrationen gute Kopien als Beispiele anfertigen, die Originale erst bei ernsthaftem Interesse vorlegen.

✓ Eine Kopie zur Sicherheit hinterlegen.

> Manuskriptangebot

Mörder vor!

Von Michael Christian Grumann

Wenn ich an Mord denke, fällt mir sofort eine frühere Freundin ein. Die konnte mir und allen anderen bei jedem Krimi gleich zu Anfang den Täter nennen. Schlug sie ein Buch auf, kannte sie ihn auf Seite 5 – spätestens! Im Kino lief noch der Vorspann, da wussten alle, die in unserer Nähe saßen, wer der Killer war. Der Regisseur hätte es ebenso gut schon im Vorspann vermerken können. Schalteten wir den Fernseher an, um uns bei einem Glas Wein einen Krimi zu Gemüte zu führen, lief das gleiche Spiel: Noch die Stimme der Ansagerin im Ohr, wurde mir der Mörder genannt.

Irgendwann begegneten dann deutsche Regisseure der Intuition meiner Freundin dadurch, dass sie den von Kommissar und Zuschauern gesuchten Bösewicht gleich als Ersten schweißnass durch die Büsche hetzen ließen. Die Spannung ging also nicht mehr davon aus, wer der Täter war, sondern ob er gefasst wurde, wie und wann.

Lektoren, Redakteure, Dramaturgen, Agenten und Berufskollegen würden eine »Seherin« wie meine Ex-Freundin wahrscheinlich gerne beschäftigen, um in kürzester Zeit über den Inhalt eines unverlangt eingesandten Manuskripts informiert zu sein. Denn wenn einem Verlag, der auf Platz 25 der Rangliste deutscher Verlage liegt, täglich etwa fünf Unverlangt-Manuskripte ins

Lektorat flattern, sind das rund 125 im Monat. Bei einem fiktiven Durchschnittsumfang von 250 Seiten pro Manuskript sind das 30.000 Seiten zusätzlicher Lesestoff zu allen anderen Lektoratsarbeiten. Na Klasse!

Glauben Sie im Ernst, das schafft jemand, der zwar geübt im Schnelllesen und Schnellerfassen von Inhalten ist, sich aber auch mit Marketing- und Verwaltungsaufgaben beschäftigen muss?

Selbst Lektorate, in denen es besondere Kräfte für die Sichtung von Unverlangt-Manuskripten gibt – also die wenigsten – sind bei der Suche nach einem neuen Werk auf eines angewiesen: Intuition.

Wollen Autoren wirklich die Veröffentlichung ihres Manuskripts allein von der Intuition anderer abhängig machen?

Sicher nicht. Da könnten sie gleich die ganzen 250 Seiten verbrennen, den Text von der Festplatte löschen und sich in die Sonne legen.

Was ist also zu tun? Hier ein Beispiel:

Willy Autor · Schreiberstr. 11 · 12345 Tintendorf
Tel.: 01234 - 12 34 56 · Fax:12 34 57 · w.autor@t-noline

Manuskriptangebot   Datum

Sehr geehrte(r) ...

ich habe einen Thriller geschrieben. Inhalt: Fünf Hauptpersonen in einer Taxizentrale jobben bis zum Umfallen. Dann fällt tatsächlich einer um: der verhasste Chef – war es Mord?
Das Manuskript hat 180 Seiten – möchten Sie es lesen?
Frankierter Rückumschlag ist beigelegt!

Mit freundlichem Gruß

Willy Autor

Eine Antwort könnte lauten, man sei dafür nicht der richtige Partner. Selbst dann, wenn sich der angeschriebene Verlag oder die Agentur mit Krimis beschäftigt. Das Problem dieses Schreibens ist, dass es nicht wirklich etwas aussagt über Stoff, Entstehung und Verfasser.

Versetzen Sie sich in die Position eines Lektors: Sie sind bis über alle Ohren mit Arbeit zugepackt. Was wollen Sie? Sicher keine Zeitdiebe, niemanden, der sie langweilt, aber auch nicht mehr Information, als für eine Entscheidung nötig.

Diese Entscheidung lautet: Welches der vielen herumliegenden Manuskripte lese ich überhaupt? Das heißt wiederum nicht, in deutschsprachigen Verlagen würden nicht alle Manuskripte gelesen. Gelesen? Angeschaut ja, gelesen meistens nein!

Wenn Sie also Autorin oder Autor eines Stoffes sind, der sich erst langsam entfaltet, der vielleicht auf eine belanglose Unauffälligkeit am Anfang des Geschehens angewiesen ist, erfährt der Lektor nichts von der tiefer im Stoff auf ihn wartenden Dramatik und schriftstellerischen Hochkultur.

Manchmal neigen Lektoren auch zur mittigen Prüfung. Man schlägt mittendrin auf und liest und wartet, was passiert. Passiert da nichts, weil Sie der Action in Ihrem Roman gerade eine Pause gönnen und stattdessen die Lüneburger Heide beschreiben, wird auch mit Ihrem Manuskript nichts passieren.

Auf der folgenden Seite ist eine perfekte Anfrage formuliert. Briefkopf mit allen notwendigen Angaben wie zuvor:

> Name
> Straße
> PLZ, Ort
> Telefon
> Fax
> E-Mail

Sehr geehrte(r) ...

ich habe mir erlaubt, ein Exposé und eine kurze Leseprobe aus meinem Roman *Die Stauferkaiserin* diesem Brief beizufügen.

Obwohl keine Wissenschaftlerin, habe ich mich 12 Jahre lang mit dieser Materie beschäftigt. Die Bibliographie von über 200 Titeln habe ich im Wesentlichen komplett gelesen, davon viele Titel in Archiven und Fachbibliotheken im In- und Ausland. Die im beigefügten Exposé geschilderten Handlungsstränge sind allesamt belegt und genau so vorgekommen, auch wenn sie aus heutiger Sicht unglaublich erscheinen. Die dort beschriebenen Lebensumstände aus dem 11. Jahrhundert sind allesamt gründlich erforscht und unstreitig. Sitten und Gebräuche, Gebäude, Lebensmittel und »medizinische« Betreuung sind belegt und genau dargestellt.[1]

Obwohl sich der Stoff auf historisch fundiertem Boden bewegt, handelt es sich bei der *Stauferkaiserin* um einen Roman, den ersten überhaupt zu dem Thema. Das erste und bis dato einzige Buch über die Stauferkaiserin Ottilie von Sizilien war ein Sachbuch von H. Schliesemann, erschienen in Italien im Jahre 1855. Aufgrund dieses Buches durfte der Autor die deutschen Länder Baden und Württemberg nicht mehr bereisen.[2]

Die Stauferkaiserin ist kein historisches Fachbuch, sondern ein lebendiger Roman voller mitreißender Dramatik und Leidenschaft, der vor dem Hintergrund mittelalterlicher Schlachten und Ränke um Macht und Herrschaft spielt.[3]

Ihr Urteil wäre mir wichtig, obwohl ich weiß, dass Ihre Zeit knapp bemessen ist.[4]

Mit freundlichem Gruß

Willy Autor

Anmerkungen zu vorstehendem Brief:

Zu 1: Offensichtlich von Materie, Thema und Gestalten beseelt; ernsthafte Recherche des Themas.

Zu 2: Belegt Auseinandersetzung mit historischen und verlegerisch interessanten Zusammenhängen.

Zu 3: Guter Aufhänger; genaue und fesselnde Sprache, die mittels Dramatik und Historie einen überzeugenden Roman abgeben könnte.

Zu 4: Freundlicher Hinweis darauf, über die Situation des Empfängers nachgedacht zu haben.

Dieser professionell wirkende Brief liefert alle notwendigen Informationen, um das Konzept der Autorin zu verstehen: Roman mit sachbezogenem, hier historischem Bezug. Sie wirkt versiert, was das Fachgebiet angeht – die Presseabteilung des Verlags kann die Autorin im Radio und in Talkshows unterbringen, ohne dass sie befürchten muss, unterzugehen.

Außerdem macht der Brief den Eindruck, es mit einem zuverlässigem Projekt zu tun zu bekommen.

Jede Lektorin, jeder Lektor, mit dem Genre vertraut, bekäme Lust auf eine Leseprobe oder gleich das ganze Manuskript. Der Brief hätte gereicht.

Diesem Schreiben lag zusätzlich ein Exposé bei: Auf knapp zwei Seiten eine Wiedergabe der wesentlichen Handlungsstränge und wie die Geschichte endet.

Ein Lektor, der nicht zufällig meine Ex-Freundin kennt, braucht dieses beigefügte Exposé, Prinzip »Mörder vor!« oder eine Leseprobe, um Stil und Erzählgeschwindigkeit einschätzen zu können. Wenn aber schon Leseprobe, warum nicht gleich den ganzen Stoff?

Weil kaum ein Lektor das ganze Manuskript liest, wenn nicht eine Leseprobe dazu einlädt. Und warum, liebe Autorin und lieber Autor, sollten Sie jemandem die Entscheidung darüber überlassen, welchen Ausschnitt aus Ihrem Werk er herausgreift und liest? Ein Lektor hat – unter anderem – auch die Aufgabe, im Fall einer Zusammenarbeit Ihr Werk abzuspecken. Das heißt überflüssige Passagen, Längen, Ballast, all das fliegt raus. Was nun, wenn der Leser Ihres Manuskripts zufällig eine jener Passagen auswählt die später gestrichen werden müssen? Möchten Sie das?

Allmonatlich 30.000 Seiten Unverlangt-Material im Verlag auf Ranglistenplatz 25 sind nicht viel. Die Zahlen in den Lektoraten der größten deutschen Verlage sehen noch ganz anders aus. Warum da untergehen?

Also treten Sie den Beweis an, dass Sie schreiben können! Das tun sie am besten mit einem Brief. In diesem Brief sollte erklärt werden, welchen Aufwand (Recherche, Interviews z.B.) Sie zum Schreiben ihres Buches getrieben haben. Das Schreiben selbst, diese Tage und Nächte zähen Ringens mit leeren Blättern und chaotisch ungeordneten Aufzeichnungen, zählen allerdings nicht dazu.

In diesen Brief gehört auch, wo Sie selbst Ihr Buch im Markt einordnen. Ratgeber über Kindererziehung gibt's Hunderttausende, noch einer mehr geht nur mit Marketingmitteln, das heißt einem bekannten Namen. Ein Roman über eventuelle Mafia-Hintergründe bei internationalen Delfin-Transporten dürfte selten sein. Aber wen juckt's und was verstehen Sie davon? Hat der Stil Ihres Briefes schon etwas vom Stil Ihres Werkes? Etwas Fesselndes? Oder langweilen Sie den Adressaten mit sterilen Höflichkeitsfloskeln? Der Cheflektor eines US-Großverlages hat einmal gesagt: »Wer keinen ordentlichen Brief schreiben kann, kann auch kein Buch schreiben!« Recht hat er!

Das Gleiche gilt für ein Exposé. Halten Sie sich an die Regel: eine Zeile Exposé für zehn Seiten Text. Das muss reichen! Darin beschreiben Sie alle wichtigen Handlungsstränge. Sie mögen nicht auswählen? Das ist schlecht. Sie offenbaren damit nämlich, dass Sie nicht professionell mit einem Verlag zusammenarbeiten können. Angenommen, ein Verlag verlangt, dass Sie Ihr Manuskript auf einen bestimmten Umfang reduzieren, damit es in eine bestehende Reihe passt. Diese Bücher bestehen aus, sagen wir 16 Druckbögen mal 16 Seiten, was einen Umfang von 256 Seiten pro Band ergibt. 256 Seiten à ca. 300 Wörter gleich 76.800 Wörter. Ihr Manuskript hat aber 109.322 Wörter. Wollen Sie den Lektor wählen lassen, was gekürzt werden muss?

Oder: Ihr Manuskript kommt zurück mit der Einladung, es noch einmal vorzulegen, wenn es abgespeckt ist. Was nun? Jetzt müssen Sie selbst entscheiden. Warum also nicht gleich? Hier habe ich als Beispiel einen amerikanischen Lektor parat. Von einem Autor, der ihn auf offener Strasse ansprach, forderte er einst, ihm den Kern seines Buches auf die Rückseite seiner Visitenkarte zu schreiben, damit er sich im Verlag daran erinnern könne. Dem Autor genügte ein Wort, um berühmt zu werden: »Sehnsucht«. Dem Lektor übrigens auch!

Womit wir bei der Auswahl der Leseprobe sind. Was wollen Lektoren lesen? Antwort: Das, was alle anderen Menschen lesen wollen. Also lassen Sie Dritte, Freunde, Bekannte und – wenn sie professionell genug sind – auch Feinde und Verwandte Ihr Manuskript lesen. Dabei sollten Sie es niemandem aufdrängen. Der Onkel, der Professor für Ägyptologie ist, kann kein gerechter Kritiker für Ihr gut geschriebenes, sprachlich eher auf einfache Menschen zielendes Liebesdrama sein. Schlichteren Menschen dagegen wäre vielleicht Ihr Roman aus der Welt der Astrophysiker zu anstrengend. Fragen Sie Ihre Kritiker nach schwierigen Stellen in Ihrem Manuskript, ohne sich dadurch unbedingt beeinflussen zu lassen. Sie bestimmen, was gelesen wird.

Grundsätzlich gilt: Der Einstieg ist wichtig. Gelingt der, ist der Leser im Thema und damit von Ihrem Buch gefesselt. Der Leser will – wie der Lektor – zuerst wissen, worum es in Ihrem Buch geht. Sehnsucht hatten wir schon. Es gibt auch andere Themen: Einer gegen Alle; Einer gegen eine Übermacht; Anerkannt-Werden; Selbstfindung; Gut gegen Böse; Zivilisation gegen Barbarei, und einiges mehr. Egal was, es muss dramatisch sein. Dramatik entsteht, wenn die Heldin ein für den Leser erkennbares Ziel hat, vor dem sich, für den Leser erkennbar, Hindernisse auftürmen. Spannung entsteht, wenn die Heldin von diesen Hindernissen keine Ahnung hat der Leser aber informiert ist. Also lassen Sie nur Leseproben los, die den Beweis für Ihre dramatischen Fähigkeiten antreten, bzw. für Ihr Vermögen, Spannung zu erzeugen.

Auch Krimis, die als erstes den Täter aufzeigen, können spannend sein, wenn wir nicht wissen, ob und wie ihn die Gerechtigkeit – oder auch nur die Realität – einholt. Deshalb: »Mörder vor!« ist nicht nur so dahin geschrieben. Schließlich müssen Sie möglichst schnell mit dem stärksten Argument von Ihrem Manuskript überzeugen.

Checkliste: Begleitbrief

✓ Warten Sie mit Angeboten bis Ihr Werk wirklich fertig ist.

✓ Danach warten Sie noch einmal 14 Tage oder drei Wochen, lesen Ihr Manuskript erneut. Wenn Sie dann sicher sind, dass es ein professioneller Leser im Verlag erhalten soll, bieten Sie es an.

✓ Das Briefpapier sollte sachlich sein, wenn Sie ein Sach- oder Fachbuch anbieten, können Sie auch Ihr Berufsbriefpapier verwenden.

✓ Ihr Brieftext sollte sachlich sein.

✓ Hinweise auf frühere Veröffentlichungen sind interessant, nicht jedoch auf selbstbezahlte, es sei denn, die Druckauflage (wie viel Exemplare?) wurde Ihnen aus den Händen gerissen.

✓ Ihr Begleitbrief soll nicht länger als eine Seite sein – dann hat er auch die Chance gelesen zu werden.

✓ Er sollte auf zwei, drei Zeilen biographische Daten enthalten, besonders solche Angaben, die Bezug zum Werk haben.

✓ Bei Sachbüchern möchte man wissen, woher Ihre Kompetenz kommt, beispielsweise Beruf, Hobby, Erfahrung.

✓ Kleine Übertreibungen sind erlaubt, alles Andere ist weder witzig, noch wird es ernst genommen.

✓ Nennen Sie das Genre.

✓ Sagen Sie mit wenigen Worten, worum es in Ihrem Buch geht: Eine »Logline« wie beim Drehbuch wäre ideal, also in einem Satz das zentrale Thema.

✓ Fragen Sie sich in einer stillen Stunde kritisch, wer als Leser für Ihr Werk Interesse haben könnte. Das tut die Marketingabteilung des Verlags auch!

✓ Wenn Sie Verkäufe generieren können, weil Sie z.B. Seminare halten, sollten Sie es mit realistischer Einschätzung erwähnen.

✓ Wichtig: Ihr Begleitbrief ist kein Werbebrief mit verkäuferisch anpreisenden Phrasen.

✓ Rückporto oder besser ein adressierter und frankierter Rückumschlag machen einen guten Eindruck und sind besonders bei kleineren Verlagen Voraussetzung für eine Rücksendung des Manuskripts.

✓ Und denken Sie daran: Sie haben keine zweite Chance, einen ersten (guten) Eindruck zu machen!

Falls Sie zu den tapferen Eisenherz-Schreibern gehören, die auch einen Stoß mit der Lanze des Kritikers ohne Siechtum überstehen, bitten Sie in Ihrem Begleitbrief den Lektor um eine Begründung für seine Ablehnung.

Im besten Fall können Sie literarisch davon profitieren und den Lektor vielleicht zu etwas mehr Aufmerksamkeit für Ihr Manuskript ermuntern.

Im weniger guten Fall finden Sie heraus, dass Sie doch nicht unverletzlich sind und bleiben künftig beim kürzeren Begleitschreiben ...

Hier noch ein paar absolute Nie-Nie-Niemals-Regeln:

> Ihr Brief ist *kein* Bewerbungsschreiben mit Lebenslauf und Zeugnissen!
> Behaupten Sie nie, dass Ihr Buch das einzige zu diesem Thema ist – bei einer Million lieferbarer Titel ist das nicht wahrscheinlich.
> Sagen Sie niemals, Sie hätten kein vergleichbares Buch zu dem Thema gefunden – das zeigt nur, dass Sie nicht gut recherchiert haben oder, schlimmer noch, bluffen.
> Vermeiden Sie es, Ihre Mutter, Schwiegermutter, Freunde und Bekannte oder den Bibliothekar zu zitieren, wie toll sie alle das Manuskript fänden.
> Sagen Sie nicht, es sei ein Buch für Jedermann, also für Millionen.
> Prophezeien Sie nicht, dass Ihr Buch ein Bestseller wird.
> Klagen Sie nicht die Ignoranz anderer Lektoren an, die den Wert Ihres Buches nicht erkannt hätten.
> Bieten Sie nicht an, auf Honorar zu verzichten – das deutet nur auf mangelndes Selbstbewusstsein oder Verzweiflung nach zahlreichen Absagen.

> *Verlagsentscheidung*

Manuskript verlegt

Lektoren und Verleger versichern, genervt von ängstlichen Autorenfragen, immer wieder: Auch unverlangt eingesandte Manuskripte werden gelesen. Also gut, manche werden vielleicht von der Lektoratspraktikantin vor-gelesen andere lediglich an-gelesen, in krassen Fällen nicht viel weiter als bis kurz nach dem Titel. Verständlich, wenn zum Beispiel der uninformierte Autor seinen Krimi *Die letzte Mahlzeit* auch noch einem Kochbuchverlag angeboten hat.

Wie also sollte ein Manuskript aussehen?

Am besten versetzen Sie sich in Gedanken selbst einmal hinter den Schreibtisch des Lektors oder Literaturagenten: Es ist Feierabend. Ruhe im Büro. Die Füße auf der Schreibtischkante, betrachten Sie die Stapel wartender Manuskripte und Exposés. Jede Woche kommen neue hinzu und sollen begutachtet werden.

Was würden Sie von einem Manuskript erwarten?

Wenn es sich nicht um ein Kunstwerk der Kalligraphie handelt, können Sie sich etwas Schöneres vorstellen, als Ihre Zeit mit Handschriften entziffern zu verbringen. Also: keine Manu-Skripte!

Auch keine Texte von der heißgeliebten Schreibmaschinenantiquität mit kleinen Gebrechen wie fehlendem f, hüpfendem h oder bleichem Farbband!

Als Lektor, wünschen Sie sich ein von der äußeren Form schlichtes, gut lesbares Manuskript: Ein sauberes Schriftbild, möglichst wenig Fehler und hässliche Korrekturen, die ablenken. Es sollte eineinhalb- oder zweizeilig geschrieben sein, mit breitem Rand an allen Seiten, die fortlaufend nummeriert sind.

Ob das Werk in Leder oder im Hefter ruht, spielt für die Entscheidung keine Rolle, wenn es griffig in der Hand liegt und gut umzublättern ist. Ein aufwendiger Einband zieht eher einen kritischen Blick auf sich.

Ihr Manuskript könnte thematisch gut in eine bereits bestehende Programmreihe passen, womöglich aber dafür zu umfangreich sein. Darum: Eine Umfangskalkulation (Word > Extras > Wörter zählen ...) gehört auf das Deckblatt.

Gelegentlich findet auch eine Buchidee bereits das Interesse eines Verlags, bevor überhaupt der erste Satz geschrieben wurde. Mit anderen Worten: Exposé und Textprobe als Kostprobe können beiden, Autor und Lektor, Zeit und Geld sparen und trotzdem Interesse wecken. Ob Exposé oder komplettes Manuskript: Titel und Autorenname sollten darauf zu finden sein, ganz besonders, wenn Ihr Manuskript nicht geheftet oder gebunden ist.

Wenn es Ihnen zu lange dauert, bis Sie Nachricht erhalten, fragen Sie höflich an. Erst recht natürlich, wenn die Thematik Ihres Manuskripts hohe Aktualität hat. Kein Autor kann nach langem Warten noch über den Lektoratswitz lachen: »Manuskript verlegt.«

Bücherverhinderer?

Ein guter Lektor ist aber ebenso sehr Bücherverhinderer wie Büchermacher. Seine Schonungslosigkeit geht über die des Phrasenjägers, Klischeekillers und Stilblütenjäters hinaus. Er muss Brutalität genug besitzen, um ein missratenes Buchprojekt im Keim zu ersticken.

Lothar Müller in der FAZ

>> *Literaturagenturen*

Erfahrungsbericht: Autoren und Agenten

Von Eva Klingler

A ls junges Mädchen las ich begeistert Vom Winde verweht, und zu Weihnachten wünschte ich mir die Lebensgeschichte der Autorin Margaret Mitchell. Die studierte ich dann buchstabengenau. Wie jene – mehr aus Zufall und Langeweile – anfing, die Geschichte der Südstaaten in einer faszinierenden Roman zu packen. Und dann war Mrs. Mitchell fertig: Eine Bekannte, die rein zufällig in einem Verlag arbeitete, nahm das handgeschriebene Manuskript mit nach New York, las es im Zug, war begeistert, empfahl es ihrem Verlag: und ohne Probleme druckten die einen Weltbestseller.

Da wusste ich: das will ich werden: Erfolgreiche Schriftstellerin!

Tja, in der Mitchell-Biographie war allerdings nicht die Rede von monatelangem Warten auf Nachricht vom Verlag, von zögerlichen Lektoren, von ungenügend verschnürten retournierten Manuskripten, von Selbstbeteiligungsofferten und von Formabsagebriefen.

Meinen eigenen ersten Roman schrieb ich in einem Zeitraum von vier Jahren, noch auf einer mechanischen Schreibmaschine neben meiner Berufstätigkeit in meinen freien Stunden. Als ich nach vielen Verbesserungen endlich einen Schlusspunkt gesetzt hatte, begann ich mit dem mühevollen Kopieren, Heften und Versenden. Ich griff gleich nach oben und schickte das Manuskript an die ganz Großen in der Branche. Ich war ja – wie so viele junge Autoren – überzeugt davon, den Unterhaltungsroman zur Post zu bringen.

Und tatsächlich, was passierte, schien mir recht zu geben. Die Lektorin einer führenden Taschenbuchreihe eines außerordentlich renommierten Verlags schrieb mir, sie werde das Buch zur Annahme empfehlen. Auch in einem langen Telefonat bestätigte sie ihr positives Urteil.

Ich war im siebten Himmel.

Wochenlang.

Viele Wochen lang, denn solange dauerte es, bis eine kühle Absage der entsprechenden Lektorin kam. Leider sei das Buch doch nicht ganz so witzig, wie sie gedacht hätte.

Abgelehnt.

Aus.

Auf meinen verzweifelten Brief, was ich denn nun machen solle, kam nur die ernüchternde Antwort, das wisse sie auch nicht, die meisten gäben unterwegs auf, denn es sei eben schwer für junge Autoren.

Das hatte ich inzwischen auch schon gemerkt, denn kein weiterer Verlag mochte meinem Manuskript nähertreten. Die meisten Antworten, die zwischen zwei Tagen und sechs Monaten Wartezeit eintrafen – waren Formbriefe: »Passt nicht ins Programm« (angeblich, dabei hatte ich mir die Verlagsprogramme genau angesehen!) oder man sei schon auf Jahre hinaus verplant. Wäre es nicht sinnvoller, zu schreiben: »Das Manuskript gefällt uns nicht. Sie müssen einfach noch besser schreiben lernen!« Damit wäre uns jungen Autoren vielleicht mehr geholfen.

Na ja, und dann – in meinem Wunsch, es doch noch mit diesem Stoff zu schaffen, schließlich war ich ja so nahe dran gewesen – machte ich den allergrößten Fehler und vor dem möchte ich alle jene, die dieses Buch lesen, warnen: Ich wandte mich an einen Münchner Literaturagenten, dessen Inserate man häufig sieht. Nach einem sogenannten Gutachten, das ungemein schmeichelhaft ausfiel, bot er mir Lektorat und Vermittlung meines Buches an, für rund 2250 Euro.

Ich nahm das Angebot an, dummerweise.

Das Lektorat ließ dann monatelang auf sich warten, bestand lediglich aus ein paar korrigierten Rechtschreibefehlern. An Ver-

mittlung lief nichts. Wenn ich mahnte, schickte er mir hurtig einen beruhigenden Brief, er sei nun mit diesem und jenem Verlag ins Gespräch gekommen, und es bestünden »jetzt durchaus gute Chancen«. Durchsichtige Hinhaltepolitik, aber es gibt kaum jemand, der so leicht zu täuschen ist wie ein veröffentlichungswilliger Autor. Ich drohte dann mit einer Klage. Er bestellte mich nach München und streute mir weiter Sand in die Augen. Er werde sich jetzt besonders um mein Projekt bemühen und hier – auf dem Tisch – lägen schließlich so viele Bücher, die er schon zustandegebracht hätte.

Ich ließ ihm etwas Zeit, mahnte nochmals, dann schrieb er mir, offenbar sei mein Manuskript nicht vermittelbar! (Genau dieses Buch ist dann im Econ-Verlag erschienen.) Heute weiß ich, dass diese »Literaturagentur« in den seriösen Verlagshäusern keinen guten Ruf hat, und dass es zahllose Geschädigte gibt und deshalb noch mal eindringlich an dieser Stelle: Bei Agenten genau aufpassen.

Tatsache ist, dass es in Deutschland auch ohne Agent geht. Dazu braucht man wie in meinem Falle

a) Glück,

b) ein einigermaßen gut geschriebenes Manuskript.

c) Ausdauer.

Es ist mir dann im darauffolgenden Jahr gelungen, mit einem anderen Buch – einem Frauenkrimi – in einem großen Publikumsverlag angenommen zu werden. Die Vertragsverhandlungen waren für mich spannend, und da komme ich zu einem weiteren Punkt: Selbst wenn es einem schließlich gelungen ist, ein Vertragsangebot zu bekommen, hören die Probleme für den jungen Autor nicht auf. Niemand sagt einem, ob und wie viel man Vorschuss verlangen kann. Andere Autoren, außer sich selbst verlegende oder solche, die den Verlag für die Veröffentlichung bezahlen, von deren Erfahrungen man profitieren könnte, kennt man meistens nicht. Die Lektoren – und das kann man ihnen nicht einmal übel nehmen – rücken natürlich auch nicht gerade freizügig mit Vergleichszahlen heraus, sondern sind an einem günstigen Abschluss interessiert. Der Vorschuss ist schon sehr wichtig, denn er prägt in gewissem Sinne die weitere Zusammenarbeit, auch mit anderen Verlagen. Man sollte sich nicht unter Wert verkaufen, aber man sollte auch realistisch sein und sein eigenes Produkt richtig einschätzen.

Und ich glaube, Kritik und Abstand zum eigenen Werk fehlen den meisten jungen Autoren. Ich versuche heute immer, meinen Text auch mit den Augen des Lektors oder des Lesers zu lesen, der an der dargestellten Thematik – so ernst und schwer sie auch für einen selbst sein mag – zunächst nur oberflächlich interessiert ist. Zehnseitige Beschreibungen des Elternhauses, beispielsweise, oder der schweren Kindheit, müssen deshalb richtig gut sein oder sie langweilen. Das hört sich hart an, aber ich glaube, so ist es nun mal aus der Sicht der Verlage. Abgesehen von ganz wenigen Ausnahmen, im Lyrikbereich vielleicht, ist ein Buch heute in erster Linie ein Produkt und muss etwas Besonderes haben, irgend etwas, um verkauft werden zu können.

Ich habe inzwischen mehrfach den Verlag gewechselt, das heißt, habe mit verschiedenen Verlagen verschiedenartige Bücher gemacht (alles in allem mit guten Erfahrungen) und biete meine Stoffe auch jetzt noch etwas themenbezogen bestimmten Verlagen an, die ich im Laufe der Jahre durch Kontakte oder Kollegen kennen gelernt habe. Das Wechseln wird nicht immer gerne gesehen seitens der Verlage, die einen Autor gerne aufbauen und bei sich behalten wollen. Das ist verständlich, andererseits muss der Autor auch sehen, wo er bleibt, und wenn er woanders ein wesentlich besseres und schnelleres Angebot bekommt, greift in meinen Augen bis zu einem gewissen Grad das Gesetz der Marktwirtschaft. Man sollte aber nicht unfair sein und auch eine gute Zusammenarbeit mit einem guten Lektor nicht mutwillig aufs Spiel setzen. Dazu gehört übrigens auch eine gewisse eigene Flexibilität, wenn es ums Lektorieren des Textes geht.

Aus meiner heutigen Sicht, die weit entfernt davon ist, schon alles »im Griff« zu haben, sollte man bei Verlagsauswahl und Vertragsabschluß auf folgendes achten: Zumindest auf einen – wenn auch geringen – Vorschuss, die Ausstattung des künftigen Buches (Titel, Titelbild), auf ein Mindestmaß an Werbung und einen guten Vertrieb. Denn was nützt ein tolles Buch, wenn keiner weiß, dass es dies gibt, und weil es nur als Titel im Verzeichnis Lieferbarer Bücher steht?

Aus diesem Grunde empfehle ich auch, sich zunächst immer an größere Verlage zu wenden. Dort wird man fair behandelt und die Bücher werden professionell vermarktet. Erst wenn das nicht klappt, würde ich mich an sehr kleine Verlage wenden. Dies gilt natürlich nur für die Art Bücher, die ich mache, Unterhaltungsliteratur im weitesten Sinne. Mit Lyrik wird man bei Heyne oder Goldmann wenig Chancen haben.

Grundsätzlich muss ich sagen, dass ich dem nicht zustimme, was oftmals in Autorengruppen und von Schreibseminaren und dergleichen behauptet wird – man hätte gar keine Chance, bei einem großen Verlag angenommen zu werden. Ich bin bis jetzt jedes Manuskript losgeworden, und ich kenne mehrere Fälle, die es auch ohne jegliche Beziehungen einfach nur mit einem guten Manuskript geschafft haben.

... Noch ein Wort zum Alltag des Autors:

Alleingelassen fühlt man sich allerdings oft. Im Bekanntenkreis kann keiner was mit einem anfangen, es sei denn man ist berühmt, sprich, erscheint oft in der Lokalpresse, worum man sich meist selbst kümmern muss. Andere Autoren lernt man kaum kennen und wenn, ist das Zusammentreffen oft schwierig. Zu unterschiedlich sind die Stilrichtungen, die Auffassungen von Kultur. Bei etwaigem Erfolg ist auch Neid nicht ausgeschlossen. Bei Anfängern ist dies allerdings selten, da hält man schon zusammen, wenn man sich überhaupt mal trifft.

Die Buchhändler der eigenen Stadt stehen dem Autor – aus Gründen, die ich nicht kenne – oft reserviert gegenüber, die Leser der eigenen Bücher trifft man nie, Bekannte wollen das Buch geschenkt, kaufen es nicht und wenn, sind sie oft enttäuscht, weil sie sich alles ganz anders vorgestellt hatten.

Viele Stunden sitzt man alleine, ohne Idee und mit Rückenschmerzen zu Hause am PC, hat keine Kollegen, abgesehen von seltenen Lesungen, keinen Kontakt zum Kunden oder zum Verlag, der weit weg ist.

Selbst wenn es einem gelingt, einen guten Vorschuss zu erzielen, (gut ist alles ab 2000 EUR), verdient man weit weniger als eine Sekretariatsgehilfin (wobei ich nichts gegen jene sagen möchte). Auf einen Stundenlohn umgerechnet ist das Einkommen eines durchschnittlichen Autors lächerlich, in den meisten Fällen muss man noch nebenher arbeiten.

Obwohl ich inzwischen etliche Bücher veröffentlicht habe, könnte ich nicht einmal andeutungsweise davon leben. Ich gebe nebenher noch Privatstunden in Englisch und schreibe für ein geringes Zeilenhonorar für unsere Tageszeitung – und trotzdem wollte ich keinen anderen Beruf haben. Ich kann mir tagtäglich meine eigene Welt schaffen. Aber ich konnte es mir sowieso nicht aussuchen. Die Schriftstellerei hat mich gesucht, nicht umgekehrt! Und ich glaube, so ist es meistens.

Eva Klingler hat zahlreiche Bücher veröffentlicht, darunter: Warte nur balde ruhest du auch; Die Maske des Fuchses; Biete Flügel, suche Hörner; Männerspagat; Die Drillingsfalle.

> *Anruf genügt*

»Das hier«, er hatte auf die Spitze des Stapels gedeutet, »sind die ersten Seiten von Hellers neuem Manuskript ... Das Mindestgebot liegt bei zweihunderttausend. Da Sie ihn nach Amerika geholt haben, sind wir bereit Ihnen die Gelegenheit zu geben, ein Angebot zu machen. Sie haben bis Morgen Zeit. Sagen wir mal« – er warf einen Blick auf seine aufwendige goldene Armbanduhr, als wolle er die Zeit vergleichen – »bis zehn.« So führte sich der Literaturagent Andrew Miles in Anna Forters *Mord auf der Buchmesse* bei der Lektorin eines namhaften Verlags ein. Die Autorin ist übrigens eine bekannte Verlegerin.

Werden deutsche Lektoren und Verleger bald mit ähnlichen Situationen rechnen müssen?

Tatsächlich gibt es heute weitaus mehr Literaturagenturen als noch vor zehn Jahren. Während sie früher fast nur mit Lizenzgeschäften zu tun hatten, lassen sich deutsche Autoren nun öfter von Agenten betreuen. Das Provisionsgeschäft mit deutscher Literatur ist lukrativer geworden, seit den Verlagen die Lizenzkosten ausländischer Titel zu hoch und die neuen deutschen Erzähler offenbar interessanter geworden sind.

Literaturmakler sind Manuskript-Vorkoster für die Lektorate: Sie sortieren die Feinkost vom Unverdaulichen. Ihre Auswahl reduziert den Arbeitsaufwand mit Manuskripten und Autoren. Allerdings müssen Agenten professionell sein, wissen, welche Trends im Kommen sind oder wieder abklingen, und eine gute Vorstellung von angemessenen Honoraren haben. Geschätzt wird der Profi, der in der Verlagssprache und Denkweise ein Manuskript präsentieren kann: Knapp formuliert und auf den Punkt gebracht. In der Beziehung sind anglo-amerikanische Agenten Vorbild, und Angebote von solchen Literaturagenturen werden in Verlagslektoraten mit großer Aufmerksamkeit gelesen.

Das Ideal der Agentin, die ihren Jungautor wie den eigenen Nachwuchs umsorgt, ist allerdings ziemlich fern von der Realität: Agenten sind Geschäftsleute, Frauen oft besonders tüchtige, die nicht nur gegenüber Verlagen knallhart auftreten. Autorinnen und Autoren berichten von noch harscheren Absagen, meist am Telefon, als man sie von Lektoraten kennt. Klagen über nicht zurückgesandte Manuskripte, die zwar unverlangt gesandt wurden, beziehen sich eher auf Agenturen als auf Verlage. Der noch freundlich-verbindliche Umgangston zwischen Lektoren und Autoren scheint in der 15 %-Zone der Agenturen schon eher mal verloren zu gehen.

Dann gibt es natürlich die Agenturen, die nicht wie üblich nur erfolgsorientiert arbeiten, sondern sich ihre Leistung auf jeden Fall bezahlen lassen möchten: Gebühren, Kostenerstattung, Aufwandsentschädigung – wie immer es bezeichnet wird: Es kostet Geld, bevor das Manuskript gelesen, geschweige denn vermittelt wird. Der gleich mit angebotene Lektoratsservice sollte kritisch betrachtet werden: Die manchmal hohen Kosten pro Seite können sich schnell auf einige tausend Euro addieren, ohne dass damit die erfolgreiche Vermittlung an einen seriösen Verlag gewährleistet wäre.

Geht es überhaupt noch ohne Agentur? Rund 80 % der Verlage bringen Sach- und Fachbücher heraus. Hier werden die Kontakte zu Fachleuten, jedenfalls zu Autoren mit Wissen und gutem Stil, gesucht. Die Schöngeister unter den erfolgreichen Newcomern haben nicht alle den Weg zum Verlag über die Agentur beschritten: Judith Hermann hat sich direkt mit Fischers Programmchef Uwe Wittstock geeinigt, Zoë Jenny mit Joachim Unseld von der Frankfurter Verlagsanstalt. Andrea Brown wandte sich mit ihrem Frauenroman an den damaligen Cheflektor von Reclam Leipzig,

Kinderbuchautorin Britta Schwarz hat gleich mehrere Verträge mit verschiedenen Verlagen geschlossen. Das *Deutsche Jahrbuch für Autoren & Autorinnen* mit seinem umfangreichen und detaillierten Verlagsverzeichnis hat manchen dabei gute Dienste geleistet.

Die Leistungen von Literaturagenturen können für Autoren überaus wertvoll sein: Die richtige Agentur findet den passenden Verlag, selbst wenn das Manuskript noch nicht druckreif ist. So hat Nikola Hahn mit ihrem historischen Erfolgsroman *Die Detektivin* über eine Literaturagentur zum Verlag Marion von Schröder gefunden und in enger Zusammenarbeit mit deren Lektorin das Buchkonzept endgültig entwickelt.

Die Verwertung der Nebenrechte zu beurteilen ist für Autoren schwierig, wenn nicht unmöglich. Hier leisten Literaturagenturen wichtige Dienste. Sie führen Lizenzverhandlungen und schließen Verträge, die vielleicht sonst nicht zustande gekommen wären.

Dass der Erfolg nicht immer schnell kommt, wissen auch die Literaturagenturen. Manuskript-Odysseen, die sich über 20 und mehr Ablehnungen und drei, vier Jahre hinziehen – typische Erfahrungen von Erstlingsautoren – sind auch Agenten nicht unbekannt.

Bei der steigenden Zahl von Literaturagenturen im deutschsprachigen Raum sollte man sorgfältig wählen, wem man sein Manuskript sendet. Ein Telefonat vorher kann Klarheit bringen und langes Warten, wie bei Verlagslektoraten üblich, vermeiden. Karin Graf von Graf & Graf in Berlin versucht schon beim ersten Telefongespräch eine Auswahl zu treffen, so spart sie sich und den Autoren viel Papierarbeit. Denn Autoren als unermüdliche Manuskriptanbieter sind mit ihren schweren, oft großformatigen Umschlägen gute Postkunden: Manche Agenten finden täglich mehrere Manuskripte auf ihrem Schreibtisch. Nach einem ersten Blick bleibt meist nur jedes zehnte übrig, das einer sorgfältigeren Prüfung für Wert gehalten wird. Die renommierte Zürcher Agentur Liepmann prüft von 300 Angeboten etwa 30 eingehend. Davon bleiben etwa fünf, überwiegend von Erstautoren, übrig, denen genügend Erfolg zugetraut wird, um sie Verlagen anzubieten.

Für diese Leistung der kritischen Vorauswahl, werden Literaturagenturen von Verlagslektoren geschätzt: Filtrierarbeit nennt man das ein wenig ironisch in Zürich. Zwar werden noch keine britischen Verhältnisse, wo Literaturvermittler die Verlagsszene maßgeblich bestimmen und für ihre Autoren traumhafte Verträge aushandeln, erwartet, aber der Trend geht auch in den deutschsprachigen Ländern zum Textmakler. Lianne Kolf in München schätzt den Anteil an deutschsprachigen Werken, die von Literaturagenturen an deutschsprachige Verlage vermittelt werden, auf vielleicht zehn Prozent heute. Sie kann sich vorstellen, dass es in zehn Jahren bis zu 50 Prozent werden.

Eine Literaturagentur erwartet meist, dass der Autor ihr sein Manuskript exklusiv anbietet. Damit aber der Autor sich nicht Wochen und Monate gebunden fühlt, sollte er vorher telefonisch bei der Agentur anfragen, ob sein Werk von der Thematik her interessant ist und vermittelt werden kann. Wem das Telefonieren nicht liegt, der kann auch im Begleitschreiben sagen, dass er nach einer bestimmten Zeit sein Werk weiter anbieten wird. Wie bei Verlagen gilt auch hier: Wer die Rücksendung seines Manuskripts wünscht, legt ein adressiertes und frankiertes Kuvert bei.

In jedem Fall sollten Autoren bereit sein, offen Auskunft zu geben, welchen Verlagen sie ihr Manuskript bereits angebotenen haben. Auch wenn es sich dabei um Absagen gehandelt hat. Sie sind in diesem Geschäft alltäglich und stellen, wie in Verlagsschreiben manchmal tröstend bemerkt wird, tatsächlich kein Werturteil dar.

Manche Literaturagenturen verlangen vom Autor eine Vorauszahlung, Gebühren oder eine Lektorierung bevor sie zur Verlagssuche bereit sind, was gerade für Erstautoren teuer werden kann. Üblich sind 15 % vom Autorenhonorar, wenn es dann vom Verlag fließt. Presseagenturen wie die Dörnersche Agentur in Hamburg ziehen 25 % vom Honorar für die Vermittlung von Storys an Printmedien ab.

Zu große Erwartungen an Agenturen sollten Autoren auch dann nicht haben, wenn eine Literaturagentur bereit ist, ihr komplettes Manuskript zu prüfen und velleicht sogar ein Vermittlungsvertrag zustande gekommen ist: Von einer Literaturagentur akzeptiert zu werden, ist nur ein erster Schritt und noch keine Garantie für einen Verlagsvertrag.

Unsere Umfrage unter Literaturagenturen in Deutschland, Österreich und der Schweiz hat für Autoren und Autorinnen praktische und nützliche Informationen ergeben: Manche Agenturen arbeiten ausschließlich erfolgsorientiert, andere stellen ihre Leistungen unabhängig von der Vermittlung in Rechnung.

Ansonsten hat unsere Umfrage interessante Schwerpunkte von Manuskriptinteressen ergeben. Autoren sollten aufmerksam lesen, was Agenturen wünschen. Ganz eindeutig: Agenten hassen Stapel unverlangt eingesandter Manuskripte. Wenn schon viele am Autor auf Verlagssuche verdienen – die Bundespost kann auch ohne die Manuskriptsendungen überleben.

Buchtipp:
Joachim Jessen, Martin Meyer-Maluck,
Bastian Schlück, Thomas Schlück
Literaturagentur –
Erfolgreiche Zusammenarbeit Autor – Agent – Verlag
Mit aktuell recherchiertem Agenturverzeichnis, kommentiertem
Verlagsvertrag und einem Agenturvertragsmuster.

Skeptiker-Checkliste

Skepsis vor Vertragsabschluß ist bei manchen Angeboten angebracht. Hier einige Beispiele:

✓ Eine Literaturagentur will mit Ihnen eine Vereinbarung vor der
Beurteilung Ihres Werks abschließen.

✓ Sie sollen ein (teures) Gutachten oder Lektorat akzeptieren,
obwohl noch kein Verlagsvertrag vorliegt.

✓ Sie sollen eine Zahlung an eine Agentur vor der Vermittlung
Ihres Werks leisten.

✓ Bestimmte Autorenvereinigungen, Gesellschaften oder Agenturen mit wohlklingenden Namen empfehlen immer wieder
einen oder mehrere Verlage – die sich als Zuschussverlage ent-
puppen.

✓ Verlage suchen in Anzeigen händeringend nach Autoren (besonders von Lyrik und Belletristik), weil sie »neuen Autoren
eine Chance« geben möchten …

✓ Verlage, die das Verlagsprinzip umkehren, erwarten vom Autor eine finanzielle Beteiligung. Jedoch: Verlegen kommt von
Vorlegen.

✓ Sie erhalten ein teures Angebot zur Recherche Ihres Buchtitels: Im Internet kann man im VlB oder im Katalog der Deutschen Bibliothek selbst recherchieren. Das können Sie selbst:
www.Autorenhaus.de. Ohnehin ist dies Sache des Verlags –
der vielleicht einen ganz anderen Titel für Ihr Werk wählen
möchte.

✓ Dubiose Angebote, Ihren Buchtitel gegen Zahlung eines höheren Betrags schützen zu lassen: Eine Anzeige im Börsenblatt
für den Deutschen Buchhandel kostet wenig und ist Sache Ihres Verlags.

✓ Ein Eintrag oder eine Dokumentation soll Ihre Rechte am
Werk gegen Plagiat sichern: Schicken Sie Ihr Manuskript einem Freund (lesbarer Poststempel!), bevor Sie es anbieten. Er

vermerkt das Eingangsdatum und steht notfalls als Zeuge bereit.

✓ Für die Beteiligung an einem Literaturwettbewerb wird eine Teilnahmegebühr verlangt.

✓ Für die Veröffentlichung in einer Anthologie wird eine Kostenbeteiligung pro Seite erwartet.

✓ Nach Veröffentlichung Ihres Wettbewerbbeitrags wird der Kauf des (meist »wertvoll ausgestatteten«) Werks erwartet.

✓ Sie erhalten ein Angebot, sich gegen Berechnung (mit und ohne Fotos) in ein Autoren-Verzeichnis eintragen zu lassen.

✓ Sie sollen einen Zuschuss zur Veröffentlichung Ihres Werkes leisten, der als Darlehen verrechnet werden soll.

✓ Der so genannte »Book on Demand-Verlag« entpuppt sich als – Zuschussverlag.

✓ Man erwartet, dass Sie Ihr Werk auszugsweise gegen saftige Gebühren auf einer Internetseite veröffentlichen – die angeblich von Verlagslektoren auf geeignete Manuskripte hin angesehen wird.

Trifft einer dieser Punkte auf ein Angebot zu, prüfen Sie kritisch die Versprechungen und Leistungen – und vor allem Ihr Bankkonto!

Zu den Agentur-Adressen auf den folgenden Seiten:

Dies ist eine Auswahl von Literaturagenturen – ohne Anspruch auf Vollständigkeit.

ABC Medienagentur
Sylvia & Niklas Schaab GbR
Bäckergasse 10 a
86150 Augsburg
Tel. 0821 – 22 93 97 96
Fax 0821 – 22 93 97 97
info@abc-medienagentur.de
www.abc-medienagentur.de
Leitung: Sylvia & Niklas Schaab
Kurzcharakteristik: Gj. 2002, ca.
80 Autoren, Vermittlung von
Autoren, Ghostwritern und Part-
workern; Komplettproduktio-
nen inkl. Grafik und Herstellung
(ohne Druck); Partwork, Schwer-
punkte: Sachbuch und Ratgeber
(keine Belletristik, keine Kinder-
bücher, keine Prosa, keine SF)
Honorar: Erfolgsprovision 20 %
bei Abschluss Buchvertrag
Vorauszahlung, andere Kosten:
keine
Manuskriptinteresse: Gesundheit,
Ernährung, Fitness, Partnerschaft,
Psychologie, Erziehung, Esoterik,
Hobby, Beruf, Wirtschaft, Geld,
Recht und Verbraucher
Manuskriptangebote: nach vor-
heriger telefonischer Anfrage, als
Exposé
Medium: E-Mail
Manuskriptrücksendung: ja, bei
Rückporto

Ariadne Buch
Christine Proske
Sachbuchagentur
Asamstr. 4
81541 München
Tel. 089 – 44 44 90 – 0
Fax 089 – 44 44 90 – 50
info@ariadne-buch.de
www.ariadne-buch.de
Leitung: Christine Proske
Kurzcharakteristik: Gj. 1991 und
hat seither ein umfassendes
Netzwerk aus Autoren, Verla-
gen und Unternehmen geknüpft,
Ariadne-Buch ist Partner für
Verlage und Unternehmen, die
Agentur konzipiert und reali-
siert auflagenstarke Sachbücher,
Sammelwerke und Newsletter,
Content für digitale Medien und
Bücher als Marketinginstrumente.
Honorar: 15 % wenn die Idee
vom Autor kommt, 20 % wenn
die Idee in der Agentur entstan-
den ist (zu 80 % der Fall)
Vorauszahlung, andere Kosten:
keine
Manuskriptinteresse: Sachbuch
Manuskriptangebote: als Exposé
mit Textprobe von 5-10 Seiten
Medium: Papierausdruck, E-Mail
Manuskriptrücksendung: ja, bei
Rückporto

Aulo Literaturagentur
Dr. Matthias Auer
Parkstr. 3
78351 Bodman-Ludwigshafen
Tel. 07773 – 93 79 52
Fax 07773 – 93 79 53
aulo.box@t-online.de
Leitung: Dr. Matthias Auer
Kurzcharakteristik: Schwer-
punkte: (deutschsprachige) Belle-

tristik und Sachbuch, literarische Betreuung, Vermittlung
Honorar: 15 % Erfolgshonorar
Vorauszahlung, andere Kosten: keine
Manuskriptinteresse: Belletristik und (populäres) Sachbuch
Manuskriptangebote: aussagefähige Textprobe mit Exposé
Medium: Papierausdruck
Manuskriptrücksendung: ja, bei Rückporto

Literatur-Agentur Tübingen
Rose Bienia
Alberstr. 5
72074 Tübingen
Tel. 07071 – 9698771/2
rosebienia@t-online.de
www.literatur-agentur-tuebingen.de
Leitung: Rose Bienia
Kurzcharakteristik: Gj. 2003, 10-15 Autoren, Vermittlung an Verlage und versierte Förderung von talentierten AutorInnen
Honorar: 15 %
Vorauszahlung, andere Kosten:
Manuskriptinteresse: jederzeit: Sachbuch. Belletristik: Krimi, Unterhaltungsliteratur, historischer Roman, moderne Literatur, Reiseliteratur, Jugendbuch, Lyrik; im Aufbau: Drehbuch
Manuskriptangebote: als Exposé mit Textprobe von 20 Seiten
Medium: Papierausdruck, E-Mail
Manuskriptrücksendung: ja, bei Rückporto

copywrite
Literaturagentur
Woogstr. 43
60431 Frankfurt am Main
Tel. 069 – 94 41 01 53
Fax 069 – 94 41 01 69
post@copywrite.de
www.copywrite.de
Leitung: Georg Simader
Ansprechpartner: G. Simader
Kurzcharakteristik: Gj. 1999, ca. 30 Autoren, Schwerpunkte: Belletristik, Kriminalliteratur, Sachbuch allgemein
Honorar: 15 % Erfolgshonorar
Vorauszahlung, andere Kosten: keine
Manuskriptinteresse: Neue deutsche Literatur, Kriminalromane, keine Kurzgeschichten, keine Lyrik
Manuskriptangebote: nach vorheriger telefonischer Anfrage
Manuskriptrücksendung: nein

Eggers & Landwehr
Literaturagentur
Petra Eggers
Friedrichstr. 133
10117 Berlin;
Matthias Landwehr
Neue Schönhauser Str. 13
10178 Berlin
Tel. 030 – 31 01 03 – 0
Fax 030 – 31 01 03 -10
info@eggers-landwehr.de
www.eggers-landwehr.de
Manuskriptrücksendung: nein

Paul & Peter Fritz AG
Literarische Agentur
Jupiterstr. 1
CH-8032 Zürich
Schweiz
Tel. +41 (0)44 – 388 41 40
Fax +41 (0)44 – 388 41 30
info@fritzagency.com
www.fritzagency.com
Ansprechpartner: Peter S. Fritz,
Christian Dittus, Antonia Fritz
Kurzcharakteristik: Gj. 1962
Honorar: 15 % Erfolgshonorar
Vorauszahlung, andere Kosten:
keine
Manuskriptinteresse: Belletris-
tik, Sachbuch. (Keine Gedichte,
Science Fiction, Fantasy, Horror,
Fachbücher)
Manuskriptangebote: als Exposé
mit Textprobe von 30 Seiten, evtl.
Manuskript
Medium: Papierausdruck, E-Mail
(Documents@fritzagency.com)
Manuskriptrücksendung: ja, bei
Rückporto (int. Antwortscheine)

Literarische Agentur
Michael Gaeb
Stargarder Str. 8
10437 Berlin
Tel. 030 – 54 71 40 02
Fax 030 – 54 71 40 05
info@litagentur.com
www.litagentur.com
Leitung: Michael Gaeb-Calderón
Kurzcharakteristik: Gj. 2003, 20
Autoren, deutsche, französische,
italienische und lateinamerikani-

sche Belletristik. Internationale
Autoren- und Verlagsvertretung,
populärwissenschaftliches Sach-
buch
Honorar: 15 % Erfolgshonorar
Vorauszahlung, andere Kosten:
keine
Manuskriptinteresse: Belletris-
tik, Sachbücher, Biografien, Life-
style, populäres Sachbuch, Frau-
enunterhaltung, historischer
Roman, Jugendbuch
Manuskriptangebote: als Exposé
mit Textprobe bis zu 20 Seiten
und Kurzvita
Medium: Papierausdruck
Manuskriptrücksendung: ja, bei
Rückporto

Literaturagentur
Kai Gathemann
Lorenzonistraße 74
81545 München
Tel. 089 – 76 77 37 52
Fax 089 – 72 01 81 24
info@literaturagentur-gathe-
mann.de
www.literaturagentur-gathemann.
de
Leitung: Kai Gathemann
Kurzcharakteristik: Gj. 2005,
Schwerpunkte: Belletristik, Sach-
buch, Ratgeber, Jugendbuch
(siehe Website)
Honorar: 20 % Erfolgshonorar
Vorauszahlung, andere Kosten:
keine
Manuskriptangebote: als Exposé
mit Textprobe von max. 30 Seiten

Medium: Papierausdruck
Manuskriptrücksendung: ja, bei
Rückporto

Aenne Glienke
Agentur für Autoren und Verlage
Freyensteiner Str. 1
17209 Massow
Tel. 039925 – 775 38
Fax 039925 – 775 39
mail@AenneGlienkeAgentur.de
www.AenneGlienkeAgentur.de
Leitung: Aenne Glienke
Kurzcharakteristik: Agentur für
deutschsprachige Sachbuchautoren und Biografen; gegründet
2002
Honorar: 15 %
Vorauszahlung, andere Kosten:
keine
Manuskriptinteresse: speziell:
Erzählendes Sachbuch für
Jugendliche
Manuskriptangebote: als Exposé
mit Textprobe von max. 20 Seiten
Medium: Papierausdruck
Manuskriptrücksendung: ja, bei
Rückporto

Graf & Graf
Literaturagentur- und Medienagentur GmbH
Mommsenstr. 11
10629 Berlin
Tel. 030 – 315 19 10
Fax 030 – 31 51 91 19
graf@agenturgraf.de
Leitung: Karin Graf

Ansprechpartner: Karin Graf,
Heinke Hager
Kurzcharakteristik: Gj. 1995, vertritt ca. 100 Autoren, Schwerpunkt: deutschsprachige Literatur
Honorar: 15 % nach Vertragsabschluss
Vorauszahlung, andere Kosten:
keine
Manuskriptinteresse: Belletristik,
Sachbuch, keine SF, keine Fantasy
Manuskriptangebote: nur auf
Empfehlung
Medium: Papierausdruck, E-Mail
Manuskriptrücksendung: nein

Agentur Literatur
Gudrun Hebel
Paul-Lincke-Ufer 7
10999 Berlin
Tel. 030 – 34 70 77 67
Fax 030 – 34 70 77 68
info@agentur-literatur.de
www.agentur-literatur.de
Leitung: Gudrun Hebel
Ansprechpartner: Susan Bindermann (susan.bindermann@agentur-literatur.de, 030 – 34707769)
Kurzcharakteristik: Gj. 1997,
Schwerpunkte: deutsche Belletristik und
Vermittlung von/nach Skandinavien und Griechenland
Honorar: 15 % in Deutschland
Vorauszahlung, andere Kosten:
keine
Manuskriptinteresse: Historische
Romane, Belletristik, Krimi

Manuskriptangebote: nach vorheriger telefonischer Anfrage, als Exposé mit Textprobe von 20 Seiten
Medium: Papierausdruck
Manuskriptrücksendung: ja, bei Rückporto

Herbach & Haase
Literarische Agentur
Xantener Str. 2
10707 Berlin
Tel. 030 – 88 00 16 07
Fax 030 – 88 00 16 09
herbach.haase.lit.ag@t-online.de
www.herbach-haase.de
Leitung: Axel Haase
Kurzcharakteristik: Gj. 1997
Honorar: 15 % Provision
Vorauszahlung, andere Kosten: keine
Manuskriptinteresse: Belletristik, Sachbuch, Kinder- und Jugendbuch, Drehbuch, Film, Fernsehen, Hörspiel, Theaterstücke
Manuskriptangebote: nach vorheriger telefonischer Anfrage, als Exposé mit Textprobe von 25 Seiten und Kurzlebenslauf des Autors/der Autorin
Medium: Papierausdruck
Manuskriptrücksendung: ja, bei Rückporto

Karin Hertzer
Sachbuchagentur
Literaturagentur
Ysenburgstr. 6
80634 München

Tel. 089 – 50 02 – 84 45
Fax 089 – 50 02 – 84 46
info@karinhertzer.de
www.karinhertzer.de
Leitung: Karin Hertzer
Kurzcharakteristik: Gj. 2003, Sachbücher und Ratgber, vor allem in den Bereichen Gesundheit, Medizin, Psychosomatik, Lebenshilfe, Partnerschaft, Wellness, Job & Karriere
Honorar: 15 % Provision
Vorauszahlung, andere Kosten: für Erstberatung nach Absprache, unter bestimmten Voraussetzungen Rückerstattung, wenn durch die Agentur ein Verlagsvertrag zustande gekommen ist.
Manuskriptangebote: nach vorheriger telefonischer Absprache
Medium: per E-Mail
Manuskriptrücksendung: nein, da per E-Mail

Dr. Frauke Jung-Lindemann
Agentur für Autorenrechte
Niebuhrstr. 74
10629 Berlin
Tel. 030 – 88 70 28 88
Fax 030 – 88 70 28 89
jung-lindemann@berlinagency.de
www.berlinagency.de
Leitung: Dr. Frauke Jung-Lindemann
Kurzcharakteristik: Gj. 1998, ca. 80 Autoren, Belletristik und Sachbuch, Autorenberatung und -vertretung, Vertretung ausländischer Verlage und Agenturen über THE

BERLIN AGENCY in Kooperation
mit Dr. Harry Olechnowitz
Honorar: 15 % vom Gesamtho-
norar
Vorauszahlung, andere Kosten:
keine
Manuskriptinteresse: Belletristik,
Sachbuch
Manuskriptangebote: nach
vorheriger telefonischer Anfrage,
als Exposé mit Textprobe von
20 Seiten
Medium: Papierausdruck
Manuskriptrücksendung: ja, bei
Rückporto

Keil & Keil
Literatur-Agentur
Schulterblatt 58
20357 Hamburg
Tel. 040 – 27 16 68 – 92
Fax 040 – 27 16 68 – 96
anfragen@keil-keil.com
www.keil-keil.com
Leitung: Bettina Keil und Anja
Keil
Kurzcharakteristik: Gj. 1995, Ver-
tretung von deutschen Autoren;
Vertretung von australischen Ver-
lagen und Autoren
Honorar: 15 % für Deutschland,
Österreich, Schweiz, 20 % Aus-
land
Vorauszahlung, andere Kosten:
keine
Manuskriptinteresse: Romane
und Sachbücher, keine Fantasy,
Sci-Fi, Kinderbücher, Lyrik
Manuskriptangebote: Exposé mit

Textprobe von 10 Seiten, Kurzvita
Medium: E-Mail
Manuskriptrücksendung: nein,
auch nicht, wenn Rückporto bei-
gefügt wurde. Rücksendung auf
Agenturkosten, wenn wir die
Zusendung erbeten haben.

Ingrid Anna Kleihues
Literaturagentur
Weinbergweg 62A
70569 Stuttgart
Tel. 0711 – 678 88 – 00
Fax 0711 – 678 88 – 01
info@agentur-kleihues.de
Leitung: Ingrid Anna Kleihues
Kurzcharakteristik: Gj. 1990, bis
Ende 1996 für den Bereich Lizen-
zen verantwortlich in der Deut-
schen Verlagsanstalt Stuttgart,
Schwerpunkte der eigenen Agen-
tur: deutsche Autorinnen und
Autoren, Zusammenarbeit mit
englischen und skandinavischen
Autoren und Verlagen
Honorar: 15 % Provision
Vorauszahlung, andere Kosten:
keine
Manuskriptinteresse: Sachbuch
(Gesundheit, Familie, Psycho-
logie)
Manuskriptangebote: nach
vorheriger telefonischer Anfrage
Medium: Papierausdruck
Manuskriptrücksendung: ja, bei
Rückporto

Presseagentur Lionel v. dem Knesebeck GmbH Literaturagentur
Widenmayerstraße 25
80538 München
Tel. 089 – 21 63 37 – 0
Fax 089 – 21 63 37 – 37
lionel.knesebeck@
presseagenturknesebeck.de
Leitung: Lionel v. dem Knesebeck
Kurzcharakteristik: Gj. 1984
Honorar: 15 % Provision
Vorauszahlung, andere Kosten:
keine
Manuskriptinteresse: Biografien,
TV-Begleitbücher
Manuskriptangebote: nach vorheriger telefonischer Anfrage
Medium: Papierausdruck
Manuskriptrücksendung: ja, bei
Rückporto

Barbara Küper
Literarische Agentur + Medienservice
Alter Wartweg 3
60388 Frankfurt
Tel. 06109 – 24 87 30
litag@barbara-kueper.de
www.barbara-kueper.de
Leitung: Barbara Küper
Kurzcharakteristik: Gj. 2001, Kinder- und Jugendliteratur, Bilderbuch, z. T. Kindersachbuch.
Vertretung von ca. 60 IllustratorInnen und AutorInnen (Verlagsvermittlung, Betreuung, Beratung)
Honorar: 15 %, ausschließlich

erfolgsabhängig; Sonderleistungen nach Vereinbarung
Vorauszahlung, andere Kosten:
keine
Manuskriptinteresse: literarisch anspruchsvolle Kinder- und Jugendromane
Manuskriptangebote: nur nach vorheriger E-Mail-Anfrage, Exposé mit Textprobe von 10 – 15 Seiten
Medium: in der Regel Papierausdruck
Manuskriptrücksendung: ja, mit frankiertem Rückumschlag

Liepman AG
Literarische Agentur
Englischviertelstr. 59
CH-8032 Zürich
Schweiz
Tel. +41 (0)432 68 23 80
Fax +41 (0)432 68 23 81
info@liepmanagency.com
www.liepmanagency.com
Leitung: Eva Koralnik,
Ruth Weibel
Kurzcharakteristik: keine Schwerpunkte
Honorar: 15 %
Vorauszahlung, andere Kosten:
keine
Manuskriptinteresse: nehmen nur ganz selten neue Vertretungen an
Manuskriptangebote: nach vorheriger telefonischer Anfrage
Medium: Papierausdruck
Manuskriptrücksendung: nein

Michael Meller Literary Agency
c/o Network
Sandstr. 33
80335 München
Tel. 089 – 36 63 71
Fax 089 – 36 63 72
info@melleragency.com
www.melleragency.com
Leitung: Michael Meller
Ansprechpartner: Cristina Bernardi (c.bernardi@melleragency.com), Franka Zastrow (f.zastrow@melleragency.com), Regina Wegmann (r.wegmann@melleragency.com)
Kurzcharakteristik: Die Literaturagentur wurde 1988 von Michael Meller gegründet und vertritt Belletristik-, Sachbuch- sowie Kinderbuchautoren weltweit. Als Subagentur repräsentiert sie Übersetzungsrechte für Verlage und Agenturen hauptsächlich aus dem englischsprachigen Raum.
Honorar: 15 % Provision
Vorauszahlung, andere Kosten: keine
Manuskriptinteresse: Romane, Sachbücher, Kinder- und Jugendbücher
Manuskriptangebote: als Exposé mit Textprobe der ersten 50 Seiten
Medium: Papierausdruck
Manuskriptrücksendung: nein

Buchplanung Dirk. R. Meynecke
Ginsterhaus
29459 Clenze
Tel. 05844 – 15 11
Fax 05844 – 18 98
buchplanung@freenet.de
www.buchplanung.de
Leitung: In Zusammenarbeit mit Agentur Dörner, Reinbek
Ansprechpartner: Dirk. R. Meynecke
Kurzcharakteristik: Gj. 1979
Honorar: Erfolgshonorar nach Vereinbarung
Vorauszahlung, andere Kosten: keine
Manuskriptinteresse: Unterhaltungsliteratur (z. B. Krimis, Frauenromane, Historische Romane), Sachbücher, Ratgeber
Manuskriptangebote: als Exposé (nur per E-Mail)
Medium: E-Mail
Manuskriptrücksendung: nein

Mohrbooks Berlin Literaturagentur
Hähnelstr. 19
12159 Berlin
Tel. 030 – 28 87 94 74
Fax 030 – 28 87 94 75
mohrberlin@mohrbooks.com
www.mohrbooks.com
Leitung: Dr. Uwe Heldt
Kurzcharakteristik: Gj. 1999, Vertretung von ca. 100 deutschen Autoren, Vermittlung deutscher Autorenrechte, Hauptsitz: Zürich

Honorar: 15 % Erfolgskommission
Vorauszahlung, andere Kosten: keine
Manuskriptinteresse: Belletristik und Sachbuch
Manuskriptangebote: nach voriger telefonischer Anfrage, als Exposé, mit Textprobe von 20 Seiten
Medium: Papierausdruck, E-Mail
Manuskriptrücksendung: ja, bei Rückporto

Montasser Media
Döbereinerstr. 19
81247 München
Tel. 089 – 89 12 98 – 00
Fax 089 – 89 12 98 – 80
www.montassermedia.de
Leitung: Mariam und Thomas Montasser
Kurzcharakteristik: Gj. 1989, ca. 200 Autoren, Sachbuch, Belletristik, Biografien/ Memoiren bekannter Persönlichkeiten, TV-Begleitbücher
Vorauszahlung, andere Kosten: keine
Manuskriptinteresse: Sachbuch, Belletristik, Biografien/ Memoiren bekannter Persönlichkeiten, TV-Begleitbücher
Manuskriptangebote: als Exposé oder als Manuskript mit Exposé
Medium: Papierausdruck
Manuskriptrücksendung: ja, bei Rückporto

Autoren- & Verlagsagentur Dr. Harry Olechnowitz
Niebuhrstr. 74
10629 Berlin
Tel. 030 – 39 90 64 18
Fax 030 – 39 90 64 19
olechnowitz@agentur-olechnowitz.de
www.agentur-olechnowitz.de
Leitung: Dr. Harry Olechnowitz
Kurzcharakteristik: Gj. 1999, Autorenvertretung, Autorenberatung, Autoren PR, Repräsentation ausländischer Verlage; Schwerpunkte: Belletristik und Sachbuch
Honorar: 15 % Erfolgsprovision
Vorauszahlung, andere Kosten: keine
Manuskriptinteresse: Belletristik, Sachbuch
Manuskriptangebote: nach voriger telefonischer Anfrage, als Exposé
Medium: Papierausdruck
Manuskriptrücksendung: ja, bei Rückporto

Piper & Poppenhusen Literarische Agentur in Verbindung mit Paul & Peter Fritz AG
Lindenthaler Allee 6
14163 Berlin
Tel. 030 – 28 38 43 43
Fax 030 – 28 38 43 45
epiper@piper-poppenhusen.de
www.piper-poppenhusen.de
Leitung: Dr. Astrid Poppenhusen,

Dr. Ernst Piper
Kurzcharakteristik: Gj. 2003
Honorar: 15 % Erfolgsprovision
bei Vermittlung an deutschsprachige Verlage
Vorauszahlung, andere Kosten:
keine
Manuskriptangebote: nach vorheriger Anfrage per E-Mail und auf
ausdrückliche Anforderung durch
die Agentur
Medium: Papierausdruck
Manuskriptrücksendung: nein

Ursula Richard
Literaturmanufaktur
Arndtstr. 34
10965 Berlin
Tel. 030 – 60 03 11 20
Fax 030 – 60 03 11 22
info@literaturmanufaktur.de
www.literaturmanufaktur.de
Leitung: Usula Richard
Kurzcharakteristik: Schwer-
punkte: Spiritualität und Lebens-
kunst;
gegründet 2007
Manuskriptangebote: nach vorhe-
riger telefonischer Anfrage
Medium: Papierausdruck
Manuskriptrücksendung: ja, bei
Rückporto

Gerd F. Rumler
Autoren- und Projektagentur
Jutastr. 13
80636 München
Tel. 089 – 13 92 89 55
rumler@agentur-rumler.de

Leitung: Gerd F. Rumler
Kurzcharakteristik: Gj. 2004,
ca. 50 Autoren und Illustrato-
ren. Schwerpunkt Kinder- und
Jugendliteratur (ca. 60 %), Belle-
tristik und Sachbuch für Erwach-
sene
Honorar: 15 % Erfolgshonorar
Vorauszahlung, andere Kosten:
keine
Manuskriptinteresse: Vor allem
belletristische Texte, gern auch
Humor, Satire, Unterhaltung,
Krimi, Thriller,
Fantasy. Historische Themen und
Romane.
Manuskriptangebote: nach vorhe-
riger telefonischer Anfrage, dann
als Exposé mit Textprobe von 50
Seiten
Medium: Papierausdruck, E-Mail
Manuskriptrücksendung: ja, bei
Rückporto

Thomas Schlück GmbH
Literaturagentur
Hinter der Worth 12
30827 Garbsen
Tel. 05131 – 49 75 60
Fax 05131 – 49 75 89
t.schlueck@schlueckagent.com/j.
jessen@schlueckagent.com/b.
schlueck@schlueckagent.com/t.
heitmann@schlueckagent.com
www.schlueckagent.com
Leitung: Thomas Schlück,
Joachim Jessen, Bastian Schlück
Ansprechpartner: Thomas
Schlück, Joachim Jessen, Bastian

Schlück, Tanja Heitmann
(Jugendbuch)
Kurzcharakteristik: Gj. 1973,
Schwerpunkt: Romane, Sach-
bücher, Jugendbücher
Honorar: 15 % Erfolgshonorar
Vorauszahlung, andere Kosten:
keine
Manuskriptinteresse: Romane,
Sachbücher, Jugendbücher
Manuskriptangebote: nach vorhe-
riger telefonischer Anfrage, dann
als Exposé mit Textprobe von 30
Seiten
Medium: Papierausdruck
Manuskriptrücksendung: ja, bei
Rückporto

Literaturagentur
Dagmar Schruf
Werrastr. 26
53332 Bornheim
Tel. 02222 – 92 27 98
Fax 02222 – 92 27 98
litag@schruf.de
www.schruf.de
Leitung: Dagmar Schruf
Kurzcharakteristik: Gj. 1997,
Schwerpunkte: Vertretung von
Autoren aus Südosteuropa
Honorar: 15 % Provison
Vorauszahlung, andere Kosten:
keine
Manuskriptinteresse: Belletristik
Manuskriptangebote: nur nach
vorheriger telefonischer Anfrage,
als Exposé mit Textprobe von 15
Seiten
Medium: E-Mail

Manuskriptrücksendung: nein

Scipta Literatur-Studio
Literaturagentur
Maximilian-Wetzger-Str. 5
80636 München
Tel. 089 – 129 50 05
Fax 089 – 129 50 08
info@scripta-literaturstudio.de
www.scripta-literaturstudio.de
Leitung: Klaus Sollinger, Monika
Hofka, Dr. Lutz Steinhoff
Kurzcharakteristik: Gl. 1991,
30 Autoren; alle erzählerischen
Genres
Honorar: 15 % Erfolgsprovision
Vorauszahlung, andere Kosten:
keine
Manuskriptangebote: als Exposé,
Textprobe von 30 Seiten
Medium: Papierausdruck
Manuskriptrücksendung: ja, bei
Rückporto

Swantje Steinbrink, M. A.
Literaturagentur + Textredaktion
Neuenburger Straße 17
10969 Berlin
Tel. 030 – 28 03 96 56
Fax 030 – 28 03 96 57
info@swantje-steinbrink.de
www.swantje-steinbrink.de,
www.autorenmanagement.de
Leitung: Swantje Steinbrink
Kurzcharakteristik: Gj. 2004;
Beratung und Vertretung von
Autorinnen und Autoren, indi-
viduelles Autorenmanagement,
Entwicklung und Vermittlung

von Buchprojekten, Exposé- und Manuskriptredaktion
Honorar: 20 % vom Autoren-honorar; Lektorats- und Managementleistungen werden individuell vereinbart
Vorauszahlung, andere Kosten: keine
Manuskriptinteresse: Populäres Sachbuch und Ratgeber (Lebens-hilfe, Geschichte, Zeitgeschichte, Politik, Gesellschaft, Gesundheit, Body & Soul, Lifestyle, Biogra-fien)
Manuskriptangebote: nach vorhe-riger telefonischer Absprache
Manuskriptrücksendung: ja, bei Rückporto

Anke Vogel
Literaturagentur
Postfach 1108
85568 Markt Schwaben
Tel. 08121 – 223 88 18
Fax 08121 – 223 88 19
info@ankevogel.com
www.ankevogel.com
Leitung: Dr. Anke Vogel
Kurzcharakteristik: Seit 1997 ver-tritt Dr. Anke Vogel Autoren aus den
Bereichen Belletristik, Sachbuch sowie Kinder- und Jugendbuch
Honorar: 15 % Provision
Vorauszahlung, andere Kosten: keine
Manuskriptinteresse: Belletris-tik, Sachbuch sowie Kinder- und Jugendbuch

Manuskriptangebote: als Exposé mit Textprobe von 50 Seiten
Medium: E-Mail
Manuskriptrücksendung: nein

Literarische Agentur
Silke Weniger
Bahnhofstr. 77
82166 Gräfelfing
Tel. 089 – 26 01 39 – 26
Fax 089 – 26 01 89 – 30
weniger@litag.de
www.litag.de
Leitung: Silke Weniger
Ansprechpartner: Gerlinde Moorkamp für Belletristik: moorkamp@litag.de, Alexandra Legath für Jugendbuch: legath@litag.de
Kurzcharakteristik: Gj. 2000, Jugendliteratur, Belletristik
Honorar: 15 % Erfolgsprovision
Vorauszahlung, andere Kosten: keine
Manuskriptangebote: nach vorhe-riger telefonischer Anfrage, als Exposé mit Textprobe von 20 Seiten
Medium: Papierausdruck, E-Mail
Manuskriptrücksendung: ja, bei Rückporto

Schriftstellertreffen am Neckar

Die Herren schmächtig und vielfach einen nervösen Zug im Gesicht...
Auch Schriftstellerinnen, denen man es auf zwanzig Schritt ansieht;
halb pädagogischen, halb hysterischen Anstrichs. Wohlhäbige, feiste
Gestalten von Chefredakteuren großer Zeitungen, in deren ernstem
Lächeln ein Abglanz ihres Dreißigtausendmarkgehalts ruht. Andere
wohlbeleibte Männer mit glatten Köpfen, deren Lächeln noch heite-
rer ist: das sind Verleger.

Alfred Kerr, 1895

>> *Buchverlage*

> *Welcher Verlag?*

Sie haben sich entschieden, selbst einen Verlag für Ihr Manuskript zu suchen? Dann informieren Sie sich zuerst ausführlich über Verlagsprogramme. Sie vermeiden hohe Porto- und Fotokopierechnungen, wenn Sie Ihren Kriminalroman nicht einem Kinderbuchverlag anbieten – wenn es nicht tatsächlich ein Thriller für Kids ist. Versuchen Sie festzustellen, ob der Verlag Ihrer Wahl bereits ein Buch ähnlichen Inhalts (interessant bei Reise- oder Fachverlagen) publiziert hat – er wird kaum ein zweites herausbringen wollen, es sei denn es würde die Reihe ergänzen.

Gute Chancen haben Sie dagegen bei einem Verlag, der gerade eine Reihe aufbaut, in die Ihr Buch passen würde.

Recherchieren Sie im Verzeichnis lieferbarer Bücher (VlB) in Ihrer Buchhandlung oder im Internet unter »Titelrecherche« auf www.Autorenhaus.de.

Natürlich können Sie Ihr Manuskript mehreren Verlagen gleichzeitig anbieten. Dass Sie es nicht allen Verlagen, die in Frage kämen, zur selben Zeit senden, ist klar. Sie haben sicher eine Verlags-Präferenzliste erstellt beispielsweise die Top-Five Ihrer Wahl.

Kurioserweise gibt es einige Verlage, die immer noch Vergnügen daran finden, Autoren mit Absagebriefen zu quälen, in denen sie bedauern, ein Manuskript nicht prüfen zu können, da der Autor es mehreren Verlagen gleichzeitig angeboten habe. Vergessen Sie solche Dino-Verleger!

Stellen Sie sich vor, wie lange Autoren warten müssten, und

wie wenige Manuskripte Sie im Jahr versenden könnten, wenn ein Verlag nach dem anderen jeweils nur vier bis acht Wochen für seine Entscheidung braucht – und das ist nur eine durchschnittliche Wartezeit. Für ein Dutzend Absagen, oft sind es mehr, würden Sie bis zu zwei kostbare Jahre verlieren, um Ihren publikationswilligen Verlag zu finden.

Kein Lektor erwartet, dass er nur Exklusivangebote erhält: Wenn Sie aber einen Verlag ausgewählt haben, bei dem Sie besonders gern veröffentlichen würden, könnten Sie schreiben, dass Sie ihm Ihren Text exklusiv gesandt haben und um Antwort bis zu einem bestimmten Datum bitten.

Von einem ist unbedingt abzuraten: Versuchen Sie nicht, einen Verlag gegen den anderen auszuspielen. Erhalten Sie ein ernsthaftes Vertragsangebot, dann entscheiden Sie sich. Warten Sie nicht auf das bessere Angebot, das vielleicht nie kommt. Wie im Geschäftsleben sollten Sie auch hier offen und ehrlich handeln und gleiches vom Verlag erwarten.

Haben Sie einen Vertrag unterschrieben, Ihr Manuskript liegt aber noch anderen Verlagen vor, schreiben Sie ihnen umgehend ein paar Zeilen, dass Sie bereits abgeschlossen haben.

Sie finden in diesem Buch Verlage und ihre Programme aus dem Taschenbuchbereich. Hier haben Autoren oft gute Chancen einer ersten Veröffentlichung.

Früher waren Taschenbücher die Zweitverwerter von Hardcover-Rechten. Heute erscheinen viele Werke als Erst- und Originalausgabe in Taschenbuchverlagen. Die Anzahl der Verlage ist zwar klein, die Titelproduktion jedoch beachtlich: Manche veröffentlichen 30 bis 40 Taschenbücher – jeden Monat! Warum nicht auch Ihres?!

Das Billig-Image der Paperbacks hat sich gewandelt, die Reihen werden teilweise anspruchsvoller und aufwendiger produziert. Übrigens gehören Taschenbuchverlage meist als separater Verlag oder Imprint zu den großen Verlagshäusern.

Nick, aus: *Deutsches Jahrbuch für Autoren, Autorinnen*

> *Was Lektorate lieben*

Was Lektoren und Lektorinnen nicht lieben, ist unangemeldeter Besuch. Gemeint sind Autoren im Selbsterklärungsrausch, die sie von ihrer Arbeit abhalten, und denen sie möglichst gefasst und geduldig erklären müssen, dass der Verlag gerade diesen Stoff, diese Thematik nicht sucht und nicht verlegt.

Ebenso wenig lieben sie unangemeldeten Besuch in papierener Form: unverlangte Manuskripte. Über unprofessionell angebotene Manuskripte hört man Klagehymnen in den Lektoraten. Dabei wünschen sich viele Verlage gute Manuskripte – nur nicht nach dem Gießkannenprinzip. Verständlich, wenn sich einige, offenbar völlig entnervte Lektoren gelegentlich, in wenig freundlichen Worten, Manuskriptangebote verbitten.

Welch ein Aufwand auf beiden Seiten: Wenn nur 2000 Manuskripte jedes Jahr an etwa 20 deutschsprachige Verlage geschickt würden, wären fast 40.000 Manuskripte mit Begleitbrief in zwei Richtungen unterwegs: Liebevoll verschnürte Päckchen, die geöffnet, angelesen, und meist mit Serienbrief den Heimweg antreten. Zieht man die wenigen akzeptierten Manuskripte ab, wären es fast 80.000 Sendungen, die jedes Jahr im Land zirkulieren. Vielen Dank, freut sich die Post.

Nicht allein die Versandkosten durch Rücksendungen, viel mehr noch der Zeitaufwand im Verlagslektorat werden als Belastung empfunden. Verzweifelt empfehlen Lektoren den Autoren immer wieder, sich zuerst das Verlagsprogramm genau anzusehen oder in einer Buchhandlung die Reihe, in der sie sich ihr Werk vorstellen könnten.

Im *Deutschen Jahrbuch für Autoren & Autorinnen* sind Buchverlage in Deutschland, der Schweiz und Österreich mit Anschrift, Telefon, Fax, E-Mail, Ansprechpartner und charakteristischen Angaben zum Verlag und seinen Programmen gelistet. Über 6000 Begriffe wurden bei den Verlagsprogrammen genannt. Viele Verlage nennen ihre Manuskriptwünsche und äußern sich dazu, wie sie sich das ideale Angebot vorstellen. Diese Informationsquelle hilft beiden Seiten, Kosten und Zeit zu sparen und – den Frust durch unnötig viele Rücksendungen zu verringern.

Die meisten Lektorate bevorzugen eine kurze telefonische oder schriftliche Anfrage, ein Exposé, manche mit, andere ohne Textprobe. Als Medium wird meist der Papierausdruck gewünscht und, wenn Rückporto beiliegt, werden Unterlagen gerne zurückgesandt.

Sorgfältiges Lesen der zusätzlichen Angaben bei den Verlagsprogrammen macht die Entscheidung für Autoren leichter, wem und wie was angeboten werden kann.

Wer auch die Beiträge über Manuskriptgestaltung und Begleitbrief liest, kann auf jeden Fall seine Chancen verbessern. Natürlich müssen immer noch zuerst Idee und Text begeistern: Dann lassen sich Lektoren und Lektorinnen gern zum Lesen verführen.

Taschenbuchverlage und ihre Programme

Arena Verlag GmbH
Rottendorfer Str. 16
97074 Würzburg
Tel. 0931 – 796 44 – 0
Fax 0931 – 796 44 – 13
www.arena-verlag.de
Verlagsleitung: Albrecht Oldenbourg
Gründungsjahr: 1949
Lieferbare Titel: 2800
Novitäten: 500
Programm: Vom Kleinkind bis zum
Zwanzigjährigen: Kinderbücher,
Pappbilderbuch, Jugendbücher, Erst-
lesebücher, Sachbuch, Vorschul-,
Grundschulprogramm, Lernspiele,
Beschäftigung, Romane für junge
Erwachsene, Taschenbuch
Lektorat: Christiane Düring (Arena-
Kinder- und Jugendbuch, Arena
Taschenbuch), Isa-Maria Röhrig-Roth
(Arena Sachbuch, Edition Bücherbar)
Ms.-Interessen: Alle Genres der Kin-
der- und Jugendliteratur
Ms.-Angebote erwünscht: als Exposé
mit Textprobe
Medium: Papierausdruck
Ms.-Rücksendung: ja, bei Rückporto

Aufbau Verlag GmbH
Lindenstr. 20-25
10969 Berlin
Tel. 030 – 283 94 – 0
Fax 030 – 283 94 – 100
info@aufbau-verlag.de
www.aufbau-verlag.de
Gründungsjahr: 1945
Verlagsgruppe: Verlagsgruppe Aufbau
Programm: Biografien, Belletristik,
Historische Romane, Kriminalromane,
Erotik, Film, Fernsehen, Kulturge-
schichte, Kurzgeschichten, Literatur-

wissenschaft, Märchen, Politik, Zeit-
geschichte
Ms.-Angebote erwünscht: als Exposé
mit Textprobe von 5-10 Seiten
Medium: Papierausdruck
Ms.-Rücksendung: ja, bei Rückporto

Bastei Lübbe Taschenbücher
Schanzenstr. 6-20
51063 Köln
Tel. 0221 – 820 00
Fax 0221 – 820 00
bastei.luebbe@luebbe.de
www.luebbe.de
Verleger: Stefan Lübbe
Verlagsgruppe: Verlagsgruppe Lübbe
Programm: Belletristik jedweden
Genres: Thriller, Krimis, Historische
Romane, Historische Liebesromane,
Gesellschaftsromane, Frauenromane,
Erotik, Trendthemen, Fantasy, Sci-
ence Fiction; Sachbuch: Geschichte,
Zeitgeschichte, Biografien und Auto-
biografien
Ms.-Angebote erwünscht: als Exposé
mit Textprobe von 30 Seiten
Medium: Papierausdruck
Ms.-Rücksendung: nein

**Verlag C. H. Beck Literatur-Sach-
buch-Wissenschaft**
Wilhelmstr. 9
80801 München
Tel. 089 – 381 89 – 0
Fax 089 – 381 89 – 398, -402
info.lsw@beck.de
www.beck.de
Verleger: Dr. phil. h.c. Wolfgang Beck
Gründungsjahr: 1763
Lieferbare Titel: 5000
Novitäten: ca. 220

Programm: Sämtliche Gebiete der Kultur- und Humanwissenschaften, naturwissenschaftliches Sachbuch sowie deutsche und fremdsprachige Belletristik
Lektorat: Leiter des Lektorats Sachbuch: Dr. Detlef Felken, Programmleitung Literatur: Dr. Martin Hielscher
Ms.-Angebote erwünscht: als Exposé, als Manuskript
Medium: Papierausdruck
Ms.-Rücksendung: ja, auf Wunsch

Beltz Taschenbuch Verlag
Werderstr. 10
69469 Weinheim
Tel. 06201 – 60 07 – 0
Fax 06201 – 174 64
info@beltz.de
www.beltz.de
Verleger: Dr. Manfred Beltz Rübelmann
Verlagsleitung: Dr. Ralf-Peter Märtin
Programm: Psychologie, Ratgeber, Pädagogik
Lektorat: Dr. Claus Koch, Kinder- und Jugendbuch: Silvia Bartoll
Ms.-Angebote erwünscht: als Exposé, als Manuskript
Medium: Papierausdruck
Ms.-Rücksendung: Ratgeber, Sachbuch: ja, Kinder- und Jugendbuch: nein

BvT Berlin Verlag Taschenbuch
Greifswalder Str. 208
10406 Berlin
Tel. 030 – 44 38 45 – 0
Fax 030 – 44 38 45 – 95
l.bolliger@berlinverlag.de
www.berlinverlag.de
Verlegerin: Elisabeth Ruge
Verlagsgruppe: Verlagsgruppe Bloomsbury

Programm: Belletristik, Sachbuch
Lektorat: Laurenz Bolliger, Programmleiter, Anne-K. Heier
Ms.-Angebote erwünscht: als Exposé mit Textprobe
Medium: Papierausdruck
Ms.-Rücksendung: ja, bei Rückporto

Blanvalet Verlag
Neumarkter Str. 28
81673 München
Tel. 089 – 41 36 – 0
Fax 089 – 41 36 – 38 85
info@randomhouse.de
www.blanvalet-verlag.de
Verleger: Geschäftsführer:
Dr. Karl H. Blessing, Klaus Eck, Wolfgang Wiedermann
Verlagsleitung: Silvia Kuttny-Walser
Verlagsgruppe: Verlagsgruppe Random House
Programm: Belletristik, Fantasy, Romane, Heitere Bücher, Biografien, Geschenkbücher
Ms.-Angebote erwünscht: als Exposé mit 100 Seiten Textprobe
Medium: Papierausdruck, E-Mail
Ms.-Rücksendung: ja

btb Taschenbuch
Neumarkter Str. 28
81673 München
Tel. 089 – 41 36 – 0
Fax 089 – 41 36 – 333
info@randomhouse.de
www.btb-verlag.de
Verleger: Geschäftsführer: Klaus Eck, Joerg Pfuhl (CEO), Claudia Reitter
Verlagsleitung: Regina Kammerer
Verlagsgruppe: Verlagsgruppe Random House
Programm: Belletristik, Sachbuch, Klassiker

Lektorat: Susann Rehlein, Elvira Mittheis, Maren Kröger
Ms.-Angebote erwünscht: als Textprobe von 30 Seiten
Medium: Papierausdruck
Ms.-Rücksendung: nein

Carlsen Verlag GmbH
Völckersstr. 14 – 20
22765 Hamburg
Tel. 040 – 398 04 – 0
Fax 040 – 398 04 – 390
info@carlsen.de
www.carlsen.de
Verleger: Klaus Humann
Verlagsleitung: Joachim Kaufmann
Verlagsgruppe: Bonnier Media Deutschland GmbH
Programm: Comics, Jugendbücher, Kinderbücher, Mangas, Bilderbücher, Cartoon, Humor
Ms.-Angebote erwünscht: als Exposé mit Textprobe von 20 Seiten
Medium: Papierausdruck
Ms.-Rücksendung: nein

Diogenes Verlag AG
Sprecherstr. 8
CH-8032 Zürich
Schweiz
Tel. +41 (0)1 – 254 85 11
Fax +41 (0)1 – 252 84 07
info@diogenes.ch
www.diogenes.ch
Verleger: Daniel Keel, Rudolf C. Bettschart
Gründungsjahr: 1952
Lieferbare Titel: 1744
Novitäten: 46
Programm: Belletristik, Klassiker, Kunstbücher, Kinderbücher, Kriminalromane
Ms.-Interessen: Belletristik

Ms.-Angebote erwünscht: als Exposé mit Textprobe von ca. 30 Seiten
Medium: Papierausdruck
Ms.-Rücksendung: ja, bei Rückporto

Verlagsgruppe Droemer Knaur
Hilblestr. 54
80636 München
Tel. 089 – 92 71 – 0
Fax 089 – 92 71 – 168
lektorat@droemer-knaur.de
www.droemer-knaur.de
Verleger: Dr. Hans-Peter Übleis
Verlagsleitung: Beate Kuckertz, Margit Ketterle, Steffen Haselbach, Bernhard Meuser, Stephanie Spengler
Verlagsgruppe: Verlagsgruppe Droemer Knaur
Programm: Belletristik, Sachbücher, Ratgeber, Religion, Geschenkbuch
Ms.-Angebote erwünscht: nach vorheriger telefonischer Anfrage, als Exposé mit Textprobe von 30 Seiten
Medium: Papierausdruck
Ms.-Rücksendung: ja, bei Rückporto

dtv Deutscher Taschenbuch Verlag GmbH & Co. KG
Friedrichstr. 1a
80801 München
Tel. 089 – 38 16 70
Fax 089 – 34 64 28
verlag@dtv.de
www.dtv.de
Verleger: Wolfgang Balk
Gründungsjahr: 1960
Lieferbare Titel: 4000
Novitäten: 500
Programm: Architektur, Belletristik, Fantasy, Science Fiction, Historische Romane, Kriminalromane, Biologie, Chemie, Computer, Erziehung, Essen und Trinken, Geografie, Geowissenschaften, Geschichte, Gesund-

heit, Kulturgeschichte, Lebenshilfe,
Literaturwissenschaft,
Lektorat: Bianca Dombrowa (Fiction),
Dr. Andrea Wörle (Nonfiction)
Ms.-Angebote erwünscht: nach
vorheriger telefonischer Anfrage,
als Exposé
Medium: Papierausdruck
Ms.-Rücksendung: ja

**DuMont Literatur und
Kunst Verlag GmbH & Co. KG**
Neven DuMont Haus
Amsterdamer Str. 192
50735 Köln
Tel. 0221 – 224 – 0
Fax 0221 – 224 19 73
info@dumontliteraturundkunst.de
www.dumontliteraturundkunst.de
Verleger: Marcel Hartges
Programm: Romane, Erzählungen,
Krimis, Anthologien, Ausstellungska-
taloge, Künstlerbiografien, Kunsttheo-
rie, Aktuelle Kunst, Design, Sachbuch
Lektorat: Literatur: Jo Lendle; Sach-
buch: Tanja Rauch; Krimis, ausl. Lite-
ratur: Eva-Marie von Hippel; Kunst
(Ausstellungskataloge): Nicola von
Velsen; Kunst (Eigenproduktionen):
Uta Grosenick
Ms.-Angebote erwünscht:
als Manuskript
Medium: Papierausdruck
Ms.-Rücksendung: nein

Fischer Taschenbuch Verlag GmbH
Hedderichstr. 114
60569 Frankfurt am Main
Tel. 069 – 60 62 – 0
Fax 069 – 60 62 – 319
info@fischer-tb.de
www.fischer-tb.de
Verlegerin: Monika Schoeller

Verlagsleitung: Monika Schoeller,
Lothar Kleiner
Verlagsgruppe: S. Fischer-Verlage
Programm: Literatur, Unterhal-
tung, Kriminalromane, Biografien,
Kinder- und Jugendbücher, Klassiker,
Geschichte, Handbücher, Ratgeber,
Wissenschaft
Ms.-Angebote erwünscht: als Exposé,
als Manuskript
Medium: Papierausdruck
Ms.-Rücksendung: ja, bei Rückporto

Goldmann Verlag
Neumarkter Str. 28
81673 München
Tel. 089 – 41 36 – 0
Fax 089 – 41 36 – 333
www.randomhouse.de
Verleger: Geschäftsführer: Klaus Eck,
Joerg Pfuhl (CEO), Claudia Reitter
Verlagsgruppe: Verlagsgruppe
Random House
Lieferbare Titel: 250
Novitäten: 80
Programm: Goldmann Non-fiction:
Zeitgeschichte, Geschichte, Kultur-
geschichte, Politik, Allgemeines
Sachbuch: Gesellschaft, Psychologie,
Naturwissenschaft, Biografien. Ratge-
ber: Praktische Lebenshilfe, Psycholo-
gie, Recht, Beruf, Geld, Gesundheit
Ms.-Angebote erwünscht: als Exposé
Medium: Papierausdruck
Ms.-Rücksendung: ja, bei Rückporto

Grafit Verlag GmbH
Chemnitzer Str. 31
44139 Dortmund
Tel. 0231 – 721 46 50
Fax 0231 – 721 46 77
info@grafit.de
www.grafit.de
Verleger: Dr. Rutger Boß

Gründungsjahr: 1989
Lieferbare Titel: 250
Novitäten: 22
Programm: Belletristik,
Kriminalromane
Lektorat: Ulrike Rodi
Ms.-Interessen: Deutschsprachige
Kriminalromane, Historische
Kriminalromane
Ms.-Angebote erwünscht: als Exposé
mit Manuskript
Medium: Papierausdruck
Ms.-Rücksendung: ja

Verlag Herder GmbH
Hermann-Herder-Str. 4
79104 Freiburg
Tel. 0761 – 27 17 – 440
Fax 0761 – 27 17 – 520
kundenservice@herder.de
www.herder.de
Verleger: Manuel Herder
Verlagsleitung: Olaf Carstens,
Manuel Herder, Hans Dieter Vogt
Gründungsjahr: 1801
Programm: Religiöse Kinderbücher,
Lebenshilfe, Religion, Theologie, Päd-
agogik, Geschenkbuch, Spiritualität
(Keine Belletristik)
Ms.-Angebote erwünscht: als Exposé,
als Manuskript
Medium: Papierausdruck, E-Mail
Ms.-Rücksendung: ja, bei Rückporto

**KIWI-Paperback Reihe Verlag
Kiepenheuer & Witsch**
Rondorfer Str. 5
50968 Köln
Tel. 0221 – 37 68 50
Fax 0221 – 38 85 95
verlag@kiwi-koeln.de
www.kiwi-koeln.de
Verleger: Helge Malchow
Verlagsleitung: Peter Roik

Programm: Literatur, Unterhaltung,
Sachbücher
Ms.-Angebote erwünscht: als Exposé
mit Textprobe von 50 Seiten
Medium: Papierausdruck
Ms.-Rücksendung: nein

Serie Piper
Georgenstr. 4
80799 München
Tel. 089 – 38 18 01 – 0
Fax 089 – 33 87 04
info@piper.de
www.piper.de
Verleger: Marcel Hartges
Verlagsleitung: Hans Joachim
Hartmann (kaufm.Leitung)
Verlagsgruppe: Bonnier Media
Deutschland GmbH
Programm: Biografien, Belletristik,
Geschichte, Kriminalromane; Theo-
logie, Medizin, Musik, Philosophie,
Politik, Zeitgeschichte, Sachbuch
Lektorat: Julia Eisele
(Programmleitung), Michaela
Kenklies, Annika Krummacher
Ms.-Angebote erwünscht: als Exposé
Medium: Papierausdruck
Ms.-Rücksendung: ja

**Ravensburger Buchverlag
Otto Maier GmbH**
Robert-Bosch-Str. 1
88214 Ravensburg
Tel. 0751 – 86 – 0
Fax 0751 – 86 – 12 89
info@ravensburger.de
www.ravensburger.de
Verlagsleitung: Ulrike Meztger,
Johannes Hauenstein
Zum Verlag: Kinder- und Jugend-
bücher, Erstlesebücher, Romane,
Lexika, Sachbücher, Bilderbücher
Gründungsjahr: 1883

Verlagsgruppe: Ravensburger
Lieferbare Titel: 1500
Novitäten: 450
Programm: Kinderbücher, Jugend-
bücher
Lektorat: Programmleiterinnen:
Tatjana Grauf, Ulrike Metzger, Sandra
Schwarz, Sabine Zürn, Dr. Anuschka
Albertz
Ms.-Angebote erwünscht: als Exposé
Medium: Papierausdruck
Ms.-Rücksendung: ja, bei Rückporto

Philipp Reclam jun. Verlag GmbH
Siemensstr. 32
71254 Ditzingen
Tel. 07156 – 163 – 0
Fax 07156 – 163 – 197
reclam@reclam.de
www.reclam.de
Verlagsleitung: Dr. Frank R. Max,
Franz Schäfer
Gründungsjahr: 1828
Lieferbare Titel: 2500
Programm: Deutsche Literatur, Welt-
literatur, Philosophie, Geschichte,
Musik, Kunst, Kulturgeschichte, Lite-
raturgeschichte, Kommentare zu Wer-
ken der Weltliteratur, Arbeitstexte für
den Unterricht, Fremdsprachentexte
Lektorat: Dr. Hannes Fricke
Ms.-Angebote erwünscht: nach
vorheriger telefonischer Anfrage,
als Exposé
Medium: Papierausdruck, E-Mail
Ms.-Rücksendung: ja, bei Rückporto

Rowohlt Taschenbuch Verlag
Hamburger Str. 17
21465 Reinbek
Tel. 040 – 72 72 – 0
Fax 040 – 72 72 – 319
info@rowohlt.de
www.rowohlt.de
Verleger: Peter Kraus von Cleff,
Alexander Fest, Lutz Kettmann
Gründungsjahr: 1946
Verlagsgruppe: Rowohlt
Programm: Belletristik, Historische
Romane, Kriminalromane, Erotik,
Erziehung, Esoterik, Geschichte,
Gesundheit, Humor, Jugendbücher,
Kulturgeschichte, Lebenshilfe, Lyrik,
Musik, Philosophie, Politik, Psycho-
logie, Recht, Kinderbücher
Lektorat: Dr. Marcus Gärtner
(Taschenbuch Belletristik),
Barbara Laugwitz, Dr. Uwe Naumann
(Taschenbuch Sachbuch)
Ms.-Angebote erwünscht: als Exposé
mit Textprobe von 5 Seiten
Medium: Papierausdruck
Ms.-Rücksendung: ja

Scherz Verlag
Hedderichstr. 114
60596 Frankfurt am Main
Tel. 069 – 60 62 – 0
Fax 069 – 60 62 – 319
info@fischerverlage.de
www.fischerverlage.de
Verlegerin: Monika Schoeller
Verlagsleitung: Monika Schoeller, Dr.
Hubertus Schenkel, Frank Trümper
Programm: Spannung, Abenteuer,
Memoirs, Ratgeber
Lektorat: Dr. Cordelia Borchert
Ms.-Angebote erwünscht: nach
vorheriger telefonischer Anfrage
Medium: Papierausdruck
Ms.-Rücksendung: nein

Suhrkamp Verlag
Pappelallee 78-79
10437 Berlin
Tel. 030 – 74 07 44 – 0
Fax 030 – 74 07 44 – 199
lektorat@suhrkamp.de
www.suhrkamp.de
Verlegerin: Ulla Unseld-Berkéwicz
Verlagsleitung: Ulla Unseld-Berkéwicz
(Vorsitzende), Dr. Jonathan Land-
grebe, Dr. Thomas Sparr
Gründungsjahr: 1959
Verlagsgruppe: Suhrkamp-Verlags-
gruppe
Programm: Deutschsprachige und
Internationale Literatur, Wissenschaft
und Theorie, Biografien, Theater,
Essayistik, Taschenbuch
Ms.-Angebote erwünscht: als Manu-
skript
Medium: Papierausdruck
Ms.-Rücksendung: ja, bei Rückporto

Ullstein Buchverlage GmbH
Friedrichstr. 126
10117 Berlin
Tel. 030 – 234 56 – 300
Fax 030 – 234 56 – 303
www.ullstein.de
Verlegerin: Dr. Siv Bublitz
Verlagsleitung: Christian Schumacher-
Gebler
Verlagsgruppe: Bonnier Media
Deutschland GmbH
Programm: Gesundheit, Wellness,
Fitness, Populärmedizinische Sach-
bücher
Lektorat: Gudrun Jänisch
Ms.-Interessen: Wellness, Gesund-
heitsratgeber
Ms.-Angebote erwünscht: nach vor-
heriger telefonischer Anfrage, als
Exposé mit Textprobe von 30 Seiten
Medium: Papierausdruck
Ms.-Rücksendung: ja

Ein umfangreiches Verlagsverzeichnis über die Taschenbuchverlage hinaus wird im *Deutschen Jahrbuch für
Autoren & Autorinnen* mit Programm-
angaben und Manuskriptwünschen
veröffentlicht.

»Wir sind Kaufleute. Wir machen Geschäfte. Wenn sie gut gehen, freuen wir uns,
manchmal zusammen mit unseren Hauptlieferanten, den Autoren. In der Regel
aber sind für sie sogar die gutgehenden Geschäfte schlechte, weil sie noch besser
hätten sein können. Also freuen wir uns, wenn überhaupt, nur verhalten, gewissermaßen hinter vorgehaltener Hand. Den Wein bestellen wir dann in Viertel-
literportionen, auf Vorspeisen verzichten wir freiwillig, den Schnaps trinken wir
zu Hause in der Küche, wenn es der Autor nicht sieht. Kein Autor soll sagen, es
ginge uns zu gut, aber auch nicht behaupten, wir stünden kurz vor der Pleite.
Geht es uns wirklich schlecht, bestellen wir deshalb Menü drei.«
Verleger Michael Krüger

> *Warum ein Manuskript keinen Verlag findet*

*Es verblüfft mich immer wieder, wie viel Arbeit manche
Autoren einerseits in ihre Manuskripte stecken und andererseits bei der Suche nach einem geeigneten Verlag so
nachlässig sind.*

Heike Gronemeier

Lektoren namhafter Verlage beantworteten die Frage »Welches
Manuskript schlagen Sie gar nicht erst auf?« in einer Umfrage
des Branchenmagazins »Buchreport« vor allem mit dem Hinweis
auf mangelnde Kenntnis der Autoren vom Verlagsprogramm.
Aber das ist nicht der einzige Grund – lesen Sie weiter!

Manuskripte, die thematisch nichts mit unserem Programm zu
tun haben. Bücher über Zierfischhaltung und Bildbände über
Alaska machen wir nun einmal nicht. Auch keine Gedichte und
keine Hochliteratur. Die Anzahl der freien Programmplätze ist
sehr gering und da muss schon alles genau passen. Da reicht es
auch nicht, wenn mir etwas ganz gut gefällt. Ungelesen bleiben
auch 800-Seiten-Manuskripte ohne Exposé oder Inhaltsangabe,
bei denen es im Anschreiben lediglich heißt: »Viel Spaß bei der
Lektüre«; ebenso unverlangte Sendungen, bei denen schon das
Anschreiben von Fehlern strotzt. Schlimmer noch, wenn der Autor fix und fertige Umschlag- und sonstige Illustrationen (möglichst vierfarbig) dazuliefert. Keine Chance haben außerdem Ma-

nuskripte, bei denen selbst der Autor nicht in der Lage ist, der Handlung seines Romans im Exposé Herr zu werden, und ich erst recht nicht verstehe, worum es geht. (Tilo Eckhardt)

Ein unverlangt eingesandtes Manuskript, das thematisch nicht zum Verlagsprogramm passt und darüber hinaus nichts Besonderes verrät. (Helmut Feller)

Manuskripte, die schon vom Genre her nicht in unser Programm passen. Ein Science-Fiction- oder Fantasy-Manuskript etwa würde ich an den zuständigen Kollegen im Hause weiterleiten. Ein unprofessionelles Anschreiben (handschriftlich oder mit grammatikalischen oder orthografischen Fehlern) fördert die Bereitschaft, ein Manuskript anzuschauen, nicht unbedingt. Auch ein nach dem Gießkannenprinzip verschicktes Manuskript hat es sicherlich schwerer, tatsächlich gelesen zu werden. Lässt das Anschreiben erkennen, dass der Autor sich im Vorfeld Gedanken gemacht hat und mit dem Verlagsprofil vertraut ist, steigen die Chancen. *(Maren Kröger)*

Solche, über deren Inhalt mir bereits das Anschreiben verrät, dass der Autor hier einen persönlichen Rachefeldzug unter dem Deckmantel eines »objektiv-kritischen Sachbuchs« verstecken möchte. Ich rate diesen Autoren, sich an die Justiz oder die Presse zu wenden. *(Olaf Meier)*

Manuskripte, die eindeutig nicht in das Verlagsprogramm von Econ passen, wie etwa Romane oder Lyrik. Es verblüfft mich immer wieder, wie viel Arbeit manche Autoren einerseits in ihre Manuskripte stecken und andererseits bei der Suche nach einem geeigneten Verlag so nachlässig sind. *(Heike Gronemeier)*

Erfahrungsbericht:
Vom Manuskriptfrosch zum Buchprinz

Von Andrea Brown

A ller Anfang ist die Idee. *Mit meiner ging ich eine Weile schwanger, bis ich beschloss, sie diesmal wirklich aufzuschreiben, wie ich es mir unzählige Male geschworen hatte, wenn ich bei einem durch redaktionelle Zwänge räumlich und inhaltlich eingeengten Textentwurf um die Rettung einer jeden Zeile vor der alles vernichtenden Schere kämpfte. Ich hatte Lust, kontinuierlich an einem Text zu arbeiten, und mein Entschluss, damit anzufangen, wurde vom traditionellen Sommerloch der Branche begünstigt, das freien Mitarbeitern wie mir jede Menge Zeit zur ungehinderten Entfaltung bietet.*

Ab sofort war ich also Autorin. Spätestens als ich meinen Freundeskreis von dieser Wendung unterrichtete, wurde mir klar, dass der neue Weg nur mit starken Nerven zu bewältigen sein würde: Man sah mich plötzlich als eine Art Briefkastentante, die sogar von sonst wenig gesprächigen Mitmenschen mit Anekdoten zugeschüttet wurde, die »thematisch voll in dein Buch passen würden«. Auf meinen kollegialen Rat, die tollen Storys der Einfachheit halber selbst aufzuschreiben, tippte sich das Gegenüber an die Stirn: Schreiben ist nicht der Mühe wert, wurde mir erklärt, es ist der emotionale und finanzielle Ruin. Angesichts der über 70.000 Neuerscheinungen, die alljährlich den Büchermarkt überschwemmen – von den nicht veröffentlichten Manuskripten, die postsäckeweise in den Verlagen vor sich hinschimmeln, nicht zu sprechen – könne heutzutage wohl niemand ernsthaft an den Erfolg eines solchen Unterfangens glauben.

Derart ermutigt machte ich mich an die Arbeit. Da ich noch keinen Roman geschrieben hatte, blieb mir nichts anderes übrig, als den Mangel an Professionalität zum kreativen Plus zu erklären, um mich von der Woge der Warnungen, die mir entgegenschlug, nicht entmutigen zu lassen. Ich arbeitete an einem Roman, das behauptete ich jedenfalls, auch wenn ich manchmal selbst nicht daran glaubte, weil ich meine Tage auf der Flucht vor dem erwartungsvoll glotzenden Computer-Bildschirm mit Kühlschrank abtauen oder fernsehen verbrachte. Doch der Text entwickelte sich. Die Umwelt reagierte erstaunt: »Du versuchst das doch nicht etwa wirklich ...?« Sie wollten etwas zu lesen bekommen. Ich vertröstete die Interessenten. Selbst wenn die Story zum Ende gekommen ist – in meinem Fall nach etwa neun Monaten – heißt das nicht, dass der Roman steht und der Wirklichkeit jenseits der Festplatte standhalten könnte. Daher kommen als Vorabrezipienten nur Personen infrage, die im Katastrophenfall taktvoll reagieren. An dieser Stelle möchte ich Karl dafür danken, dass er den Rohentwurf meines Manuskripts gelesen und an den richtigen Stellen gelacht hat. Durch die überarbeitete Version, an der ich weitere drei Monate gefeilt hatte, plagten sich Dr. Jürgen Frank, Ditti, Ricarda und Sabine. Mein nächster Dank gilt dem Jahrbuch für Autoren, dem ich entnahm, in welcher Form ich die Verlage mit meinem unverlangt eingesandten Manuskript zu beliefern hatte.

Als die Manuskripte verschickt waren, vertrieb ich mir die quälende Warterei mit dringend Notwendigem: Ich verdiente endlich wieder Geld und qualifizierte mich in Sachen Geduld, wenn mein Briefkasten mal wieder leer war. Und dann ging auf einmal alles schnell: Ein renommierter Verlag war bereit, mein Manuskript zu veröffentlichen. Ich freute mich riesig und hatte tagelang den Pulsschlag eines Kolibri. Das Unmögliche war also möglich geworden, ich hatte die Zielgerade passiert. Aber es zeigte sich, dass es sich nur um eine weitere Markierung auf dem Weg handelte, denn den Gesetzen der Wahrscheinlichkeit zum Trotz flatterten innerhalb der nächsten Wochen neben teils niederschmetternden

Absagen weitere Vertragsangebote ins Haus. Die Freundinnen beglückwünschten mich zu dem, was sie als eine Art Lottogewinn bezeichneten. Sie konnten nicht verstehen, dass aus meiner Freude Verwirrung und Ratlosigkeit wurden: Für welchen Verlag sollte ich mich entscheiden? Auch die Lektorinnen zeigten ihr Unverständnis darüber, dass eine unbekannte Erstautorin nicht sofort unterschreiben, sondern über ihr Angebot nachdenken wollte.

Um mich restlos zu überfordern, heftete sich ein Agent, der durch ein anderes Projekt von mir gehört hatte, an meine Fersen. Da er schon nicht zum Erfolg des Manuskripts beigetragen hatte, wollte er zumindest daran mitverdienen. Es war das reinste Chaos ... Wenn ich nicht am Telefon hing und mit Lektorinnen verhandelte, machte ich mich unter Anleitung des Autoren-Jahrbuchs in Vertragschinesisch schlau, und langsam lichtete sich der Nebel. Eine Lektorin erklärte, mein Manuskript müsse durch ein knalliges Happy End marktgerecht aufgemotzt werden. Mir gefällt der Ausklang meiner Geschichte, und damit war'n es nur noch drei ... Die nächste Lektorin war nicht bereit, mir mit dem Vorschuss entgegenzukommen, woraus ich schloss, dass sie entweder die Verkäuflichkeit meines Romans unter- oder die Bedürftigkeit junger Autorinnen überschätzte. Als sie auf meine Absage sauer reagierte, wusste ich, dass mein Entschluss richtig gewesen war. Mein jetziger Lektor, Herr Dr. Moritz, zeigte trotz unserer vielen Gespräche keine Ermüdungserscheinungen, sodass wir schließlich einig wurden. Ich habe die Entscheidung nicht bereut.

Was gibt es noch zu sagen? Das Buch liegt jetzt im Laden, und der private, stille Teil der Arbeit ist endgültig vorbei. Es erscheinen Artikel und Rezensionen, und spätestens seit der Roman auf der Bestsellerliste ist, erinnern mich meine Freunde daran, dass sie schon immer der Meinung waren: Schreiben ist der Mühe wert.

Andrea Brown ist Drehbuchautorin und hat verschiedene Bücher (*Frösche und Prinzen, Träum weiter, Baby!, Der Quickie in der Küche*) veröffentlicht.

Ratschläge an ein Manuskript

Sei höflich, wenn du eintriffst
und zeig dich von der ordentlichen Seite.
Dränge dich nicht vor.
Schneide nicht auf.

Gähne nie den Lektor an.
Beleidige ihn nicht.
Leg dich nicht mit ihm an
und mache dich nicht über ihn lustig.
Kurz: Benimm dich nicht wie ein Pamphlet!

Lasse dich ohne Maulen zur Seite legen
und warte geduldig auf Wiederaufnahme.
Vergiss nie, dass du neuen Herren dienst.
Und wenn sie dich zurückschicken
oder gar verschwinden lassen,
jammere nicht.

Wenn sie sich winden und so tun,
als könnten sie nicht, wie sie eigentlich wollten,
bettele nicht.

Doch, wenn sie dich verächtlich machen
und dir in den Hintern treten wollen,
zeig ihnen deine blanke Seite,
wo sie dich alle können.

Und vergiss vor allem nie,
wo du hergekommen bist.
Und wer dein armer, geplagter,
aber stolzer Vater ist.

Wendel Schäfer

>> Urheberrecht, Verlagsvertrag und Honorare

Nick, aus: *Deutsches Jahrbuch für Autoren, Autorinnen*

> *Crashkurs Urheberrecht für Autoren*

Schutzobjekte des Urheberrechts sind Werke der Literatur, wissenschaftliche Werke, Software, Skulpturen, Fotos, Grafiken, Bilder, Filme, Musik, Architekturleistungen und Konzepte sowie Entwürfe zu solchen Werken einschließlich von Plänen oder Diagrammen.

Wenn durch Klage gegen Urheberrechtsverletzer vorgegangen wird, werden die Voraussetzungen, ob ein Urheberrecht wirksam entstanden ist, vor Gericht geprüft: Es muss eine Eigenart des Inhalts vorliegen, d. h. eine eigene persönliche Schöpfung gegeben sein.

Das Urheberrecht entsteht mit dem Werk selbst und endet 70 Jahre nach dem Tod des Urhebers mit der Ausnahme für unter Pseudonym veröffentlichte Werke, die nicht in die Urheberrolle beim Deutschen Patent- und Markenamt eingetragen sind. Das heißt, das Schutzrecht fällt dem Urheber quasi automatisch zu und es gilt, dass erst mit Schaffung des Werks der Schutz einsetzt.

Um Dritten zu signalisieren, dass an einem bestimmten Werk Urheberrechte bestehen, sollte grundsätzlich das Copyright-Zeichen (©) und zusätzlich das Erscheinungsdatum sowie der vollständige Name des Urhebers angebracht werden. Dieses vereinfacht im Falle einer rechtlichen Auseinandersetzung auch die Bestimmung des Zeitpunktes, zu dem das Werk geschaffen wurde.

Die modernen Kommunikationstechnologien wie Telefax, aber auch das Internet sind in der Lage, urheberrechtlich unter Schutz stehende Werke in Sekundenschnelle zu verbreiten und über Ländergrenzen hinweg zu transportieren und dort zu veröffentlichen. Um hier Urheberrechtsschutz zu erhalten, wurde international vereinbart, dass jeder Urheber nach dem Recht geschützt ist, das in dem Mitgliedsland herrscht, in dem das Werk jeweils veröffentlicht wird.

Grundfragen des Urheberrechts

l . Was schützt das Urheberrecht?
Dies sind nach § 2 Abs. 2 UrhG nur persönliche geistige Schöpfungen. Der Katalog der Werkgattungen in § 2 Abs. l UrhG nennt insoweit beispielhaft Sprachwerke, Musikwerke, Software, Werke der bildenden und angewandten Kunst, Lichtbildwerke, Filme sowie Darstellungen wissenschaftlicher und technischer Art. Die bloße Idee für ein solches Werk wird dagegen nicht geschützt. Nur wenn diese Eingang in eine konkrete, sinnlich wahrnehmbare Gestaltung – und sei es nur als Konzept – gefunden hat, mag sich deren Schöpfer auf einen urheberrechtlichen Schutz berufen. Geschützt ist aber immer nur die konkrete Ausgestaltung der Idee, nicht die Idee als solche. Auch ist nicht jede gestalterische Leistung – etwa ein schlichtes Formular, ein kurzer Text oder ein simples Logo – urheberrechtlich geschützt. Erforderlich ist vielmehr eine gewisse Gestaltungshöhe (level of creativity), welche eine schöpferische Individualität des Urhebers erkennen lässt.

Darüber hinaus stellt das Urheberrecht auch bestimmte Leistungen unter Schutz, die den schöpferischen Werken nahe kommen oder mit deren Verwertung im Zusammenhang stehen. Gegenstand dieser verwandten Schutzrechte sind etwa wissenschaftliche Ausgaben urheberrechtlich nicht mehr geschützter Werke, Lichtbilder ohne Werkqualität, die Darbietungen von Musikern, Schauspielern und sonstigen Interpreten, aber auch die organisatorischen Leistungen der Tonträger- und Filmhersteller. Bei Datenbanken – etwa einem Telefonbuch – ist es die Investition, die zu einem Schutz führt.

2. Wann entsteht das Urheberrecht?

Der urheberrechtliche Schutz entsteht grundsätzlich mit der Schöpfung; es gibt keine Eintragungsformalitäten wie etwa bei den gewerblichen Schutzrechten (Marken, Patente, Geschmacksmuster, Gebrauchsmuster und Halbleiterschutzrechte sind erst geschützt, wenn sie beim Deutschen Patentamt eingetragen worden sind). Ebenso wenig kommt es für das Urheberrecht auf eine Veröffentlichung des Werkes an.

3. Wer ist Inhaber des Urheberrechts?

Inhaber ist immer der Schöpfer, d.h. der Autor selbst und nicht etwa sein Arbeitgeber. Urheber kann auch nur eine natürliche Person sein, nie aber eine juristische (AG, GmbH, OHG usw.). Haben mehrere an einem Werk mitgewirkt, so steht ihnen daran das Urheberrecht gemeinsam zu, § 8 UrhG. Die Erträgnisse aus der Verwertung des Werkes stehen ihnen dann nach dem Umfang ihrer Mitwirkung an dem Werk zu.

Übertragbar im wörtlichen Sinn ist das Urheberrecht nur durch Erbfall; ansonsten können Dritten nur Nutzungsrechte an dem Werk eingeräumt werden.

4. Welche Rechte hat der Urheber?

Das Urheberrecht gewährt den Urhebern Rechte zweierlei Art: Zum einen sind es ideelle Befugnisse, die den Urheber in seiner persönlichen Beziehung zum Werk schützen (Recht auf Namensnennung, Schutz vor Entstellung des Werkes), zum anderen stehen dem Urheber ein ganzes Bündel an – wirtschaftlich nutzbaren – Verwertungsrechten zu: Das Recht zur Vervielfältigung, Verbreitung, Wiedergabe, Sendung, öffentlichen Aufführung, etc. seines Werkes. Üblicherweise gestattet der Urheber Dritten die

Ausübung dieser Rechte nur gegen Zahlung eines Honorars – das ist der materielle Zweck der Verwertungsrechte. Dem Urheber steht es dabei frei, Nutzungsrechte nur für bestimmte Verwertungsarten einzuräumen (Beispiel: A erhält das Recht zur Buchveröffentlichung, B das Verfilmungsrecht und C das Online-Recht) und diese wiederum inhaltlich, zeitlich und räumlich zu beschränken. Treffen Autor und Verwerter über den Umfang der Rechtseinräumung keine ausdrückliche Regelung, so kommt die »Zweckübertragungsregel« des §31 Abs. 5 UrhG zum Tragen. Danach räumt der Urheber Nutzungsrechte an seinen Werken immer nur soweit ein, wie es der Vertragszweck erfordert. Die Zweckübertragungsregel ist also nicht nur eminent wichtig, sondern für die Urheber in der Regel auch sehr günstig.

Verträge über die Einräumung von Nutzungsrechten hinsichtlich unbekannter Nutzungsarten sind grundsätzlich unwirksam, § 31 Abs. 4 UrhG. Ein Beispiel: Die Videoauswertung von Spielfilmen ist wohl erst ab 1975 als bekannt anzusehen. In einem Vertrag aus dem Jahr 1968 über einen dieser berühmten Karl-May-Spielfilme konnten deshalb keine Rechte über die Auswertung des Spielfilms auf Video eingeräumt werden. Die Urheberrechtsinhaber konnten deshalb durch die spätere Videoauswertung des Spielfilms noch eine zusätzliche Vergütung beanspruchen.

5. Schranken des Urheberrechts

Das Urheberrecht ist indessen nicht grenzenlos. Der Autor hat gewisse Schranken seiner Rechte hinzunehmen, die im Urheberrechtsgesetz einzeln festgelegt sind. So kann er sich etwa nicht gegen Vervielfältigungen wehren, wenn diese zu privaten Zwecken erfolgen. Wichtigster Fall ist die privat überspielte Musik-CD oder der in der Uni kopierte Aufsatz – dies gilt auch für digitale Vervielfältigungen. Allerdings haben die Hersteller entsprechender Kopier- und Aufnahmegeräte sowie von Leermedien Abgaben an die Verwertungsgesellschaften zu zahlen, über die der Autor – falls er Mitglied einer Verwertungsgesellschaft ist –

indirekt eine Vergütung erzielt. Eine entsprechende Abgabepflicht wird alsbald auch für PCs bestehen.

6. Wie lange dauert das Urheberrecht?

Die Schutzdauer des Urheberrechts beträgt grundsätzlich 70 Jahre post mortem auctoris, d. h. nach dem Tode des Urhebers. Bei verwandten Schutzrechten läuft die Schutzfrist grundsätzlich 50 Jahre lang nach dem Erscheinen bzw. der Darbietung.

Auszug aus: *Recht für Autoren – Urheberrecht, Verlagsrecht, Musterverträge*, 2. Auflage

> *Die Macht des Marktes*

Kaum eine Nachricht wird so sehnsüchtig erwartet und stürzt den Erstautor zugleich in tiefen Zwiespalt wie das »Ja« des Verlags mit dem Verlagsvertrag. Es ist ja auch kein »Ja, ja, ja!«, sondern nur ein geschäftsmäßig-nüchternes »Ja«, womöglich ein »Ja, aber ...«, wenn es noch um Änderungen geht oder ein »Ja, voraussichtlich ...«, und der unausgefüllte Vertrag liegt nur »zur Kenntnisnahme« bei.

Doch alle Zweifel beiseite, ein Blick auf den Vertrag bringt Gewissheit! Oder doch nicht?

Verwirrend die Regelung der Rechte am Werk.

Enttäuschend die vagen Termine.

Unfair die umfassenden Rechte des Verlags und die im Verhältnis dazu vagen Pflichten.

Niederschmetternd schließlich der Blick auf den Honorarparagraphen.

Und doch schickt der Erstautor das Vertragswerk nicht empört zurück. Stattdessen fragt er bescheiden nach:

Der Veröffentlichungstermin – ob man den nicht verbindlich festlegen könne?

Der Titel – ob es denn bei dem nicht bliebe?

Der Umfang – der solle doch wohl nicht gekürzt werden?

Das Umschlagdesign – ob er das nicht vorher sehen dürfe?

Der Ladenverkaufspreis – ob der nicht schon jetzt festgelegt werden könne, zumal das Honorar davon abhänge?

Der Vorschuss – könnte der nicht wenigstens die Hälfte des zu erwartenden Honorars betragen?

Die erste Druckauflage – warum sie plötzlich so niedrig angesetzt würde, waren nicht vorher ganz andere Auflagenzahlen im Gespräch?

Das Verramschen – undenkbar zwar, aber ließe sich die Stückzahl, ab der verramscht wird, nicht etwas senken? Ungeduldig wartet der Autor dann auf die Antwort seines Vertragspartners. Mit jedem Tag, der verstreicht, steigt seine Bereitschaft, bedingungslos zu unterschreiben.

Womöglich hat die Lektorin die zweifelnden Fragen als Misstrauen gedeutet? Vielleicht verzögert sich jetzt der Erscheinungstermin durch die ungebührlichen Fragen? Ist womöglich die Veröffentlichung des Buchs gefährdet, weil man mit einem so schwierigen, nörgeligen Autor im Verlag lieber nichts zu tun haben will?!

Nach 14 Tagen ohne Nachricht verliert der Autor sein mühsam aufgebautes Selbstbewusstsein. Er denkt daran, einfach beim Verlag anzurufen, um sich endlich Klarheit zu verschaffen. Er will aber auch nicht aufdringlich erscheinen oder gar zu erkennen geben, wie die Ungewissheit ihn quält. Und schließlich möchte er dann doch lieber nichts an dem hoffnungsvollen Status eines fast veröffentlichten Schriftstellers ändern ...

Ach, und dann ist das kostbare Kuvert mit dem leuchtendem Verlagsstempel endlich in der Post. Zigarette an, Flasche auf den Tisch, auf alles – im Guten wie im Schlechten – vorbereitet, reißt der entnervte Schreiber jetzt mit flatterigen Händen den Umschlag auf: Er überfliegt den Inhalt, der höflich ist, verbindlich, sogar freundlich und »Mit vielen Grüßen, Ihre ...« endet.

Nichts ist verloren, jubelt der Autor, ich bin immer noch erwünscht, er ist restlos *happy*. Aber. Es bleibt dabei – Vertrag wie vorgeschlagen und anders leider nicht möglich. Sie können doch nicht alle meine Fragen ignorieren? denkt er. Sie müssen doch wenigstens in einigen Punkten darauf eingehen! Ein Vertrag soll doch beide Seiten zufrieden stellen?!

Schön wär's, wenn es nicht die Macht des Marktes gäbe, in

dem der Stärkere die Bedingungen diktiert. Und der Stärkere ist nun einmal der Verlag, der täglich mit Manuskriptangeboten überhäuft wird und zusätzlich aus der Fülle der Auslandsangebote auswählen kann. Nicht zu vergessen die Klassiker, deren Rechte frei sind, bei denen müssen nicht einmal dumme Autorenfragen beantwortet werden.

Da es erst der 23. Verlag war, der den literarischen Wert seines Manuskripts erkannte, und die Aussicht auf einen zweiten, ebenso weitsichtigen Verlag möglicherweise weitere 23 Postsendungen kosten würde, gibt sich der Debütant zufrieden. Denn immerhin wird hier ein Anfang gemacht, ein gedrucktes Werk mit seinem Namen auf dem Umschlag lässt sich vorzeigen. Womöglich ist dies der Beginn einer stürmischen Karriere mit einer ganzen Reihe von Bestsellern ...

Und während der Autor ziemlich ernüchtert, aber von Vernunft bestimmt über die Ungerechtigkeiten der Verlagswelt sinniert, greift er in einem akuten Anfall schriftstellerischen Selbsterhaltungstriebs zum Füllhalter, setzt schwungvoll seinen Namen unter den Vertrag – und trinkt auf seine Zukunft als gefragter Autor.

Wundere dich nicht, wenn sich dein Autor in den Tagen des Erscheinens seines Buches wie eine schwangere Frau benimmt und der Meinung ist, dass mit dem Stichtag des Erscheinens seines Buches eine neue Zeitrechnung beginnt. Stärke ihn lieber in diesem Glauben und lass dich von seinem Fieber anstecken. Je mehr Leuten du erzählst, dass du das beste Buch des Jahres herausgebracht hättest, desto besser wird das Buch gehen.

Ernst Rowohlt

> *Verträglichkeit*
nicht immer gewährleistet

Es gibt Verträge von seriösen Verlagshäusern, die nicht dem
Normvertrag entsprechen und trotzdem fair und korrekt gegenüber dem Autor sind. Andere, auch namhafte Verlage, scheuen
sich nicht, einen Verlagsvertrag vorzulegen, der einseitig die Ver-
lagsinteressen begünstigt. Wie viel Verlage inzwischen den Normvertrag verwenden, ist nicht bekannt.

Vorsicht, wenn schon beim Verlagstext Widersprüche zu vorher geführten Gesprächen auftreten. Autoren sollten stets um
den Normvertrag bitten, der zwischen dem Verband deutscher
Schriftsteller (VS) und dem Verlegerausschuss des Börsenverein
des Deutschen Buchhandels vereinbart worden ist. Manche Verlage werden diesen Vertragstext akzeptieren, andere bestehen
auf ihrem eigenen Text, obwohl die Verleger den Normvertrag für
Autoren mit dem VS mitbestimmt haben. Immerhin hat der
Normvertrag Branchengeltung, und bei Streitigkeiten greifen Ge-
richte ohne weiteres auf den Normvertrag zurück.

Zum Honorar § 4 (1)

Drei Varianten einer umsatzbezogenen Honorierung sind vorgesehen:

Bei 8 % vom Netto-Ladenpreis, müssten Sie 16 % vom Netto-
Verlagspreis (Buchhandelsrabatte um 50 %) vereinbaren, um das
gleiche Honorar zu erzielen. Anzustreben ist die erste Textvari-

ante. Manche Verlage bieten ein Pauschalhonorar an: Nicht emp-
fehlenswert, es sei denn, Sie schätzen die Überlebenschancen
des Verlags so ein, dass Ihnen der Spatz in der Hand lieber ist.
Wenn Sie mit 3000 verkauften Exemplaren rechnen, ist ein ho-
hes Staffelhonorar ab 30.000 Auflage Utopie. Bei Bestsellerautoren soll die Staffel 16 % vom Ladenpreis überschreiten.

Machen Sie sich keine Illusionen: Bei Bilderbüchern müssen
Sie Ihr Honorar mehr oder weniger mit dem Illustrator teilen,
also 3 % sind nicht unüblich. Taschenbücher beginnen bei 5 %,
Hardbacks bei 8 bis 10 %.

Für manche Autoren hat sich seit dem 1. Juli 2002 schon einiges geändert. Das Kernstück des neuen Urhebervertragsrechts ist
der Begriff der »angemessenen Vergütung«. Bevor über Mindest-
honorare, Staffelhonorare, Vorschusszahlungen, Anteile an den
Nebenrechten gefeilscht und schließlich ein neuer Normvertrag
vereinbart wird, müssen Verwerter nach § 32 ihre Autoren schon
jetzt »angemessen« honorieren:

Es wird also von zwei Dingen abhängen, inwieweit Autoren
künftig besser honoriert werden: Erstens von den Verhandlungen
über einen Tarifvertrag für Freie Schriftsteller. Zweitens von der
Marktsituation: Wer kein Bestseller-, sondern ein durchschnitt-
licher Autor ist, wird es sich dreimal überlegen, ob er seinen Verlag verklagt, nur um ein, zwei Prozent mehr herauszuholen, womöglich für eine kleine Auflage – er könnte sich einen Namen
machen. Anders ist es für den, der den Verlag ohnehin wechseln
will.

Der vollständige neue Gesetzestext und praktische Kommentare
mit Beispielen von dem Urheberrechtsexperten Dr. jur. Jan Bernd
Nordemann LL.M., sind in der zweiten erweiterten Ausgabe von
*Recht für Autoren – Urhebervertragsrecht, Verlagsrecht, Musterver-
träge*, abgedruckt.

Normvertrag für den Abschluss von Verlagsverträgen

(Rahmenvertrag (vom 19.10.1978 in der ab 1.4.1999 gültigen Fassung)

Zwischen dem Verband deutscher Schriftsteller (VS) in der IG Medien und dem Börsenverein des Deutschen Buchhandels e. V. – Verleger-Ausschuß – ist folgendes vereinbart:

1. Die Vertragschließenden haben den diesem Rahmenvertrag beiliegenden Normvertrag für den Abschluß von Verlagsverträgen vereinbart. Die Vertragschließenden verpflichten sich, darauf hinzuwirken, daß ihre Mitglieder nicht ohne sachlich gerechtfertigter Grund zu Lasten des Autors von diesem Normvertrag abweichen.

2. Die Vertragschließenden sind sich darüber einig, daß einige Probleme sich einer generellen Regelung im Sinne eines Normvertrags entziehen. Dies gilt insbesondere für Options- und Konkurrenzausschlußklauseln einschließlich etwaiger Vergütungsregelungen, bei deren individueller Vereinbarung die schwierigen rechtlichen Zulässigkeitsvoraussetzungen besonders sorgfältig zu prüfen sind.

3. Dieser Vertrag wird in der Regel für folgende Werke und Bücher nicht gelten:

a) Fach- und wissenschaftliche Werke im engeren Sinn einschließlich Schulbücher, wohl aber für Sachbücher;

b) Werke, deren Charakter wesentlich durch Illustrationen bestimmt wird; Briefausgaben und Buchausgaben nicht original für das Buch geschriebener Werke;

c) Werke mit mehreren Rechtsinhabern wie z.B. Anthologien, Bearbeitungen;

d) Werke, bei denen der Autor nur Herausgeber ist;

e) Werke im Sinne des § 47 Verlagsgesetz, für welche eine Publikationspflicht des Verlages nicht besteht.

4. Soweit es sich um Werke nach Ziffer 3 b) bis e) handelt, sollen die Verträge unter Berücksichtigung der besonderen Gegebenheiten des Einzelfalles so gestaltet werden, daß sie den Intentionen des Normvertrags entsprechen.

5. Die Vertragschließenden haben eine »Schlichtungs- und Schiedsstelle Buch« eingerichtet, die im Rahmen der vereinbarten Statuten über die vertragschließenden Verbände von jedem ihrer Mitglieder angerufen werden kann.

6. Die Vertragschließenden nehmen nunmehr Verhandlungen über die Vereinbarung von Regelhonoraren auf.[1]

7. Dieser Vertrag tritt am 1.4.1999 in Kraft. Er ist auf unbestimmte Zeit geschlossen und kann – mit einer Frist von sechs Monaten zum Jahresende – erstmals zum 31.12.2001 gekündigt werden. Die Vertragschließenden erklären sich bereit, auch ohne Kündigung auf Verlangen einer Seite in Verhandlungen über Änderungen des Vertrages einzutreten.

Stuttgart und Frankfurt am Main, den 19. Februar 1999

Industriegewerkschaft Medien
- Verband deutscher Schriftsteller -

Börsenverein des Deutschen Buchhandels e. V
- Verleger-Ausschuß -

---

[1] Der Verleger-Ausschuß hat den VS darauf hingewiesen, daß er für eine Vereinbarung von Regelhonoraren nach wie vor kein Mandat hat. Der VS legt jedoch Wert darauf, diese bei der Änderung des Rahmenvertrags vom 1.1.1984 aufgenommene Bestimmung in die Neufassung zu übernehmen.

Verlagsvertrag

zwischen

(nachstehend: Autor)

und

(nachstehend: Verlag)

§ 1 Vertragsgegenstand

1.

Gegenstand dieses Vertrages ist das vorliegende/noch zu verfassende Werk des Autors unter dem Titel/Arbeitstitel:

(gegebenenfalls einsetzen: vereinbarter Umfang des Werks, Spezifikation des Themas usw.)

2.

Der endgültige Titel wird in Abstimmung zwischen Autor und Verlag festgelegt, wobei der Autor dem Stichentscheid des Verlages zu widersprechen berechtigt ist, soweit sein Persönlichkeitsrecht verletzt würde.

3.

Der Autor versichert, daß er allein berechtigt ist, über die urheberrechtlichen Nutzungsrechte an seinem Werk zu verfügen, und daß er, soweit sich aus § 14 Absatz 3 nichts anderes ergibt, bisher keine den Rechtseinräumungen dieses Vertrages entgegenstehende Verfügung getroffen hat. Das gilt auch für die vom Autor gelieferten Text oder Bildvorlagen, deren Nutzungsrechte bei ihm liegen. Bietet er dem Verlag Text oder Bildvorlagen an, für die dies nicht zutrifft oder nicht sicher ist, so hat er den Verlag darüber und über alle ihm bekannten oder erkennbaren rechtlich relevanten Fakten zu informieren. Soweit der Verlag den Autor mit der Beschaffung fremder Text- oder Bildvorlagen beauftragt, bedarf es einer besonderen Vereinbarung.

4.

Der Autor ist verpflichtet, den Verlag schriftlich auf im Werk enthaltene Darstellungen von Personen oder Ereignissen hinzuweisen, mit denen das Risiko einer Persönlichkeitsrechtsverletzung verbunden ist. Nur wenn der Autor dieser Vertragspflicht in vollem Umfang nach bestem Wissen und Gewissen genügt hat, trägt der Verlag alle Kosten einer eventuell erforderlichen Rechtsverteidigung. Wird der Autor wegen solcher Verletzungen in Anspruch genommen, sichert ihm der Verlag seine Unterstützung zu, wie auch der Autor bei der Abwehr solcher Ansprüche gegen den Verlag mitwirkt.

§ 2 Rechtseinräumungen

1.

Der Autor überträgt dem Verlag räumlich unbeschränkt für die Dauer des gesetzlichen Urheberrechts das ausschließliche Recht zur Vervielfältigung und Verbreitung (Verlagsrecht) des Werkes für alle Druck- und körperlichen elektronischen Ausgaben*) sowie für alle Auflagen ohne Stückzahlbegrenzung für die deutsche Sprache.

2.

Der Autor räumt dem Verlag für die Dauer des Hauptrechts gemäß Absatz 1 und § 5 Absatz 2 außerdem folgende ausschließliche Nebenrechte – insgesamt oder einzeln – ein:

a) Das Recht des ganzen oder teilweisen Vorabdrucks und Nachdrucks, auch in Zeitungen und Zeitschriften;

b) das Recht der Übersetzung in eine andere Sprache oder Mundart;

---

*) Sobald sich die Rahmenbedingen für elektronische Werknutzung in Datenbanken und Online-Diensten geklärt haben, werden sich VS in der IG Medien und Börsenverein über eine entsprechende Ergänzung des Normvertrages verständigen. Bis dahin sollten entsprechende Rechtseinräumungen einzelvertraglich geregelt werden.

c) das Recht zur Vergabe von Lizenzen für deutschsprachige Ausgaben in anderen Ländern sowie für Taschenbuch-, Volks-, Sonder-, Reprint-, Schul- oder Buchgemeinschaftsausgaben oder andere Druck- und körperlichen elektronischen Ausgaben;

d) das Recht der Herausgabe von Mikrokopieausgaben;

e) das Recht zu sonstiger Vervielfältigung, insbesondere durch fotomechanische oder ähnliche Verfahren (z.B. Fotokopie);

f) das Recht zur Aufnahme auf Vorrichtungen zur wiederholbaren Wiedergabe mittels Bild- oder Tonträger (z.B.Hörbuch), sowie das Recht zu deren Vervielfältigung, Verbreitung und Wiedergabe;

g) das Recht zum Vortrag des Werks durch Dritte;

h) die am Werk oder seiner Bild- oder Tonträgerfixierung oder durch Lautsprecherübertragung oder Sendung entstehenden Wiedergabe- und Überspielungsrechte;

i) das Recht zur Vergabe von deutsch- oder fremdsprachigen Lizenzen in das In- und Ausland zur Ausübung der Nebenrechte a) bis h).

3.

Darüber hinaus räumt der Autor dem Verlag für die Dauer des Hauptrechts gemäß Absatz 1 weitere ausschließliche Nebenrechte – insgesamt oder einzeln – ein:

a) Das Recht zur Bearbeitung als Bühnenstück sowie das Recht der Aufführung des so bearbeiteten Werkes;

b) das Recht zur Verfilmung einschließlich der Rechte zur Bearbeitung als Drehbuch und zur Vorführung des so hergestellten Films;

c) das Recht zur Bearbeitung und Verwertung des Werks im Fernsehfunk einschließlich Wiedergaberecht;

d) das Recht zur Bearbeitung und Verwertung des Werks im Hörfunk, z.B. als Hörspiel einschließlich Wiedergaberecht;

e) das Recht zur Vertonung des Werks;

f) das Recht zur Vergabe von Lizenzen zur Ausübung der Nebenrechte a) bis e).

4.

Der Autor räumt dem Verlag schließlich für die Dauer des Hauptrechts gemäß Absatz 1 alle durch die Verwertungsgesellschaft Wort wahrgenommenen Rechte nach deren Satzung, Wahrnehmungsvertrag und Verteilungsplan zur gemeinsamen Einbringung ein. Bereits abgeschlossene Wahrnehmungsverträge bleiben davon unberührt.

5.

Für die Rechtseinräumungen nach Absatz 2 bis 4 gelten folgende Beschränkungen:

a) Soweit der Verlag selbst die Nebenrechte gemäß Absatz 2 und 3 ausübt, gelten für die Ermittlung des Honorars die Bestimmungen über das Absatzhonorar nach § 4 anstelle der Bestimmungen für die Verwertung von Nebenrechten. Enthält § 4 für das jeweilige Nebenrecht keine Vergütungsregelung, so ist eine solche nachträglich zu vereinbaren.

b) Der Verlag darf das ihm nach Absatz 2 bis 4 eingeräumte Vergaberecht nicht ohne Zustimmung des Autors abtreten. Dies gilt nicht gegenüber ausländischen Lizenznehmern für die Einräumung von Sublizenzen in ihrem Sprachgebiet sowie für die branchenübliche Sicherungsabtretung von Verfilmungsrechten zur Produktionsfinanzierung.

c) Das Recht zur Vergabe von Nebenrechten nach Absatz 2 bis 4 endet mit der Beendigung des Hauptrechts gemäß Absatz 1; der Bestand bereits abgeschlossener Lizenzverträge bleibt hiervon unberührt.

d) Ist der Verlag berechtigt, das Werk zu bearbeiten oder bearbeiten zu lassen, so hat er Beeinträchtigungen des Werkes zu unterlassen, die geistige und persönliche Rechte des Autors am Werk zu gefährden geeignet sind. Im Falle einer Vergabe von Lizenzen zur Ausübung der Nebenrechte gemäß Absatz 2 und Absatz 3 wird der Verlag daraufhin wirken, daß der Autor vor Beginn einer entsprechenden Bearbeitung des Werkes vom Lizenznehmer gehört wird. Möchte der Verlag einzelne Nebenrechte selbst ausüben, so hat er den Autor anzuhören und ihm bei persönlicher und fachlicher Eignung die entsprechende Bearbeitung des Werkes anzubieten, bevor damit Dritte beauftragt werden.

§ 3 Verlagspflicht

1.

Das Werk wird zunächst als ... -Ausgabe (z.B. Hardcover, Paperback, Taschenbuch, CD-ROM) erscheinen; nachträgliche Änderungen der Form der Erstausgabe bedürfen des Einvernehmens mit dem Autor.

2.

Der Verlag ist verpflichtet, das Werk in der in Absatz 1 genannten Form zu vervielfältigen, zu verbreiten und dafür angemessen zu werben.

3.

Ausstattung, Buchumschlag, Auflagenhöhe, Auslieferungstermin, Ladenpreis und Werbemaßnahmen werden vom Verlag nach pflichtgemäßem Ermessen unter Berücksichtigung des Vertragszwecks sowie der im Verlagsbuchhandel für Ausgaben dieser Art herrschenden Übung bestimmt.

4.

Das Recht des Verlags zur Bestimmung des Ladenpreises nach pflichtgemäßem Ermessen schließt auch dessen spätere Herauf- oder Herabsetzung ein. Vor Herabsetzung des Ladenpreises wird der Autor benachrichtigt.

5.

Als Erscheinungstermin ist vorgesehen:.... Eine Änderung des Erscheinungstermins erfolgt in Absprache mit dem Autor.

§ 4 Absatzhonorar für Verlagsausgaben

1.

Der Autor erhält für jedes verkaufte und bezahlte Exemplar ein Honorar auf der Basis des um die darin enthaltene Mehrwertsteuer verminderten Ladenverkaufspreises (Nettoladenverkaufspreis).

Oder: Der Autor erhält für jedes verkaufte und bezahlte Exemplar ein Honorar auf der Basis des um die darin enthaltene Mehrwertsteuer verminderten Verlagsabgabepreises (Nettoverlagsabgabepreis). In diesem Falle ist bei der Vereinbarung des Honorarsatzes die im Vergleich zum Nettoladenverkaufspreis geringere Bemessungsgrundlage zu berücksichtigen.

Oder: Der Autor erhält ein Honorar auf der Basis des mit der Verlagsausgabe des Werkes erzielten, um die Mehrwertsteuer verminderten Umsatzes (Nettoumsatzbeteiligung). Dabei hat der Autor Anspruch auf Ausweis der verkauften Exemplare einschließlich der Partie- und Portoersatzstücke, für die dann Absatz 5 nicht gilt. In diesem Falle ist bei der Vereinbarung des Honorarsatzes die im Vergleich zum Nettoladenverkaufspreis geringere Bemessungsgrundlage zu berücksichtigen.

2.

Das Honorar für die verschiedenen Arten von Ausgaben (z. B. Hardcover, Taschenbuch usw.) beträgt für

a) ... alle ... -Ausgaben ... % vom Preis gemäß Absatz 1.
   Es erhöht sich nach dem Absatz des Werkes
   von ... bis ... Exemplaren auf ... %;
   von ... bis ... Exemplaren auf ... %;
   ab ... Exemplaren auf ... %.

b) ... -Ausgaben ... % vom Preis gemäß Absatz 1.
   Es erhöht sich nach dem Absatz des Werkes
   von ... bis ... Exemplaren auf ... %;
   von ... bis ... Exemplaren auf ... %;
   ab ... Exemplaren auf ... %.

c) ... -Ausgaben ... % vom Preis gemäß Absatz 1.
   Es erhöht sich nach dem Absatz des Werkes
   von ... bis ... Exemplaren auf ... %;
   von ... bis ... Exemplaren auf ... %;
   ab ... Exemplaren auf ... %.

d) Für Verlagserzeugnisse, die nicht der Preisbindung unterliegen (z. B. Hörbücher), erhält der Autor für jedes verkaufte und bezahlte Exemplar ein Honorar auf der Basis des um die darin enthaltene Mehrwertsteuer verminderten Verlagsabgabepreises (Nettoverlagsabgabepreis), und zwar für

... -Ausgaben ... % vom Nettoverlagsabgabepreis. Es erhöht sich nach dem Absatz des Werkes von ... bis ... Exemplaren auf ... %; von ... bis ... Exemplaren auf ... %; ab ... Exemplaren auf ... %.

e) Beim Verkauf von Rohbogen der Originalausgabe außerhalb von Nebenrechtseinräumungen gilt ein Honorarsatz von ... % vom Verlagsabgabepreis.

3.

Auf seine Honoraransprüche – einschließlich der Ansprüche aus § 5 – erhält der Autor einen Vorschuß in Höhe von DM / EURO... Dieser Vorschuß ist fällig zu ... % bei Abschluß des Vertrages, zu ... % bei Ablieferung des Manuskripts gemäß § I Absatz 1 und § 6 Absatz 1, zu ... % bei Erscheinen des Werkes, spätestens am ....

4.

Der Vorschuß gemäß Absatz 3 stellt ein garantiertes Mindesthonorar für dieses Werk dar. Er ist nicht rückzahlbar, jedoch mit allen Ansprüchen des Autors aus diesem Vertrag verrechenbar.

5.

Pflicht-, Prüf-, Werbe- und Besprechungsexemplare sind honorarfrei; darunter fallen nicht Partie- und Portoersatzstücke sowie solche Exemplare, die für Werbezwecke des Verlages, nicht aber des Buches abgegeben werden.

6.

Ist der Autor mehrwertsteuerpflichtig, zahlt der Verlag die auf die Honorarbeträge anfallende gesetzliche Mehrwertsteuer zusätzlich.

7.

Honorarabrechnung und Zahlung erfolgen halbjährlich zum 30. Juni und zum 31. Dezember innerhalb der auf den Stichtag folgenden 3 Monate. Oder: Honorarabrechnung und Zahlung erfolgen zum 31. Dezember jedes Jahres innerhalb der auf den Stichtag folgenden drei Monate. Der Verlag leistet dem Autor entsprechende Abschlagszahlungen, sobald er Guthaben von mehr als DM / EURO ... feststellt. Honorare auf im

Abrechnungszeitraum remittierte Exemplare werden vom Guthaben abgezogen.

8.

Der Verlag ist verpflichtet, einem vom Autor beauftragten Wirtschaftsprüfer, Steuerberater oder vereidigten Buchsachverständigen zur Überprüfung der Honorarabrechnungen Einsicht in die Bücher und Unterlagen zu gewähren. Die hierdurch anfallenden Kosten trägt der Verlag, wenn sich die Abrechnungen als fehlerhaft erweisen.

9.

Nach dem Tode des Autors bestehen die Verpflichtungen des Verlags nach Absatz 1 bis 8 gegenüber den durch Erbschein ausgewiesenen Erben, die bei einer Mehrzahl von Erben einen gemeinsamen Bevollmächtigten zu benennen haben.

§ 5 Nebenrechtsverwertung

1.

Der Verlag ist verpflichtet, sich intensiv um die Verwertung der ihm eingeräumten Nebenrechte innerhalb der für das jeweilige Nebenrecht unter Berücksichtigung von Art und Absatz der Originalausgabe angemessenen Frist zu bemühen und den Autor auf Verlangen zu informieren. Bei mehreren sich untereinander ausschließenden Verwertungsmöglichkeiten wird er die für den Autor materiell und ideell möglichst günstige wählen, auch wenn er selbst bei dieser Nebenrechtsverwertung konkurriert. Der Verlag unterrichtet den Autor unaufgefordert über erfolgte Verwertungen und deren Bedingungen.

2.

Verletzt der Verlag seine Verpflichtungen gemäß Absatz 1, so kann der Autor die hiervon betroffenen Nebenrechte – auch einzeln – nach den Regeln des § 41 UrhG zurückrufen; der Bestand des Vertrages im übrigen wird hiervon nicht berührt.

3.

Der aus der Verwertung der Nebenrechte erzielte Erlös wird zwischen Autor und Verlag geteilt, und zwar erhält der Autor ... % bei den Nebenrechten des § 2 Absatz 2; ... % bei den Nebenrechten des § 2 Absatz 3.

(Bei der Berechnung des Erlöses wird davor ausgegangen, daß in der Regel etwaige aus der Inlandsverwertung arfallende Agenturprovisionen und ähnliche Nebenkosten allein auf den Verlagsanteil zu verrechnen, für Auslandsverwertung anfallende Nebenkosten vom Gesamterlös vor Aufteilung abzuziehen sind.) Soweit Nebenrechte durch Verwertungsgesellschaften wahrgenommen werden, richten sich die Anteile von Verlag und Autor nach deren satzungsgemäßen Bestimmungen.

4.

Für Abrechnung und Fälligkeit gelten die Bestimmungen von § 4 Absatz 7, 8 und 9 entsprechend.

5.

Die Vergabe von Lizenzen an gemeinnützige Blindenselbsthilfeorganisationen für Ausgaben, die ausschließlich für Blinde und Sehbehinderte bestimmt sind (Druckausgaben in Punktschrift, Tonträgerausgaben mit akustischen Benutzungsanweisungen und entsprechende Ausgaben auf Datenträgern), darf vergütungsfrei erfolgen.

§ 6 Manuskriptablieferung

1.

Der Autor verpflichtet sich, dem Verlag bis spätestens .. /binnen ... das vollständige und vervielfältigungsfähige Manuskript gemäß § 1 Absatz 1 (einschließlich etwa vorgesehener und vom Autor zu beschaffender Bildvorlagen) mit Maschine geschrieben oder in folgender Form zu übergeben: .. .*) Wird diese(r) Termin/Frist nicht eingehalten, gilt als angemes-

*) Erfolgt die Manuskriptabgabe in elektronischer Form so ist ein entsprechender Papierausdruck beizufügen.

sene Nachfrist im Sinne des § 30 Verlagsgesetz ein Zeitraum von ... Monaten.

2.

Der Autor behält eine Kopie des Manuskripts bei sich.

3.

Das Manuskript bleibt Eigentum des Autors und ist ihm vom Verlag nach Erscheinen des Werkes auf Verlangen zurückzugeben.

§ 7 Freiexemplare

1.

Der Autor erhält für seinen eigenen Bedarf... Freiexemplare. Bei der Herstellung von mehr als ... Exemplaren erhält der Autor ... weitere Freiexemplare und bei der Herstellung von mehr als Exemplaren ... weitere Freiexemplare.

2.

Darüber hinaus kann der Autor Exemplare seines Werks zu einem Höchstrabatt von ... % vom Ladenpreis vom Verlag beziehen.

3.

Sämtliche gemäß Absatz 1 oder 2 übernommenen Exemplare dürfen nicht weiterverkauft werden.

§ 8 Satz, Korrektur

1.

Die erste Korrektur des Satzes wird vom Verlag oder von der Druckerei vorgenommen. Der Verlag ist sodann verpflichtet, dem Autor in allen Teilen gut lesbare Abzüge zu übersenden, die der Autor unverzüglich honorarfrei korrigiert und mit dem Vermerk »druckfertig« versieht; durch diesen Vermerk werden auch etwaige Abweichungen vom Manuskript genehmigt. Abzüge gelten auch dann als »druckfertig«, wenn sich der Autor nicht innerhalb angemessener Frist nach Erha t zu ihnen erklärt hat.

2.

Nimmt der Autor Änderungen im fertigen Satz vor, so hat er die dadurch entstehenden Mehrkosten – berechnet nach dem Selostkostenpreis des Verlages – insoweit zu tragen, als sie 10 % der Satzkosten übersteigen. Dies gilt nicht für Änderungen bei Sachbüchern, die durch Entwicklungen der Fakten nach Ablieferung des Manuskripts erforderlich geworden sind.

§ 9 Lieferbarkeit, veränderte Neuauflagen

1.

Wenn die Verlagsausgabe des Werkes vergriffen ist und nicht mehr angeboten und ausgeliefert wird, ist der Autor zu benachrichtigen. Der Autor ist dann berechtigt, den Verlag schriftlich aufzufordern, sich spätestens innerhalb von 3 Monaten nach Eingang der Aufforderung zu verpflichten, innerhalb einer Frist von ... Monat(en)/Jahr(en) nach Ablauf der Dreimonatsfrist eine ausreichende Anzahl weiterer Exemplare des Werkes herzustellen und zu verbreiten. Geht der Verlag eine solche Verpflichtung nicht fristgerecht ein oder wird die Neuherstellungsfrist nicht gewahrt, ist der Autor berechtigt, durch schriftliche Erklärung von diesem Verlagsvertrag zurückzutreten. Bei Verschulden ces Verlages kann er statt dessen Schadenersatz wegen Nichterfüllung verlangen. Der Verlag bleibt im Falle des Rückrufs zum Verkauf der ihm danach (z.B. aus Remissionen) noch zufließenden Restexemplare innerhalt einer Frist von ... 12 Monaten ... berechtigt; er ist verpflichtet, dem Autor die Anzahl dieser Exemplare anzugeben und ihm die Übernahme anzubieten.

2.

Der Autor ist berechtigt und, wenn es der Charakter des Werkes (z. B. eines Sachbuchs) erfordert, auch verpflichtet, das Werk für weitere Auflagen zu überarbeiten; wesentliche Veränderungen von Art und Umfang des Werkes bedürfen der Zustimmung des Verlages. Ist der Autor zu der Bearbeitung nicht bereit oder nicht in der Lage oder liefert er die Überarbeitung nicht innerhalb einer angemessenen Frist nach Aufforderung durch den Verlag ab, so ist der Verlag zur Bestellung eines anderen Bearbeiters berechtigt. Wesentliche Änderungen des Charakters des Werkes bedürfen dann der Zustimmung des Autors.

§ 10 Verramschung, Makulierung

1.

Der Verlag kann das Werk verramschen, wenn der Verkauf in zwei aufeinanderfolgenden Kalenderjahren unter ... Exemplaren pro Jahr gelegen hat. Am Erlös ist der Autor in Höhe seines sich aus § 4 Absatz 2 ergebenden Grundhonorarprozentsatzes beteiligt.

2.

Erweist sich auch ein Absatz zum Ramschpreis als nicht durchführbar, kann der Verlag die Restauflage makulieren.

3.

Der Verlag ist verpflichtet, den Autor vor einer beabsichtigten Verramschung bzw. Makulierung zu informieren. Der Autor hat das Recht, durch einseitige Erklärung die noch vorhandene Restauflage bei beabsichtigter Verramschung zum Ramschpreis abzüglich des Prozentsatzes seiner Beteiligung und bei beabsichtigter Makulierung unentgeltlich – ganz oder teilweise – ab Lager zu übernehmen. Bei beabsichtigter Verramschung kann das Übernahmerecht nur bezüglich der gesamten noch vorhandenen Restauflage ausgeübt werden.

4.

Das Recht des Autors, im Falle der Verramschung oder Makulierung vom Vertrag zurückzutreten, richtet sich nach den §§ 32,30 Verlagsgesetz.

§ 11 Rezensionen

Der Verlag wird bei ihm eingehende Rezensionen des Werkes innerhalb des ersten Jahres nach Ersterscheinen umgehend, danach in angemessenen Zeitabständen dem Autor zur Kenntnis bringen.

§ 12 Urheberbenennung, Copyright-Vermerk

1.

Der Verlag ist verpflichtet, den Autor in angemessener Weise als Urheber des Werkes auszuweisen.

2.

Der Verlag ist verpflichtet, bei der Veröffentlichung des Werkes den Copyright-Vermerk im Sinne des Welturheberrechtsabkommens anzubringen.

§ 13 Änderungen der Eigentums- und Programm-Strukturen des Verlags

1.

Der Verlag ist verpflichtet, dem Autor anzuzeigen, wenn sich in seinen Eigentums- oder Beteiligungsverhältnissen eine wesentliche Veränderung ergibt. Eine Veränderung ist wesentlich, wenn

a) der Verlag oder Verlagsteile veräußert werden;

b) sich in den Beteiligungsverhältnissen einer den Verlag betreibenden Gesellschaft, gegenüber denen zum Zeitpunkt dieses Vertragsabschlusses, Veränderungen um mindestens 25% der Kapital- oder Stimmrechtsanteile ergeben.

Wird eine Beteiligung an der den Verlag betreibenden Gesellschaft von einer anderen Gesellschaft gehalten, gelten Veränderungen in deren Kapital- oder Stimmrechtsverhältnissen als solche des Verlages. Der Prozentsatz der Veränderungen ist entsprechend der Beteiligung dieser Gesellschaft an der Verlagsgesellschaft umzurechnen.

2.

Der Autor ist berechtigt, durch schriftliche Erklärung gegenüber dem Verlag von etwa bestehenden Optionen oder von Verlagsverträgen über Werke, deren Herstellung der Verlag noch nicht begonnen hat, zurükkzutreten, wenn sich durch eine Veränderung gemäß Absatz 1 oder durch Änderung der über das Verlagsprogramm entscheidenden Verlagsleitung eine so grundsätzliche Veränderung des Verlagsprogramms in seiner Struktur und Tendenz ergibt, daß dem Autor nach der Art seines Werkes und unter Berücksichtigung des bei Abschluß dieses Vertrages bestehenden Verlagsprogramms ein Festhalten am Vertrag nicht zugemutet werden kann.

3.

Das Rücktrittsrecht kann nur innerhalb eines Jahres nach Zugang der Anzeige des Verlages gemäß Absatz 1 ausgeübt werden.

§ 14 Schlußbestimmungen

1.

Soweit dieser Vertrag keine Regelungen enthält, gelten die allgemeinen gesetzlichen Bestimmungen des Rechts der Bundesrepublik Deutschland und der Europäischen Union. Die Nichtigkeit oder Unwirksamkeit einzelner Bestimmungen dieses Vertrages berührt die Gültigkeit der übrigen Bestimmungen nicht. Die Parteien sind alsdann verpflichtet, die mangelhafte Bestimmung durch eine solche zu ersetzen, deren wirtschaftlicher und juristischer Sinn dem der mangelhaften Bestimmung möglichst nahe kommt.

2.

Die Parteien erklären, Mitglieder bzw. Wahrnehmungsberechtigte folgender Verwertungsgesellschaften zu sein:

Der Autor: . . . .

Der Vertag: . . . .

3.

Im Rahmen von Mandatsverträgen hat der Autor bereits folgende Rechte an Verwertungsgesellschaften übertragen:

. . . . an die VG: . . . .
. . . . an die VG: . . . .
. . . . an die VG: . . . .

. . . . , den . . . .
(Autor)

. . . . , den . . . .
(Verlag)

> *Höhere Honorare für Belletristikautoren*

Vom Manuskript zum Buch

Das Urhebervertragsrecht von 2002 sieht vor, dass die Verbände der Urheber und der Werknutzer gemeinsame Vergütungsregeln aufstellen. Für die Vergütung der Autoren belletristischer Werke haben sich die Verhandlungsdelegationen beider Seiten am 5. November 2004 auf einen »ausdiskutierten Vorschlag« geeinigt, der im Januar 2005 durch den VS und die Verlage unterzeichnet wurde.

»Ich bin froh, dass sich die Verleger und Schriftsteller nun doch noch auf gemeinsame Vergütungsregeln zubewegen. Damit wird das Urhebervertragsrecht von 2002 endlich in einem wichtigen Bereich mit Leben erfüllt. Ich hoffe, dass dieser Durchbruch auch weiteren Bereichen der Kulturwirtschaft Mut macht, einen Kompromiss zu suchen«, sagte Zypries.

Hier der Text, der erstmals die magische Zahl von 10 Prozent Absatzhonorar in eine Vereinbarung zwischen Verlegern und Autoren einführt:

Gemeinsame Vergütungsregeln
für Autoren belletristischer Werke in deutscher Sprache*

Der Verband deutscher Schriftsteller in der Vereinigten Dienstleistungs-
gewerkschaft (ver.di)

und

der Verlag

stellen gemäß § 36 UrhG folgende gemeinsame Vergütungsregeln für
Autoren belletristischer Werke in deutscher Sprache auf:

Vorbemerkung

Der Urheber hat nach § 32 UrhG Anspruch auf eine angemessene Vergütung für die Einräumung von Nutzungsrechten und die Erlaubnis zur
Werknutzung. Zur Bestimmung der Angemessenheit von Vergütungen
stellen nach § 36 UrhG Vereinigungen von Urhebern mit Vereinigungen
von Werknutzern oder einzelnen Werknutzern gemeinsame Vergütungsregeln auf. Die gemeinsamen Vergütungsregeln sollen die Umstände des
jeweiligen Regelungsbereichs berücksichtigen, insbesondere die Struktur
und die Größe der Verwerter.

Die folgenden Regeln wurden im Rahmen einer Mediation der Bundes-
ministerin der Justiz aufgestellt und folgen in wesentlichen Punkten
Kompromissvorschlägen der Moderatorin. Vergütungen, die unterhalb
der nachfolgenden Vergütungsregeln liegen, sind keine angemessenen
Vergütungen nach § 32 UrhG.

§ 1   Anwendungsbereich

Die nachfolgenden Vergütungsregeln gelten für Verlagsverträge und andere urheberrechtliche Nutzungsverträge über selbständig zu veröffent-

* In die deutsche Sprache übersetzte fremdsprachige Werke werden von den
nachfolgenden Vergütungsregeln nicht erfasst.

lichende belletristische Werke. Sie finden keine Anwendung auf Verlagsverträge aus anderen Bereichen, insbesondere nicht aus den Bereichen
Sachbuch, Ratgeber, Lexika, Fachbuch, Kinder- und Jugendbuch, Schul-
und Lehrbuch sowie Hörbuch, weil in diesen Bereichen andere Bedingungen gelten.

Diese Regeln gelten auch nicht für Fälle, in denen der Wunsch des Urhebers, einen Text gedruckt zu sehen, und nicht ein verlegerisches Interesse im Vordergrund stehen und der Urheber deshalb kein Honorar erwartet und billigerweise auch nicht erwarten kann (Memoiren, private Fami-
liengeschichten, Manuskripte unbekannter Autoren, an denen kaum
Interesse der literarischen Öffentlichkeit zu erwarten ist und für die sich
zu den allgemein üblichen Konditionen kein Verleger finden lässt).

§ 2 Angemessene Vergütung

Die Vergütung nach den nachfolgenden Regelungen ist angemessen,
wenn der jeweilige Verlagsvertrag den Konditionen des Normvertrags
für den Abschluss von Verlagsverträgen in der jeweils gültigen Fassung
entspricht, soweit nicht zulässigerweise Abweichungen vereinbart sind.
Alle Varianten der Honorarermittlung, die der Normvertrag zulässt und
die den hier vereinbarten Regeln wirtschaftlich gleichwertig sind, gelten
als angemessene Vergütungen.

§ 3 Honorar für Verlagsausgaben

(1) Der Verlag setzt die Vergütung für Hardcover-Ausgaben im Regelfall
als laufende Beteiligung des Autors an den Verwertungseinnahmen fest.
Richtwert für den Normalfall ist ein Honorar von 10 Prozent für jedes
verkaufte, bezahlte und nicht remittierte Exemplar bezogen auf den um
die darin enthaltene Mehrwertsteuer verminderten Ladenverkaufspreis
(Nettoladenverkaufspreis). Bei mehr als einem Autor und Mitwirkung
anderer Urheber (z.B. Bebilderung) gilt der Richtwert für die Summe der
angemessenen Vergütungen.

(2) Der Verlag kann eine Beteiligung von 8 bis 10 Prozent vereinbaren, wenn und soweit im Einzelfall beachtliche Gründe die Abweichung vom Richtwert gerechtfertigt erscheinen lassen. Solche Gründe können insbesondere sein:

1. die in § 36 Abs. 1 UrhG genannte Rücksicht auf Struktur und Größe des Verwerters,
2. die mutmaßlich geringe Verkaufserwartung,
3. das Vorliegen eines Erstlingswerkes,
4. die beschränkte Möglichkeit der Rechteverwertung,
5. der außergewöhnliche Lektoratsaufwand,
6. die Notwendigkeit umfangreicher Lizenzeinholung,
7. der niedrige Endverkaufspreis,
8. genrespezifische Entstehungs- und Marktbedingungen.

(3) Eine Beteiligung unter 8 Prozent kann nur in außergewöhnlichen Ausnahmefällen vereinbart werden, in denen besondere Umstände dies angemessen erscheinen lassen, z. B. bei besonders hohem Aufwand bei der Herstellung oder bei Werbung oder Marketing oder Vertrieb oder bei wissenschaftlichen Gesamtausgaben.

(4) Für Buchverlagsreihen können einheitliche Vergütungen vereinbart werden, soweit für die Buchverlagsreihen die Anforderungen der Absätze 1 bis 3 erfüllt sind.

(5) Für Fälle großen Verkaufserfolgs wird der Vertrag die Ausgangsvergütung mit einer ansteigenden Vergütungsstaffel verknüpfen. Das gilt nicht für Sonderausgaben.

§ 4   Verwertung als Taschenbuch oder Sonderausgabe

(1) Bei vom Verlag selbst veranstalteten Taschenbuchausgaben sind in der Regel folgende Beteiligungen am Nettoladenverkaufspreis angemessen:
1. bis 20.000 Exemplare   5 %,
2. ab 20.000 Exemplaren   6 %,

3. ab 40.000 Exemplaren   7 %,

4. ab 100.000 Exemplaren   8 %.

(2) Bei verlagseigenen Sonderausgaben, deren Verkaufspreis mindestens ein Drittel unter dem Verkaufspreis der Normalausgabe liegt, gilt ein Honorar von 5 % vom Nettoladenpreis als angemessen. Ab einer Auflage von 40.000 Exemplaren gilt ein Honorar von 6 % als angemessen.

§5 Verwertung von Nebenrechten

(1) Der aus der Verwertung der Nebenrechte durch Dritte beim Verlag erzielte Erlös wird nach Eingang zwischen Autor und Verlag geteilt, und zwar erhält der Autor, sofern nicht noch weitere Rechtsinhaber zu berücksichtigen sind, einen Anteil von

60 Prozent des Erlöses bei buchfernen Nebenrechten (insbesondere Medien- und Bühnenrechten) und

50 Prozent des Erlöses bei buchnahen Nebenrechten (z. B. Recht der Übersetzung in eine andere Sprache, Hörbuch).

(2) Die Vergütung der Nutzung von Nebenrechten durch den Verlag selbst bleibt einer gesonderten Vergütungsregel vorbehalten.

§6 Vorschüsse

(1) Der Autor erhält auf seine Honoraransprüche im Regelfall einen Vorschuss.

(2) Von der Zahlung eines Vorschusses kann abgesehen werden, soweit die Umstände es rechtfertigen; das gilt insbesondere für kleine und mittlere Verlage. Im Übrigen kann § 3 Abs. 2 entsprechend angewendet werden.

§7 Abrechnungen

(1) Honorarabrechnung und Zahlung erfolgen jährlich per 31. Dezember innerhalb der auf den Stichtag folgenden drei Monate.

(2) Sofern im jährlichen Turnus abgerechnet wird, ein beachtliches Guthaben aufläuft (2.000 Euro und mehr) und es dem Verlag organisatorisch möglich und zumutbar ist, kann der Autor eine Abschlagszahlung per 30. Juni verlangen.

§8 Neue Nutzungsarten

Hat ein Verlag mit dem Autor eine nach diesen gemeinsamen Vergütungs-regeln ermittelte Vergütung vereinbart, so ist der Autor verpflichtet, dem Verlag auf dessen Verlangen die Rechte an sämtlichen zukünftig entstehenden neuen Nutzungsarten (§ 31 Abs. 4 UrhG) schriftlich einzuräumen. Der Verlag verpflichtet sich in diesem Fall im Gegenzug, den Autor an den Erlösen aus derartigen Nutzungen angemessen zu beteiligen. Die Beteiligung wird gegebenenfalls der wirtschaftlichen Entwicklung der neuen Nutzung angepasst.

§9 Inkrafttreten und Kündigung

Diese Vereinbarung tritt am 1. [ ]. 2005 in Kraft. Sie ist auf unbestimmte Zeit geschlossen und kann mit einer Frist von sechs Monaten zum Jahresende, erstmals zum 31. Dezember 2006, gekündigt werden.

Für den Verlag
Schriftsteller

Für den Verband deutscher

> Honorare: Paperback Writer

If you really like it, you can have the rights.
It could make a million for you overnight.

So lautet das Angebot des Paperback Writers aus dem Beatles-Song an seinen Verleger.

Aber wie viele Millionen könnte zum Beispiel ein deutscher Autor mit einer Veröffentlichung verdienen?

Trotz aller Bemühungen um höhere Honorare für alle Autoren: Es sind vor allem die Bestsellerautoren, die davon profitieren. Denn es ändert sich nichts an der wirtschaftlichen Tatsache: Kleine Auflagen, geringe Honorare. Ein Autor, der überwiegend Bücher schreibt, die nur in niedrigen Auflagen verkauft werden, muss sehr produktiv sein, um davon leben zu können – oder ein zusätzliches Einkommen haben, wie die meisten.

Angenommen Ihr Buch mit 200 Seiten Umfang erscheint als Softback im Tb-Verlag, der es als Taschenbuch für 6,90 EUR herausbringt. Der Pb-Verlag dagegen würde es als Paperback für 9,90 EUR publizieren. Der Unterschied von Taschenbuch und Paperback liegt in der besseren Ausstattung des Paperbackbandes und vor allem in der Preisdifferenz – ein übliches Marketinginstrument.

Für den Autor, der sein Werk in beiden Fällen als Originalausgabe veröffentlicht sieht, wirkt sich der feine Unterschied ganz spürbar aus: Als Taschenbuchautor erhält er vielleicht 5 % vom Netto-Ladenverkaufspreis – als Paperback-Writer beispielsweise 8 %.

Beispiel (Angaben in Euro):

	Taschenbuch-Verlag	Paperback-Verlag
Ladenverkaufspreis	6,90	9,90
./. 7% MwSt.		
= Netto-Ladenverkaufspreis	6,42	9,21
Autorenhonorar		
Tb = 5%, Pb = 8%	0,32	0,74
Auflage 3000 Ex.		2232,00
Auflage 6000 Ex.	1920,00	4440,00
Auflage 12000 Ex.	3840,00	

Das Honorar für eine Paperback-Originalausgabe ist erheblich höher als das für ein Taschenbuch. Vielleicht wird sich ein preiswerteres Buch aber öfter verkaufen, also eine höhere Auflage erzielen. In unserem Beispiel kann man sagen, das teurere Paperback möglicherweise nur halb soviel Käufer findet wie das preiswerte Taschenbuch. Dennoch ist das absolute Honorar des einen Buchtyps nicht weit entfernt vom anderen. Sollte jedoch das Paperback ein Hit werden, dann wird der Paperback-Writer zwar immer noch nicht Millionär, verdient aber gut.

Eine andere Betrachtung: Die Gesamt-Wertschöpfung (Taschenbuchpreis 6,90 EUR x 6000 Auflage) von 41.400 EUR, an der Verlag, Druckerei, Buchhandel und Finanzamt beteiligt sind, wird nur durch die schöpferische Leistung des Autors möglich. Der jedoch muss sich mit der niedrigsten Einnahme begnügen: 1920 EUR. Sogar der Mehrwertsteueranteil ist höher.

Die Bruttoverdienstspanne des Buchhandels an diesem Titel beträgt weniger als 20.000 EUR – wenig, verglichen mit den Handelsspannen anderer Branchen.

Der Verlagsumsatz von etwa 20.000 EUR (den seltenen Fall einer komplett verkauften Auflage vorausgesetzt) ist, angesichts hoher Marketing-, Druck- und Personalkosten bei ständig schärfer werdendem Wettbewerb kaum ausreichend, um die unvermeidlichen Bücher-Flops im Programmjahr mitzufinanzieren.

> Von Goethe lernen
heißt verdienen lernen

Zwölf goldene Regeln

Über Autorenhonorare wird gestritten und verhandelt, seit es sie gibt. Ein Verhandlungsstratege wie Goethe könnte bei diesem Thema geradezu ein Vorbild sein. Friedrich Schiller schrieb in einem Brief vom 18. Mai 1802 an den Verleger Cotta über seinen Kollegen: »Es ist, um es geradeheraus zu sagen, kein guter Handel mit Goethe zu treffen, weil er seinen Werth ganz kennt und sich selbst hoch taxiert, und auf das Glück des Buchhandels, davon er überhaupt nur eine vage Idee hat, keine Rücksicht nimmt. Es ist noch kein Buchhändler mit ihm in Verbindung geblieben, er war noch mit keinem zufrieden und mancher mochte auch mit ihm nicht zufrieden seyn. Liberalität gegen seine Verleger ist seine Sache nicht.«

Wer wollte einen solchen Autor für seinen Verlag gewinnen ?, denkt man. Und doch war Goethe von Verlegern umworben und er verstand es, sie gegeneinander auszuspielen. Er kreierte sogar die erste bekannte Manuskriptauktion. Verleger erfüllt es noch heute mit Grausen, wenn internationale Literaturagenten auf diese Weise den Vorschuss hochtreiben.

Goethes psychologische, strategische
und taktische Tricks
bei Verhandlungen mit Verlagen

1. Beherzige Goethes Grundsatz für alle Verhandlungen mit Verlegern:»Die Buchhändler [wozu auch die Verleger zählen] sind alle des Teufels, für sie muss es eine eigen Hölle geben.«

2. Cool bleiben, absolut cool:»Die Geschäfte müssen abstract, nicht menschlich mit Neigung oder Abneigung, Leidenschaft, Gunst p. behandelt werden, dann setzt man mehr und schneller durch. Lakonisch, imperativ, prägnant.«

3. Schweigen ist Gold: Gegenüber seinem Verleger Cotta, den er während vertraglicher Verhandlungen oft lange auf Antwort warten ließ, äußerte er einmal, er habe in seinem Leben gefunden,»die Zeit sey die eigentlichste Vermittlerin.«

4. Ein Angebot ist nur eine Gesprächseröffnung: Cotta hatte angeboten, für eine Auflage von 20.000 Exemplaren einer Gesamtausgabe 60.000 Reichstaler Honorar zu zahlen; Goethe verlangte daraufhin 100.000 Taler.

5. Absatzhonorar sichert die Erfolgsbeteiligung: Goethe erhielt für seine Gesamtausgabe schließlich zusätzlich 3 Taler ab 20.000 verkaufte Exemplare – damit war es einem Autor erstmalig gelungen, über ein festes Pauschalhonorar hinaus ein Absatzhonorar durchzusetzen.

6. Package-Sale – verkaufe die Luschen gleich mit: Als Cotta versuchte, Goethe als Autor für seinen Verlag zu gewinnen, schlug ihm Goethe einen»Koppelungsvertrag« vor: Cotta sollte zugleich einen Liederalmanach, eine Geschichte der Kunst im verflossenen Jahrhundert eines anderen Autors mit Aufsätzen Goethes versehen und

als Drittes Goethes Übersetzung der Autobiographie des Benvenuto Cellini in Verlag nehmen.

7. Sei nicht nur beim Schreiben einfallsreich: Goethe bat den Verleger Vieweg, ein Gebot für Hermann und Dorothea abzugeben, nachdem er in einem versiegelten Umschlag seine Forderung festgelegt hatte. Lag das Verlegerangebot darunter, zerschlug sich das Geschäft, lag es darüber, wurde Goethes Umschlag geöffnet und es blieb bei seiner Forderung. (Für die Beschreibung und Analyse dieser Art von Auktion erhielt William Vickrey im Jahr 1996 den Nobelpreis für Wirtschaftswissenschaften.)

8. Going, going, gone: Goethe ließ streuen, dass seine neue Werkausgabe»zur Konkurrenz freistehe«, worauf sich 36 Verleger bewarben, von denen er»ansehnliche Gebote« erhalten habe, wie er seinem Verleger Cotta (von dem er sich in Wirklichkeit nicht trennen wollte) mitteilte. Cottas Kapitulation bei diesem Auktionspoker lautete, dass»ich mit Vergnügen 10.000 Thaler mehr als das höchste Gebot Honorar für die neue Ausgabe Ihrer Werke von 40 Bänden auf 12 Jahre bezahle.«

9. Vertrauen ist gut, Vorschuss ist besser: Seinem damaligen Sekretär Seidel erteilte Goethe 1786 von Italien aus die Anweisung, seine Manuskripte dem Beauftragten Göschens nur gegen vorherige Honorarzahlung auszuhändigen, und Cotta ließ er wissen, er müsse zunächst die Honorare auszahlen, denn er könne»ohne vorgängigen Abschluß des Geschäfts das Manuskript nicht ausliefern.«

10. Stimme der Einigung nur missgelaunt zu: Nach langwierigen Verhandlungen trug Goethe seinem Vertrauten auf, Cotta sein Einverständnis mitzuteilen: »Ja! ja! also ja! und Amen!«

11. Vermeide Neid unter Schriftstellerkollegen: Nachdem er für Hermann und Dorothea das Drei- bis Vierfache dessen, was andere

bekannte Autoren als Honorar erhielten, ausgehandelt hatte, antwortete er auf Schillers Frage, ob er zufrieden mit dem Honorar sei: »O ja, recht gut, ich kann leidlich zufrieden sein.«

12. Wenn Du berühmt ist, gib dich nicht der Illusion hin, die Verleger schätzten dich und dein Werk besonders: »Einige Verleger wollen alle Autoren von einigem Ruf an sich ziehen, und sparen weder Complimente, noch Geld, diese Speculation auszuführen. Sie wollen von dem berühmten Autor nur etwas haben, sey es, was es sey, wenn sie nur den Namen des berühmten Mannes in ihren Bücher-Catalogen aufführen können.«

Goethe verdiente Millionen durch seine Autorenhonorare, obwohl die Zeiten damals für Verleger und Autoren schwierig waren, weil es kein umfassendes Urheberrecht gab und jedes halbwegs erfolgreiche Buch von den Nachdruckern umgehend und auch noch billiger angeboten wurde. Die Verleger wurden nicht arm dabei, und manche verdienen noch heute an Goethes inzwischen natürlich freien Werken. Auch Verleger, die damals bei Goethes Auktion nicht zum Zuge kamen, freuten sich mit dem großen Literaten, wenn auch nicht ganz ohne Schadenfreude, wie aus Heinrich Brockhaus' Tagebuchnotiz ersichtlich ist: »Mich aber bei der Sache lebhaft betheiligt und gewissermaßen dazu beigetragen zu haben, daß Goethe von Cotta ein viel höheres Honorar erhielt, als unter andern Umständen der Fall gewesen sein würde, wird mir stets eine angenehme Erinnerung bleiben.«

Manfred Tietzel: »Goethes Strategien bei der wirtschaftlichen Verwertung seiner Werke«, aus: Buchhandelsgeschichte Heft 1/1999.

Was es alles zu entscheiden gilt

Papier
Volumen
Laufrichtung
Farbe
Gewicht
Haptik
Opazität

Papierorten
gestrichenes Papier
(z.B. Kunstdruck)
Werkdruck
Naturpapier
Dünndruck
Transparentpapier

Buchformat

Bilder, Bildsprache

Beispielhafte Buchtypen

Belletristik
Theaterstück
Gesetzes-
sammlung
Kochbuch
Wörterbuch
Schulbuch
Reiseführer

Kunst-/Fotoband
Kinderbuch
Lyrik
Bilderbuch
Lexikon
wissenschaftl.
Fachbuch

**Ausstattungs-
beispiele**
Kapitalband
Schutzumschlag
Leseband
Schuber
Einband-
veredelung

Satzspiegel

Farbigkeit

Einband
Hardcover/Deckenband
Softcover/Broschur

Bindungsarten
Fadenheftung
Fadensiegelung
Klebebindung
Mechanische Bindungen
(z.B. Spiralbindung)

Bezugsvarianten
Leder
Halbleder
Leinen
Halbleinen
Papier
Kunststoff

Form des Rückens
runder Rücken
gerader Rücken

Typografie
Antiqua
Grotesk
Egyptienne
(serifenbetonte)

Satzangaben
Schriftgrad
Zeilenabstand
Laufweite
Schriftschnitt
Satzbreite
Zeilenzahl

Mögl. Textelemente
Überschriften
Initial
Seitenzahl (Pagina)
Fußnote
Kolumnentitel
Tabelle
Bildlegende
Merksatz
Marginalie
Register

Aus: Rainer Groothuis,
*Wie kommen die Bücher auf
die Erde?*, DuMont Verlag

>> Mein Buch wird verlegt!

Solinas, © Bulls, aus: *Tagesspiegel*

> *Angenommen!*

Vom Manuskript zum Buch

Wie sehen die Stationen von der Annahme des Manuskripts bis zum fertigen Buch aus? Am Beispiel von Vivien Bronners Buch *Schreiben fürs Fernsehen*, das im Januar 2004 erschienen ist, werden die wichtigsten Schritte beschrieben:

Herbst 2002   Konzeptionelle Absprachen zwischen Verlag und Autorin über das Projekt eines Buchs zum Thema »Schreiben eines TV-Drehbuchs«, an dem die Autorin bereits arbeitet. Die Autorin liefert Exposé, Inhaltsverzeichnis und Textprobe.

Januar 2003   Verlagsvertrag unterzeichnet.

März   Titelentscheidung nach verschieden Vorschlägen: *Schreiben fürs Fernsehen*. Ergänzender Untertitel: *Drehbuch-Dramaturgie für TV-Film und TV-Serie.*

April   Eingehende Titelrecherche und Anmeldung des Buchtitels im VLB durch den Verlag, der auch eine Titelschutzanzeige im Börsenblatt für den Deutschen Buchhandel platziert.

April   Kalkulation des Ladenpreises entsprechend geplantem Umfang und vorläufig festgesetzter Erstauflage.

Mai	Verlag gibt Umschlaggestaltung in Auftrag.
Juni	Der Buchtitel wird auf der Autorenhaus-Internetseite angekündigt, den Barsortimenten und der Verlagsauslieferung gemeldet. Die ersten Vorbestellungen treffen ein.
Juli	Ablieferung des Rohmanuskripts. Überarbeitung des Manuskripts durch die Autorin.
August	Lektorat des Manuskripts im Verlag.
Oktober	Autorin liest Korrektur.
Oktober	Externe Korrekturleserin liest nochmals.
November	Manuskript geht in Satz, Klappentext wird formuliert, Umschlag wird gemeinsam verabschiedet. Druckerei-Angebote werden eingeholt.
Dezember	Der umbrochene Satz wird im Verlag und von der Autorin noch einmal gelesen: letzte kleine Korrekturen.
Dezember	Endgültige Entscheidung über Erstauflage. Druckerei erhält die Satzdatei und die Datei der Buchdesignerin für das Cover.
Januar 2004	Druckerei liefert Vorabexemplare an Verlag und Autorin, Gesamtauflage an die Verlagsauslieferung. Vorbestellungen der Barsortimente und Buchhandlungen werden ausgeführt, zwei bis drei Wochen später ist das Buch im Buchhandel erhältlich.
Januar	Verlag versendet Presseexemplare sowie Leseexemplare an Buchhandlungen.
Februar	Berlinale 2004 – Präsentation der Neuerscheinung.

> Das eigene Buch verkaufen

Hand in Hand mit Ihrem Verlag

Wenn Ihr Buch nicht nur gedruckt, sondern auch verkauft werden soll, müssen mögliche Leser davon wissen. Der Eintrag im Verzeichnis lieferbarer Bücher bringt noch keine Verkäufe. Erfolgsautorin Nikola Hahn:»Der Leser braucht Orientierung in der Masse der Neuerscheinungen, und ein Autor muss sich bemerkbar machen, wenn er bemerkt werden will.«

Es bedarf gezielter Werbung und einer sorgfältig geplanten Öffentlichkeitsarbeit, damit ein Buch die Aufmerksamkeit der Leser und der Buchhändler und vielleicht sogar einen Platz in deren Regalen findet. Sie müssen versuchen, Ihre Zielgruppe zu erreichen.

Werbebotschaften nimmt man oft kritisch auf.»Die können mir ja viel erzählen«, denken auch Sie bestimmt oft, wenn Ihnen Produkte von Herstellerseite angepriesen werden. Werbung ist aber wichtig, weil sie informiert. Unterstützt durch PR-Maßnahmen (Public Relations = Öffentlichkeitsarbeit) wirkt sie als Katalysator.

Meinungsbildnern, die positiv über Ihr Buch berichten, wird eher Vertrauen geschenkt als einem noch unbekannten Autor. Und wer sich bei professionell organisierten Veranstaltungen von der Qualität Ihres Buchs überzeugen kann, kauft es oder empfiehlt es weiter. Leser informieren sich an erster Stelle durch das Gespräch mit Freunden über Bücher!

»Beide Seiten sind gefordert«, sagt die Autorin Marliese Arold. »Der Autor soll sich vor Aktionen nicht drücken. Aber wenn der Verlag nicht mitzieht, haben Aktionen des Autors im Alleingang nur mäßigen Erfolg, es sei denn, er hat ganz tolle Kontakte. Es ist ein Miteinander nötig!«

Dieses Miteinander ist leider nicht immer ganz problemlos. Einen unbekannten Autor binden die meisten Verlage von sich aus kaum vorher ins PR-Geschehen ein. Selbst Kopien von Rezensionen werden oft nur sporadisch versandt. Manche Verlage äußern sich ausweichend, wenn ein Autor beispielsweise konkret nachfragt, ob Rezensionsexemplare verschickt werden oder reagieren nicht auf Fragen nach Lesungen oder weiteren PR-Maßnahmen.

Ein Großteil der interviewten Autoren antwortete übrigens auf die Frage, ob sie für ausreichend halten, was der Verlag für sie und ihre Werke tut, eindeutig mit »Nein«. Allerdings fiel auf, dass sich diese Antwort mit zunehmendem Bekanntheitsgrad des Autors wandelte ...

Wenn Sie Ideen für PR-Aktionen oder für Kontakte mit den unterschiedlichsten Medien haben, besprechen Sie sie mit Ihrem Verlag. Mehr als ein Abwinken können Sie sich nicht einhandeln. In dem Fall wären Sie auf sich allein gestellt, wenn Sie aktiv werden wollten. Im besten Fall dagegen wird man Ihre Vorschläge gern annehmen und berücksichtigen.

Nikola Hahn musste sich »die Einbindung ins Geschehen hart erkämpft. Für den ersten Roman habe ich der Werbe- und Presseabteilung konkrete Vorschläge gemacht, druckte Infomaterial und Plakate selbst, organisierte Presse- und Lesungstermine. Der Verlag gesteht mir zu, dass ein Großteil des Bucherfolgs auf diese Maßnahmen zurückzuführen ist. Ich muss ganz deutlich sagen: Wenn man nicht selbst initiativ wird, passiert nicht viel!« So stellte Nikola Hahn für den Bereich Öffentlichkeitsarbeit Presseadressen und Interessenten für Lesungen zusammen und pflegte zudem auch selbst Kontakte zu den Medien. Seit dem Erscheinen ihres zweiten Buches allerdings organisiert ihr Verlag Lesungen nach Terminabsprache von sich aus ...

> *Event oder Lesung?*

Eine Lesung in der heimeligen Atmosphäre eines Sarglagers (Bitte nicht vorzeitig hineinlegen!), in den sonst von Ratten bevölkerten Abwasserkanälen Berlins, in einem stadtbekannten Puff, im Rathaus inmitten von Politikern, unter Gewaltverbrechern im Sicherheitstrakt eines Gefängnisses und – ganz lieb – im Polizeipräsidium, Krankenhaus, Museum oder in der Feuerwache. Wo wurde noch nicht gelesen, welcher bizarre Leseort ist noch unentdeckt?

Das Zuhören allein genügt nicht mehr, scheint es. Die anderen Sinne müssen mitbefriedigt werden, wenigstens sollen die Lesungen »inszeniert« sein und, ganz wichtig, es muss dabei getrunken und gegessen werden können. Und wenn alles zusammenkommt, handelt es sich um ein Event.

Wo bleiben in dem Lesezirkus die unbekannten Autoren? In Autorenzirkeln wird gelesen, Literaturgesellschaften und Autorenvereinigungen organisieren Lesungen, aber können die Stars von morgen auch da lesen, wo sie ihre Werke künftig präsentiert sehen möchten, in Buchhandlungen?

Doch, es gibt noch Buchhandlungen, die sogar Autorinnen und Autoren, deren Bücher sie üblicherweise nicht im Sortiment führen, ein Forum bieten. Da kündigt eine Kiez-Buchhandlung ihren Kunden mit persönlicher Einladungskarte die Lesung einer noch unbekannten Autorin an. Die treue Büchergemeinde kommt abends in der TV-Primetime, zahlt drei bis fünf Euro Eintritt, nascht sparsam von den angebotenen Plätzchen, nippt kennerhaft am grünen Tee und folgt beim Zuhören tiefsinnig den langsamen Bewegungen eines Teeblattes in der Tasse, um schließlich die von Autoren gefürchtete Mutter aller Fragen zu stellen: Warum schreiben Sie? Gleich gefolgt von: Haben Sie das alles erlebt?

Wer einen Draht zu seiner Buchhandlung und ein vorzeigbares Buch hat und kein Honorar von ein paar hundert Euro pro Abend verlangt, hat gute Chancen im Buchhandel zu lesen, auch wenn das Werk nicht in einem großen oder bekannten Verlag erschienen ist.

Unveröffentlichte Autoren können ihr *work in progress* vorstellen – bevor es geprüft oder verändert durch das Lektorat einer Literaturagentur oder eines Verlagslektorates gegangen ist. Unveröffentlichte Manuskripte werden auch in Literaturhäusern und anderen Literaturorten wie Cafés gelesen und inszeniert: Lesen alleine ist oft nicht mehr genug. Da wird mehrstimmig mit verteilten Rollen gelesen oder Lyrik mit Musikbegleitung, Poetry Slams im Rap-Stil auch an ungewöhnlichen Orten präsentiert. Autorengruppen sind dabei im Vorteil: Sie lesen jeweils nur kurz und stellen gleichzeitig den literarischen Fan-Club!

Checkliste: Lesungen

Öffentlich lesen verlangt einen heldenhaften Autor, der bereit ist, sich und sein Werk vor einem kritischem Publikum zu präsentieren. Hier einige Tipps:

✓ Nicht jeder Text ist für eine Lesung geeignet – wählen Sie Lyrik oder Prosapassagen für Ihren ersten Auftritt in der Öffentlichkeit sorgfältig aus.

✓ Nicht jeder Autor ist ein guter Vorleser. Sie müssen nicht Schauspieler oder Sprecher sein, aber ein wenig dramatisches Talent gehört dazu.

✓ Nicht jeder Text ist für jedes Publikum bei einer Lesung geeignet: Überlegen Sie genau, welches Publikum Sie sich wünschen und wie Sie es erreichen.

✓ Zum Beispiel: Ist Ihr Text von lokalem Interesse, schlagen Sie dem Museum, der Bibliothek oder dem Gemeindehaus Ihres Ortes eine Lesung vor.

✓ Üben Sie das laute Vorlesen, das richtige Tempo, die Lautstärke, die Betonung und nehmen Sie Proben auf Band auf.

✓ Schreibzirkel: Hier finden Sie eher Gelegenheit für eine erste kürzere Lesung von bis zu zwanzig Minuten. Wenn Sie Star der Veranstaltung sind, erwartet man etwa eine Stunde Lesezeit.

✓ Rechnen Sie nicht mit großem Andrang – zehn bis zwanzig Interessierte sind typisch.

✓ Wenn Ihr Text noch nicht in Buchform vorliegt, könnten Sie einzelne Handdrucke – vielleicht in Zusammenarbeit mit einer Künstlerpresse – zum Verkauf anbieten.

✓ Vermeiden Sie dürftige Fotokopien Ihres Werkes: Besser nichts Gedrucktes hinterlassen als einen miserablen Eindruck.

Merken Sie sich eines: Jeder Autor, und sei er noch so jung, steht als Persönlichkeit turmhoch über uns dreien, die wir hier sitzen.

Verleger Peter Suhrkamp zu zwei seiner Lektoren

>> *Verlagsabsagen*

> *Lektorate, Lügen und Internetseiten*

Über Verlage und ihre Mitarbeiter gibt es unter Autoren sehr verschiedene Ansichten. Da ist von der Allmacht der Götter im Druck die Rede, von väterlichen Freunden, die das Werk betreuen und die Verlagsautoren fördern, aber immer häufiger von den Produkt-Managern in den Konzernzentralen der Verlage.

Im Verlagsalltag bestimmen Stress, Hetze und der Konkurrenzdruck das Programm. Auf Internetseiten wird dagegen die heile Bücherwelt gepflegt: Autoren werden mit ihren Neuerscheinungen vorgestellt, das aktuelle Programm zum Zugreifen präsentiert. Es soll Spaß machen, in den virtuellen Seiten des Verlagsprospektes zu blättern, hier und da eine Kostprobe zu lesen.

Die Wirklichkeit der Lektorate sieht für den abgelehnten Autor allerdings ein wenig anders aus: Da wird per Vordruck abgeschrieben, ein Wortgestammel von ausgebuchten Programmen und nichtssagenden Floskeln begleitet das heimgekehrte Manuskript. Nicht besser geht es den Autoren, die am Telefon abgewimmelt werden: Die Lektorin ist gerade nicht an ihrem Schreibtisch und das Manuskript scheint unauffindbar.

Liegt es vielleicht am fehlenden Rückporto? Der treue Autor schickt Briefmarken – und wartet. Vergeblich. Nicht ahnend, dass im Verlag Manuskripte, die das Lektorat nicht interessieren, noch dazu ohne beigefügten Rückumschlag und nicht ausreichend frankiert, in die Papiertonne wandern. Später nachgesandtes Rückporto nützt dann auch nichts mehr ...

Zweifel befallen ihn: Könnte es sein, dass der Verlag sein Manuskript gar nicht erhalten hat? Oder womöglich ein Hausautor seine Story umschreibt? Hieß es nicht in einem Absageschreiben: »Wir bereiten einen ähnlichen Titel bereits vor ...«?

Ideenklau?!

Schon wird er zur Gewissheit. Aber kluge Erstautoren bleiben cool: Ideenklau solcher Art ist erstens selten und zweitens haben Sie vor dem Manuskriptangebot an Verlage oder Agenturen einem Freund ihr Manuskript gesandt, der das Kuvert mit dem gut lesbaren Poststempel aufbewahrt und das Eingangsdatum vermerkt hat. Damit existiert ein Beweis für den Zeitpunkt der Urheberschaft – und Zweifel an der ehrlichen Verlagswelt kommen bei Erstautoren gar nicht erst auf, oder?

> *Autoren-Blues*

Erfolgs-Checkliste

Absagen und Kritiken können niederschmetternd sein. Kein Grund, das Suchen nach dem richtigen Verlag aufzugeben und erst recht nicht das Schreiben! Durchhalten und beständig weiter am Autorenerfolg arbeiten, lautet das Rezept gegen den gefürchteten Autoren-Blues:

✓ Nicht Sie als Autor oder Autorin werden abgelehnt oder kritisiert, sondern das Manuskript.

✓ Ablehnungen können viele Gründe haben, die nichts mit dem Werk zu tun haben.

✓ Es ist sinnlos und führt nur zu persönlicher Animosität, wenn Sie dem Lektor klarmachen wollen, warum seine Ablehnung falsch war.

✓ Analysieren Sie Kritik an Ihrem Werk: Sie kann wertvolle Hinweise geben.

✓ Erscheint Ihnen die Kritik völlig unberechtigt: Ignorieren!

✓ Wenn Sie den Grund für die Ablehnung kennen und glauben, Sie können den Verlag durch Ergänzen oder Umschreiben doch noch interessieren: Tun Sie es! Sie können nur gewinnen – und sei es an Erfahrung.

✓ Sachliche Fehler in der Begründung einer Ablehnung oder einer Kritik korrigieren Sie nur (wenn Sie sich beim Lektor besonders beliebt machen möchten) mit einem kurzen, freundlichen Brief. Alles andere sieht kleinlich aus.

✓ Nach einer Ablehnung nicht verzagen – gleich weitersuchen!

✓ Verschwenden Sie nicht Ihre Zeit mit Änderungen, solange Sie von Ihrem Manuskript überzeugt sind: Konzentrieren Sie sich lieber auf die Verlagssuche.

✓ Weiter arbeiten: Lassen Sie nicht Ihr Schreiben davon bestimmen, ob Sie mit dem ersten Manuskript Erfolg haben.

✓ Lassen Sie sich nicht die Freude am Schreiben nehmen: Die Veröffentlichung ist nicht alles!

✓ Schnelle Erfolge sind selten. Nur Ausdauer, ständige Verbesserung und kontinuierliche Arbeit an Ihren Texten führen zum Erfolg.

Ratschläge für einen Bestsellerautor
von Mario Puzo (*Der Pate*)

> Schreibe nie in der Ersten Person.

> Sprich mit niemanden über deine Arbeit, bevor sie fertig ist.

> Verkaufe das Buch nicht an eine Filmproduktion, bevor es fertig ist.

> Umschreiben ist das ganze Geheimnis des Schreibens.

> Führe ein geruhsames Leben.

> Lies viel und geh ins Kino.

> Traue niemandem außer dir selbst.

Aus: *Das Buch der Listen*

> *Absurde Absagen*

Lektoren irren. Und das nicht erst seit neuerer Zeit: Kein Verleger, kein Lektor, der nicht schon einmal einen späteren Bucherfolg abgelehnt hätte. Die Verfilmung von Robert Schneiders *Schlafes Bruder* war der Höhepunkt des Erfolgs eines Buches, das von 23 Verlagen, mehr oder weniger höflich, abgelehnt wurde. Später wurde das Werk in ebenso viele Fremdsprachen übersetzt wie es zuvor von Lektoraten deutschsprachiger Verlage abgelehnt worden war. Für Reclam Leipzig war die mutige Entscheidung ein Glücksgriff. Umberto Ecos *Der Name der Rose* wurde vom Scherz Verlag zurückgewiesen, ebenso Erica Jongs *Angst vorm Fliegen* – erschienen bei Hanser bzw. Bertelsmann. Aber auch die Bertelsmänner sind nicht gegen Fehlurteile gefeit. Als sie dem Rat der Literaturagentur von Michael Meller nicht folgten, weil sie Lee Iacoccas *Ein amerikanischer Traum* für »ein äußerst langweiliges Buch eines eitlen Menschen« hielten, wie die Berliner Morgenpost berichtete, erwarb Econ die Lizenz für 2000 Euro – das Buch setzte 10 Millionen Euro um. Auch die Memoiren von Mellers Autorin Rut Brandt wollte Bertelsmann nicht veröffentlichen; Hoffmann & Campe verkaufte dann eine Viertel Million Exemplare ihres Buchs.

Die spektakulärsten Fehlgriffe der Verleger und ihrer Lektoren hat André Bernard gesammelt und unter dem doppeldeutigen Titel *Rotten Rejections* veröffentlicht. Da bescheinigte ein Verlag dem Autor J.G. Ballard (1973 *Crash*), er sei »jenseits psychiatrischer Hilfe«. Pierre Boule mußte sich zu seinem Werk *Die Brücke über den River Kwai* sagen lassen: »A very bad book«. Megaseller

Stephen King erhielt Anfang der 70er Jahre, zu Beginn seiner Karriere, eine Rücksendung mit dem Urteil:»Science Fiction, die sich mit negativen Utopien beschäftigt ... verkauft sich nicht.« Als sollte sich das Prinzip erfüllen, das Dr. Laurence J. Peter gefunden und in *Das Peter-Prinzip oder Die Hierarchie der Unfähigen* beschrieben hatte, gab es ihm McGraw Hill schriftlich:»Ich kann keine kommerziellen Möglichkeiten für ein solches Buch sehen«. Dreißig Absagen später erschien es mit 10.000 Exemplaren in der ersten Auflage, verkaufte sich im ersten Jahr 200.000 mal, stand im Jahr 1970 auf der Bestsellerliste und wurde in 32 Sprachen übersetzt und verkauft sich noch heute glänzend.

William Golding ging es zwanzig Jahre früher nicht besser: *Sein Herr der Fliegen* wurde 17 Mal abgelehnt weil»absurd«, »uninteressante Fantasy«, kurzum:»Blödsinn«.

John Le Carrées *Spion, der aus der Kälte kam* provozierte die Verlegerprognose: Le Carrée»habe keinerlei Zukunft«.

Somerset Maugham durfte im Begleitbrief zum zurückgesandten Manuskript von *Auf Messers Schneide* das Urteil»geschmacklos« lesen.

Vladimir Nabokov bekam eine lange Absage, die mit dem Schlusssatz endete:»Ich empfehle, dass es unter einem Fels beerdigt werde, für tausend Jahre.« Der Titel des Manuskripts: *Lolita*.

Colettes *Claudine in der Schule* wurde ebenfalls harsch zurückgewiesen:»Ich wäre nicht in der Lage, 10 Exemplare zu verkaufen«, schrieb der Verleger. Er wird es bereut haben.

Ebenso wenig Vertrauen in seine Verkaufskünste hatte der Publisher, der George Orwells *Die Farm der Tiere* zurücksandte und dabei gleich seine mehr als oberflächliche Methode der Manuskriptsichtung preisgab:»Tiergeschichten lassen sich in Amerika nicht verkaufen.«

Unverhüllter Hass entlädt sich manchmal auf der anderen Seite des Schreibtischs, wie Lee Pennington erfuhr, der in über 300 Magazinen veröffentlicht, aber auch tausendfach zurückgewiesen wurde. Er sammelte bevorzugt großformatige Absagebriefe,

»weil sie mehr Raum einnehmen«. In sechs Monaten hatte er alle vier Wände seines Raums mit Absagebriefen tapeziert. Ein Verlegerschreiben, das er vor Wut ins Feuer warf, begann mit:»Dies ist das schlechteste Gedicht in englischer Sprache, Sie sind der schlechteste englischsprachige Dichter.« Das nächste Magazin veröffentlichte das Poem. Es wurde zum besten Gedicht des Jahres gewählt.

Die großen Literaten irischer Herkunft haben ähnlich freundliche Korrespondenz aus Verlagshäusern erhalten. Samuel Beckett wurde nicht im Zweifel gelassen, was der Verlag von seinem Manuskript hielt:»Ich würde es nicht mit einer Feuerzange anfassen … eine Imitation von Joyce … das Buch ist furchtbar …«. Ein anderer lehnte 1951 *Molloy und Malone Meurt* ab, mit der Erklärung, es sei ihm nicht möglich, die Bücher zu lesen:»Mein Auge weigerte sich, auf den Seiten zu verweilen«, und er bescheinigte Becketts Werken»einfach Langweiligkeit«.

James Joyces *Dubliners* wurde von 22 Verlegern zurückgewiesen. Als es schließlich erschien, so berichtete Joyce,»kaufte eine sehr freundliche Person die gesamte Auflage auf und ließ sie in Dublin verbrennen«. Die Verlagsodyssee von *Ulysses* und die staatliche Zensur sind Legende. Seine übrige Literatur war auch nicht jedermanns Sache, schon gar nicht banger Verleger, die 1916 das *Portrait des Künstlers als junger Mann* für»not attractive« hielten oder ihm erklärten,»es ist nicht möglich, in Kriegszeiten eine intelligente Leserschaft zu gewinnen.« Ein Dritter meinte:»Es wird sich nicht auszahlen«.

Zuvor musste sich schon W. B. Yeats von berufener Seite zu seinen Gedichten sagen lassen, sie seien»reiner Unsinn«. Ein anderer Verlagsprofi fand es»schwer zu glauben«, dass Yeats»überhaupt eine zahlende Leserschaft« habe.

Da scheint es nur gerecht, dass die drei Schriftsteller später mit dem Nobelpreis für Literatur ausgezeichnet wurden.

Angesichts der nichtssagenden Briefe aus Verlagshäusern, die heute an Autoren verschickt werden, manche vorgedruckt, was die schreibenden Individualisten durch die sprachlose Ignoranz, die ihrem Werk angetan wird, beinahe ebenso verletzt, möchte man sich Lektoren und Verleger wünschen, die noch wagen, Meinung und Urteil zu Papier zu bringen.

Political Correctness regiert auch hier. Oder haben sich Lektoren zu Herzen genommen, was Ernst Rowohlt empfahl?

»Ablehnungsbriefe müssen kurz sein, längere führen nur dazu, dass der Autor dir in einer umfangreichen Antwort Punkt für Punkt beweisen wird, wie unrecht du hast, kurz: was für ein Blödmann du bist. Das weißt du aber auch selber.«

Um fair zu sein: Wer Hunderte Manuskripte und mehr im Jahr erhält, müsste eine psychologisch geschulte, schriftgewandte Lektoratsassistentin allein für die Formulierung einfühlsamer Absagen beschäftigen. Vielleicht gelänge ihr, wovon Charlotte Brontë berichtete: Ein Begleitbrief zu dem zurückgesandten Manuskript *Der Professor* ermutigte sie sogar. Die Vorzüge und Schwächen ihres Werks wurden »so höflich, so rücksichtsvoll, in vernünftiger Weise, mit aufgeklärter Differenzierung« diskutiert, »dass genau diese Ablehnung die Autorin mehr erfreut hat, als eine vulgär formulierte Annahme es hätte können«, schrieb sie. Im gleichen Jahr erschien in diesem Verlag von ihr *Jane Eyre*.

Erfahrungsbericht:
Schriftstellerin – unveröffentlicht

Von Anke Jablinski

»Und seit wann schreibst du?«

»Kann man überhaupt vom Schreiben leben?«

»Warum schreibst du eigentlich?«

»Was schreibst du denn so?«

Oder »Aha, Sie schreiben! Für Kinder?«

Diese ziemlich nervigen Fragen, und die eigenen manchmal ungeduldigen Antworten, mit denen man ihnen begegnet, kennt wahrscheinlich jeder, der schreibt.

Gemein ist auch: »Wann ist denn dein Roman endlich fertig?«

Diese Frage erwischt einen meist, wenn man sich seit Tagen darüber ärgert, dass man nicht gut vorankommt. Ich frage dann zurück: »Welcher? Ich schreibe an zwei Romanen.« Eigentlich müsste man die Antwort direkter formulieren: »Ich arbeite an zwei Romanen.« Denn dass man arbeitet, wenn man schreibt, können sich die teilnahmsvollen Frager kaum vorstellen. Schreiben wird als Hobby angesehen, solange man keinen Namen als Schriftsteller hat.

Und noch ein Dialog ist nicht selten: »Was machen Sie beruflich?«

»Ich bin Autorin.«

»Ah! Schriftstellerin! Welche Bücher kann man denn von Ihnen kaufen?«

»Keins!« Peinlich oder komisch, kommt darauf an, wie ich mich gerade fühle. Ich habe mir angewöhnt, solche Fragen und die Bemerkungen hinter meinem Rücken (»die geht den ganzen

Tag ihrem Hobby nach«) zu ignorieren und auf erfolgreichere Zeiten zu hoffen. Aber manchmal werde ich doch wütend und denke: »Ihr werdet schon noch sehen ...«

Verwandte und Bekannte reduzieren meine Arbeit immer noch auf ein ganz bestimmtes Manuskript: »Was macht dein Malta-Buch?«

Abgesehen davon, dass ein Buch nichts machen kann, wird mir diese Frage langsam lästig. Denn auch ich mache nichts mehr an dem Malta-Buch, weil es seit Jahren fertig ist. Obwohl mit diesem Malta-Buch für meine Mitmenschen scheinbar mein Autorendasein begann. Wie viele andere Kollegen habe ich schon früh und gerne geschrieben, Briefe, Tagebücher, Gedichte, Songtexte, mit zwanzig ein Theaterstückchen, später Kurzgeschichten, noch später Romane. Aber mit diesem Buch über Malta wurde mein Schreiben plötzlich ernst genommen. Warum? Ich hatte einen Verlagsvertrag! War das schön! Kaum hatte ich mich entschlossen, Schriftstellerin zu werden und professionell zu schreiben, erhielt ich zwei Förderungen und kurz darauf einen richtigen Verlagsvertrag für mein Buch Zufluchtsort Malta! Ich war außer mir vor Freude. Ich schrieb zu diesem Zeitpunkt an meinem ersten Roman und Autorenkollegen ermutigten mich: »Anke, das erste Buch ist deine Visitenkarte! Danach geht alles leichter!«

Ich meldete mich beim Finanzamt als freie Autorin an, hatte durch die Förderungen sogar schon einen Verdienst anzugeben und fuhr nebenbei Taxi. Leider erschien das Malta-Buch dann doch nicht: Der kleine Berliner Verlag löste sich auf und konnte (trotz herausgebrachter Vorschau) keines der angekündigten Bücher mehr drucken! Pech gehabt! Doch keine Veröffentlichung!

Darf ich mich überhaupt Autorin oder Schriftstellerin nennen?

Ja, ich darf, denn ich arbeite ständig an meinen Texten, diszipliniere mich immer wieder beim Schreiben und ertrage meine Rückenschmerzen. Es ist eine Arbeit, bei der man immer alleine ist, manchmal einsam. Aber es gibt niemand, dem ich Rechenschaft schuldig bin, selten jemand, der sagt: »Gut gemacht!«

Wir Autoren sind Einzelkämpfer, in der Mehrzahl Autodidakten. Finanziell sieht es meist trüb aus: Durch Lesungen und Stipendien ist nicht viel zu verdienen. Leser- und Zuhörer-Meinungen helfen Stil und Inhalt zu verbessern. Gleichzeitig lernt man, sich im Dschungel der Verlags- und Bücherwelt zurechtzufinden. Wer weiß schon anfangs, welche Stipendien es gibt, welche Literaturzeitschriften und Verlage? Wer weiß, wie und wo er sich bewerben kann und bei welchen Verlagen besser nicht (ich denke an Zuschussverlage). Ich bin zur Buchmesse gefahren, weil ich die Hoffnung hatte, dort mit Lektoren ins Gespräch zu kommen. Zur Messe zu reisen ist teuer, ein neuer PC ist teuer, die vielen Manuskriptangebote an die Verlage sind teuer, so dass man schnell mehr ausgibt, als man verdient.

Die Arbeit beispielsweise an einem Roman besteht nicht allein aus dem eigentlichen Schreiben. Zuerst kommt die Recherche und das Lesen von Fachliteratur, dann der Konzeptentwurf, das Schreiben und Neuschreiben und nochmals die Textüberarbeitung, später das Korrekturlesen. Es folgen Telefonate und Briefe bei der Verlags- und Agentursuche und den Bewerbungen für Stipendien und vieles andere mehr.

Insider wissen, wie schwer es ist, als unbekannter Autor oder Autorin ein Buch zu veröffentlichen, vor allem, wenn es sich um Belletristik, um Romane und Novellen handelt! Sachbücher haben oft bessere Chancen. Einfacher ist es, ein Buch herauszubringen, wenn man vom Fernsehen her bekannt oder sonst ein VIP ist.

Manchmal fragt man mich: »Hast du dein Buch denn nicht mal anderen Verlagen angeboten?« *Was glauben die Unschuldigen denn? Achtzig Verlage haben mein Exposé, einige wenige das ganz Manuskript erhalten. Wie wurde ich teilweise gelobt! Toll sei mein Buch, ließe sich trotzdem leider nicht verkaufen, die Leserschaft sei zu klein für solche Art von Reisebüchern. Nein, ich habe wirklich nicht nur Formbriefe (»passt nicht ins Verlagsprogramm«) erhalten! Richtig nette Briefe waren dabei. Ein Lektor ließ sich seitenlang über mein Manuskript aus und lobte es in höchsten Tönen! Nur verkauft habe ich es bis heute nicht, denn es passte in keine der vorhandenen Reihen. Dafür erhielt ich Angebote, mein Buch umzuschreiben, fünf an der Zahl. »Nun schreib' doch das Buch um!«, sagen Bekannte zu mir, »du brauchst doch auch mal Anerkennung!«*

Ja, Anerkennung braucht der Autor, das stimmt. Aber die bekomme ich auch, wenn ich das Buch auf Lesungen vorstelle und es den Zuhörern gefällt. Einen normalen Reiseführer für eine der Reihen zu schreiben hieße, ein ganz anderes Buch, eher journalistisch als literarisch zu schreiben.

Vielleicht bin ich zu stur, aber ich habe mir vorgenommen, hartnäckig zu bleiben! Mal sehen, ob ich es nicht doch schaffe! Ich bleibe auf jeden Fall dabei!

Anke Jablinski, seit 1992 freie Autorin, zwei Förderpreise für einen Roman und eine Kurzgeschichte. Außerdem: Kurzgeschichten, Gedichte, ein zweiter Roman und ein Krimi – alle unveröffentlicht. Selbst ist die Frau: Ihren literarischen Malta-Reiseführer hat sie jetzt im Selbstverlag herausgebracht.

>> *Zuschussverlage*

LASSEN SIE UNS AUF IHREN VERLAGSVERTRAG ANSTOSSEN.
DAS ERHÖHT IHRE RECHNUNG NUR GERINGFÜGIG.

> Pseudoverlage

Vorsicht Haie!

Während Ihr Manuskript bei den Verlagen schläft um endlich von einem Lektoren-Prinz wachgeküsst zu werden, sind alle Ihre Sinne auf die Themen Verlage und Bücher ausgerichtet. Wie eine Schwangere auf einer Kleinanzeigen-Doppelseite sofort die einzige Zwei-Zeilen-Anzeige mit der Überschrift *Schwanger?* oder *Baby* entdeckt, so wird Ihr Auge magisch angezogen von Anzeigen wie: *Schreiben Sie?* und: *Verlag sucht Autoren* oder, absolut elektrisierend: *Wir publizieren*, nur noch zu übertreffen von: *Publizieren ohne Kosten.*

Dieses Kunststück hat zwar noch keiner vollbracht, wahrscheinlich meint der clevere Unternehmer aber Publizieren ohne Kosten – für den Autor! Die annoncierte Selbstverständlichkeit könnte all' jene aufmerken lassen, die schon einige Zuschussangebote gesammelt haben.

Die meist umfangreichen Unterlagen dieser Unternehmen, die dann Ihren Briefkasten füllen, bestätigen Sie wortreich in Ihrem angestauten Verlagsfrust, wonach deutsche Verlage sich zu riesigen Konzernen nach amerikanischem Vorbild zusammengeschlossen hätten und Literaturfabriken betrieben, die vorwiegend Hausautoren verlegten – ein offensichtlicher Unsinn. Aber das hält andere Inserenten auf Autorensuche nicht davon ab, ähnlich zu argumentieren.

Da sich aber allein aus der Negativhaltung gegenüber den erwähnten Literaturfabriken noch kein Druckauftrag für den Inserenten ergibt, muss das geknickte Ego des bereits mehrfach verschmähten Autors erst einmal wieder aufgerichtet werden: Trost wird gern durch bekannte Beispiele von Weltrangautoren gespendet. Auch sie wurden jahrelang verkannt, abgelehnt und nicht veröffentlicht. Oder man führt Beispiele berühmter Autoren an, die ihr Manuskript irgendwann unter anderem Namen anboten und eindeutige Verlagsabsagen erhielten. Irgendwo findet sich im Informationsmaterial dann auch unweigerlich der Hinweis auf bekannte Schriftsteller, die mit einem Druck auf eigene Kosten ihren ersten Publikationsorgasmus hatten. In diesem Zusammenhang wird gutgläubigen Erstautoren versichert, dass es die Struktur des amerikanisierten Buchmarktes sei, die zu einer Ablehnung von Manuskripten durch etablierte Verlage führten.

Sie ahnen es bereits? Jetzt hat der angebliche Literaturverlag seinen Auftritt, um diese Lücke zu füllen. Der erwartet allerdings für kleine Auflagen einen großen finanziellen Beitrag vom Autor. Dafür erhalte der Autor eben auch die Leistungen eines richtigen Buchverlags. Der sogenannte Verlag, für den die üblichen Marktgesetze nicht gelten sollen, ist ein Zuschussverlag, der Leistungen aufzählt, die in Wahrheit unerheblich sind und solche, die in Wirklichkeit meist nicht erbracht werden.

ISBN und CIP-Anmeldung werden bedeutungsvoll erklärt, das VlB, Verzeichnis lieferbarer Bücher, mit dem der Buchhandel arbeitet, hervorgehoben. Viel Lärm um Petitessen, die wenig kosten und die der Autor leicht selbst erledigen könnte.

Schließlich wird versprochen, das Buch im Buchhandel einzuführen, ja sogar weltweite Auslieferung garantiert. Allerdings werden Sie sich später wundern, dass Ihr Buch kaum im Buchhandel verkauft wird, zumindest nicht auf dieser Welt. Der Buchhandel hat Probleme genug, aus der Flut der Neuerscheinungen renommierter Verlage die richtige Einkaufswahl zu treffen.

Ähnlich ist es in den Redaktionen der Zeitungen, die ohnehin nur einen Bruchteil der von großen Buchverlagen zugesandten Neuerscheinungen besprechen können. Da haben bezahlte Bücher kaum Chancen, eine Rezension zu erhalten, obwohl auch dies von manchen Zuschussverlagen als wesentliche Verlagsleistung herausgestellt wird. Die versprochene Menge ist meist lächerlich gering, denn für eine erfolgreiche Bucheinführung werden Hunderte von Lese- und Rezensionsexemplaren benötigt. Aber das spielt auch keine Rolle mehr.

Außer vielleicht in Ihrem Lokalblatt und durch Ihre eigenen Bemühungen werden Sie Ihr Werk wahrscheinlich nirgends sonst erwähnt finden.

Unter allen angefragten Unternehmen hat nur eines offen und ehrlich geschrieben, dass Bestellungen in der Regel nur von Buchhandlungen aus dem Heimatbereich der Autoren kommen: »Alles andere zu versprechen, wäre nur Augenwischerei, an der wir uns nicht beteiligen.«

Allein die Programmbreite solcher Unternehmen sollte misstrauisch machen. Kaum ein Verlag könnte auf so vielen, so unterschiedlichen Gebieten publizieren und erfolgreich vertreiben, wie diese Unternehmen es vorgeben.

Viele dieser Bücher zeichnet aus, woran es in der etablierten Nabelschauliteratur meist fehlt: Ihre Autoren haben etwas zu erzählen. Dass sie für die Publikation ihres Werkes bezahlen, zeigt lediglich, wie überzeugt sie sind, dass es die Umwelt ebenfalls interessieren könnte.

Die finanzielle Seite der Veröffentlichung in einem Zuschussverlag ist leicht erklärt: Der Kunde zahlt für den Druck seines Werkes einen hohen Preis. Verkaufen wird es sich kaum, wenn der Autor sich nicht selbst darum kümmert oder dem Unternehmer sogar noch zusätzlich eine Anzahl seiner bereits bezahlten Bücher abkauft. Traumhafte Verheißungen mit Aussicht auf weitere Auflagen, die dann generöse 20 bis 30 % Honorar bringen sollen, werden sich wohl nur selten erfüllen. Das Winken mit Lizenzausgaben und Übersetzungsrechten soll dem Autor lediglich erleichtern, noch einmal zur Feder zu greifen – um einen Scheck zu signieren.

Auch die Beteiligung an Anthologien werden gerne als Dienst an der Literatur angeboten. Sie können bis zu 50 Euro pro Seite kosten; mit mindestens vier Seiten ist man dabei. Wer außer den wenigen Freiexemplaren weitere Bücher benötigt, darf sie mit 30% Rabatt erwerben.

Seriosität sollen Mitgliedschaften in Verleger- und Buchhandelsorganisationen vermitteln. Und damit der Wohltätigkeitscharakter des Unternehmens nicht übersehen wird, werden karitative Unternehmungen und Projekte unterstützt. Auffällig ist auch, wie schnell solche Unternehmen auf Manuskripteinreichungen reagieren und wie leicht ein Lektor telefonisch erreichbar ist.

Alles im Dienste der Literatur?

Der Begriff Zuschussverlag ist geschmeichelt, wenn nicht sogar irreführend: Wird von Autoren doch sehr viel mehr als nur ein Zuschuss erwartet.

Gegen bezahlte Drucke wäre nichts einzuwenden, wenn nicht Erwartungen geweckt würden, die sich wohl kaum erfüllen werden. Und sind es nicht diese Erwartungen, die Autoren dazu bringen, die Umkehrung des Verlagsprinzips zu akzeptieren? Denn Verlegen kommt von Vorlegen. Und damit ist nicht gemeint, dass der Autor vorlegt …

Es ist übrigens nicht unbedingt eine Empfehlung, bei einem etablierten Verlag auf solche Veröffentlichungen hinzuweisen. Meist erkennt der Verband deutscher Schriftsteller selbstfinanzierte Bücher nicht an, wenn über Aufnahmeanträge entschieden wird.

Für Autoren, deren Ehrgeiz es ist, ihr Werk gedruckt zu sehen und die nur wenige Exemplare für Freunde und Bekannte benötigen, ist die Dienstleistung dieser Unternehmen unverhältnismäßig teuer. Wer jedoch anstrebt, was alle Autoren erhoffen, nämlich: dass das Buch im Buchhandel verkauft, von der Kritik beachtet, von Käufern im Buchhandel gesucht und last but not least, vom Verlag auch honoriert wird, der wird von solchen Unternehmen wohl enttäuscht werden.

> *Verlegen kommt von Vorlegen*

Was sind Books-on-Demand-Verlage?

»Die Packer in normalen Verlagen schicken die Bücher an die Buchhandlungen, Luciano schickt sie nur an die Autoren. Manuzio interessiert sich nicht für die Leser ... ohne Leser kann man durchaus überleben.«

In diesem kurzen Zitat aus Umberto Ecos *Das Foucaultsche Pendel* steckt die Konzeption des Druckkostenzuschussverlags Manuzio und seiner Kollegen, auch in Deutschland: Sie vertreiben nicht Bücher, sondern erfüllen Träume, befriedigen Eitelkeiten und verdienen damit reichlich an den Autoren. Das Ungleichgewicht von Autoren, die sich gedruckt sehen möchten und wählerischen Verlagen begünstigt Unternehmen, die mit Kleinanzeigen auf Autorensuche sind. Nach der x-ten Verlagsabsage sind die Komplimente der so genannten »Lektoratskonferenz« solcher Unternehmen wie Balsam für die verletzte Autorenseele. Aber selbst verträumte Schriftsteller wachen spätestens dann auf, wenn es darum geht viel Geld zu bezahlen, sollte man meinen. Für Newcomer im Literaturbetrieb ist es aber nicht einfach, das Netzwerk undurchsichtiger Unternehmen und so genannter Autorenverbände, die sich gegenseitig stützen und weiterempfehlen, zu durchschauen.

Wie unterscheiden sich klassische Buchverlage von den anderen, welches sind die klassischen Verlagsleistungen? Und welche Aufgaben übernimmt der Autor als Selbstverleger? Die folgende Übersicht ermöglicht einen allgemeinen Vergleich.

Der klassische Buchverlag

Bevorzugt wird immer noch die Veröffentlichung in einem klassischen Buchverlag. Der Verlag trägt *alle* Kosten, der Autor muss »nur« ein gutes Manuskript mitbringen. Der Autor profitiert vom Verlagsimage, dem Verlagsprogramm, in dem sein Buch erscheint und dem Verlagsvertrieb. Und den hat nicht nur ein Großverlag. Kleinere Verlage sind für ihre Autorenbetreuung und langfristige Programmpflege bekannt.

Pseudoverlage

Verlegen kommt von Vorlegen: Damit ist nicht gemeint, dass Autoren, die bereits Monate oder Jahre in die Arbeit an ihrem Werk investiert haben, auch noch die Kosten für Herstellung und Vertrieb vorlegen. Unternehmen für Drucke, die der Autor bezahlt, werden meist als Zuschussverlage bezeichnet. Ein treffenderer Begriff ist m. E. Pseudoverlag, denn tatsächlich verlangen sogenannte Zuschussverlage meist weit mehr als die Druckkosten.

Solche Unternehmen kehren das Verlagsprinzip um: Sie honorieren nicht den Autor, sondern lassen sich von ihm bezahlen. Verlegen kommt aber von Vorlegen. In manchen Verträgen steht auch noch, dass der Autor, der zum Beispiel für den Vertrieb seiner Bücher selbst sorgt, diese großzügigerweise mit Rabatt vom »Verlag« erwerben darf, obwohl er sie bereits vorher schon bezahlt hat. So wird er quasi selbst zu seinem besten Kunden.

Gegen solche Unternehmen wäre weniger einzuwenden, wenn sie bei Autoren nicht den Eindruck erzeugen würden, dass sie für ihr Geld die Leistungen eines klassischen Verlags erhielten, vor allem auch eine umfassende Vertriebsleistung. Das erklärt u.a., warum sich solche Unternehmen um ein Image als großer renommierter Verlag bemühen und sich mit klangvollen literarischen Namen und Mitgliedschaften schmücken oder als Spender für wohltätige Zwecke auftreten.

Wenn Sie Zweifel haben, dass es sich um einen Verlag im Wortsinn (Verlag kommt von Vorlegen) handelt, dann ist es vielleicht klüger, keinen Vertrag zu unterschreiben, über dem »Verlagsvertrag« steht – wahrscheinlich sind Ihre Rechte mit einem Druckvertrag besser gesichert.

Books on Demand

Wenn ein Autor, wie kürzlich geschehen, stolz sein Buch vorzeigt und erklärt, der »Verlag« habe sein Buch »herausgebracht« sei ihm der Irrtum nachgesehen: Auf der Umschlagrückseite seines Buchs stand »Book on Demand Verlag«.

Verlag oder nicht Verlag?

Tatsächlich tragen Autoren, die »Bücher auf Nachfrage« von einer Digitaldruckerei produzieren lassen, alle Kosten für ihr Buch, angefangen vom Lektorat, Korrektorat über Satz, Layout und Covergestaltung bis zum Marketing, wenn sie nicht selbst dafür sorgen. Werbematerial, Messepräsenz und andere Dienstleistungen kann man bei manchen Anbietern gegen Bares buchen, und wenn der Autor bei Auftragserteilung 100 Exemplare seines Buchs mitbestellt, muss er die natürlich auch bezahlen.

Alles Leistungen und Kosten, die ein klassischer Buchverlag ganz selbstverständlich trägt, unabhängig von der Höhe des Honorars oder des Abrechnungsmodus'. Auch der Hinweis auf die Anbindung an ein Buchgroßhandelsunternehmen spielt bei dieser Betrachtung eine untergeordnete Rolle: Denn es nützt dem Autor zunächst wenig, dass sein Buch in Datenbanken mit Hunderttausenden von Büchern gelistet ist, wenn niemand erfährt, dass es sein Buch gibt.

Wir haben ein »Book on Demand« bei einem Internetbuchhändler bestellt, das erst nach Tagen eingetroffen ist – viel zu lang für verwöhnte Buchkäufer, die Über-Nacht-Lieferungen gewohnt sind. Da ist jeder kleine Selbstverleger schneller, der übrigens auch bei Amazon.de, dem größten Internetbuchhändler, sein Buch selbst anbieten und verkaufen kann. Lesen Sie *Mini Verlag*, da steht alles drin, was Sie wissen müssen.

Für Werbung und Vertrieb ist der Autor selbst verantwortlich, das wird ihm spätestens dann klar, wenn sich sein Buch nicht verkauft. Mit dem Digitaldruck sind Books-on-Demand-Unternehmen entstanden, die sich Verlag nennen, deren Leistungen jedoch kritisch besehen nicht anders als die von Zuschuss- oder Pseudoverlagen sind, mit dem entscheidenden Unterschied, dass ein Buch nicht 5.000, 10.000 oder 20.000 Euro kostet, sondern vielleicht nur 1.000 oder 2.000 Euro. Auch sind Book-on-Demand-Unternehmen mit vollmundigen Vertriebsversprechungen eher zurückhaltend und in der Kundenwerbung gehen sie meist nicht aggressiv auf Autorenfang aus: Die Druckereileistung, das Dienstleistungsangebot rund ums Buch, steht im Vordergrund.

Books-on-Demand-Angebote bedeuten für Autoren, sich wie Selbstverleger um den Vertrieb des Buchs kümmern zu müssen, aber die Produktion, eventuell auch Lagerung und Auslieferung nicht selbst übernehmen zu müssen. Digitaldruckereien und andere Dienstleister gibt es inzwischen in jeder größeren Stadt.

Der Selbstverlag

Wer glaubt, dass der Selbstverlag eine Notlösung sei, ist nicht der geborene Selbstverleger: Zu dieser Aufgabe gehören Enthusiasmus und Interesse an den vielfältigen Aufgaben, sonst ist das Ergebnis unbefriedigend.

Wann denkt ein Autor daran, sein Werk selbst zu verlegen?

Wenn er die Verkaufsmöglichkeiten für so gut hält, dass er den Verlagsgewinn selbst erzielen möchte, wenn er die Nutzungsrechte an seinem Werk nicht verlieren will oder wenn etablierten Verlagen die absetzbare Auflage zu niedrig erscheint. Der Autor oder die Autorin bringt also das eigene Werk auf eigene Kosten heraus und trägt selbst die Verantwortung für Gelingen und Publizität.

Typisch für den Selbstverlag ist, dass nur ein Werk des Autors erscheint und der Verlag nebenberuflich geführt wird. Wer Freude daran hat, setzt seinen Selbstverlag fort, bringt vielleicht sogar das Buch eines anderen Autoren heraus. Die Chancen sind unterschiedlich, je nach Genre und Thema. Häufig werden Fach- und Sachbücher selbst verlegt, zumal dann, wenn die Zielgruppe leicht erreichbar ist und das Internet als eigene Vertriebsplattform genutzt werden kann. Wichtig ist, dass der Selbstverleger auf professionelle Qualität bei Inhalt und äußerer Erscheinung achtet. Nur so verbessert er seine – wenn auch geringe – Chance, im Buchhandel beachtet zu werden.

Der Digitaldruck ist die beste Möglichkeit für den Selbstverlag, sein Risiko zu begrenzen: Es wird nur eine kleine Auflage gedruckt und es kann jederzeit nach Bedarf nachgedruckt werden. Die Kombination von Offsetdruck für den Umschlag und Digitaldruck für den Inhalt ermöglicht gut gestaltete und gedruckte Umschläge und erhält weitgehend die Vorteile des Nachdrucks unmittelbar nach Bedarf. Digitaldruck bedeutet für den Selbstverleger: keine Bücherberge in der Wohnung, kein gebundenes Kapital, große Flexibilität durch schnelle Aktualisierungen.

Der entscheidende Vorteil gegenüber Angeboten von Books-on-Demand-Verlagen liegt in der Entscheidungsfreiheit: Der Autor behält alle Rechte, trifft alle Entscheidungen, hat die vollständige Kontrolle über das gesamte Projekt. Lange Lieferzeiten wie bei manchen Anbietern, schwerfällige Verwaltung wie in großen Unternehmen – auf das alles kann ein Selbstverleger gerne verzichten. Und wenn es gut läuft: *The winner takes it all!*

Checkliste: Zuschussverlage

Bevor Sie unterschreiben, prüfen Sie folgende Punkte:

✓ Sucht das Unternehmen (regelmäßig) neue Autoren durch Anzeigen und andere Werbemittel?

✓ Verwendet das Unternehmen mehrere, meist hochtrabende und wohlklingende Namen und Adressen, die ganz zufällig den Namen großer Schriftsteller ähneln?

✓ Bekennt sich das Unternehmen zur Umkehrung des Verlagsprinzips (Nicht der Verleger legt vor, sondern der Autor)?

✓ Haben Sie Bücher Ihres Vertragspartners gesehen?

✓ Wird im Vertrag verbindlich die Gesamtauflage Ihres Buches festgelegt?

✓ Wird die Auflage kostengünstig in der Gesamtstückzahl gedruckt und ist das für Sie nachprüfbar?

✓ Wird ein verbindlicher Erscheinungstermin für die Gesamtauflage genannt?

✓ Wird eine Vorauszahlung vom Autor verlangt?

✓ Haben Sie selbst außerdem ein Angebot bei einer Druckerei eingeholt, um die Druckkosten vergleichen zu können?

✓ Handelt es sich demnach um einen Druckkosten-Zuschuss oder zahlen Sie mehr? Gar ein Mehrfaches der Druckkosten?

✓ Dividieren Sie den Betrag, den Sie für die Veröffentlichung Ihres Werks auf den Tisch legen sollen, durch die Zahl der Autorenexemplare, die Sie frei erhalten: Was kostet Sie dann der einzelne Band?

✓ Wenn Sie weitere 100, 200 oder 500 Exemplare haben möchten, welche Summe sollen Sie dann jeweils zusätzlich dafür bezahlen?

✓ Sind die Kosten für die angebotenen Leistungen einzeln aufgeführt, z.B. Lektorat, Gestaltung, Druck, Werbung?

✓ Steht im Vertrag, welche konkreten Werbemaßnahmen beim Buchhandel für Ihr Buch vorgesehen sind?

✓ Sind die Maßnahmen zur Leserwerbung konkret beziffert?

✓ Welche Vertriebsleistung erbringt das Unternehmen?

✓ Haben Sie verschiedenen Buchhändlern das Buchprogramm des Verlags gezeigt? Ist es bekannt und wird daraus verkauft?

✓ Wie viel Presseexemplare werden an die Medien (Liste der Empfänger) versandt?

✓ Haben Sie die nächste VS-Geschäftsstelle (Verdi) gefragt, ob und welche Erfahrungen andere Autoren mit dem Unternehmen gemacht haben?

✓ Ist das Unternehmen durch Presseveröffentlichungen und Prozesse bei Autoren, Autorenverbänden und deren Organisationen bekannt? Wenn Sie das wissen, wird es Ihnen leicht fallen, zu einem eigenen Urteil zu kommen.

✓ Wenn Sie sich entscheiden, für die Veröffentlichung Ihres Werkes zu zahlen: Haben Sie den Vertrag vor Unterschrift von einem auf Verlagsrecht spezialisierten Anwalt auf Ihre und die Verpflichtungen Ihres Vertragspartners prüfen lassen?

Aus: *Sunday Times*

Vanity Press

In angelsächsischen Ländern heißen Zuschussverlage, die ein Manuskript gegen Bezahlung drucken, *Vanity Press*. Sie nutzen den großen Wunsch unveröffentlichter Autoren, ihren Namen auf einem Buch gedruckt zu sehen, um sich ihren eigenen großen Wunsch zu erfüllen – an ihm zu verdienen. Dem bis dahin ohne Verleger gebliebenen Autor wird als Hauptmotiv für die bezahlte Buchveröffentlichung Eitelkeit (Vanity) unterstellt.

Wer für seine Memoiren keinen anderen Verlag findet als einen, der einen Druckkostenzuschuss erwartet, trägt das Verlegerrisiko mit. Dieser Autor zahlt damit einen Zuschuss zu den Druckkosten – und nicht die gesamten Verlagskosten. Vorsicht: Manche nennen sich Zuschussverlag, verlangen aber in Wirklichkeit weit mehr als einen Zuschuss!

Die Haie im Meer der unveröffentlichten Manuskriptanbieter dagegen versuchen oft den Eindruck zu vermitteln, sie arbeiteten wie Druckkostenzuschussverlage, die beispielsweise nur einen Teil der Druckkosten und die Lektoratsarbeit berechnen. In Wirklichkeit bezahlt der Autor meist alles:
- den Druck seines Buches,
- die hohen Messe- und Werbekosten (auch um »neue« Autoren als Kunden zu gewinnen),
- allgemeine Verlags- und Verwaltungskosten und natürlich:
- den Gewinn. Dies ist gewiss kein Druckkostenzuschussverlag, sondern ein Unternehmen für bezahlte Druckerzeugnisse.

Crash-Test für Selbstverleger:
Selbst verlegt, selbst verkauft, selbst verdient?

Viele Selbstverleger waren einmal von Verlagen missachtete Debütanten. Irgendwann, nach der zwanzigsten Ablehnung, wurde auch bei geduldigen Manuskriptanbietern die Frustration zur Trotzreaktion:»If you can't beat them, join them« lautet die strategische Umkehr: Denen zeig ich's, ich verlege selbst!

So entsteht dann ein Selbstverlag – ein Projekt mit fest umrissenen Aufgaben, selbst bestimmtem Zeitrahmen und begrenztem Budget. Es bedeutet, in die Schuhe des Verlegers zu schlüpfen, einen ganz anderen Blickwinkel als den aus der Autorenecke zu gewinnen und wie ein kühl rechnender Unternehmer zu denken und zu entscheiden.

Bevor Sie mit der Kalkulation beginnen und die Auflage planen, stellen Sie als erstes Ihrem Marketingexperten (der Sie natürlich ebenfalls sind), die entscheidenden Fragen:

> Wer sind die Käufer?
> Wo trifft man sie?
> Wie spricht man sie an?

Diese Überlegungen bestimmen in jedem Markt die Eigenschaften, die das Produkt haben sollte. Bücher konkurrieren mit vielen anderen Freizeitangeboten, und das eine Buch aus Ihrem Selbstverlag sucht einen Platz neben vielen anderen Büchern. Wie ein Profi müssen Sie entscheiden über:

Inhalt
Stimmt mein Konzept? Muss ich den Text für die vorgesehenen Käufer überarbeiten, um andere wichtige Themen ergänzen? Grundsätzlich gilt: Je spezifischer das Thema für eine bestimmte Gruppe, umso größer die Chance, im Selbstverlag Erfolg zu haben. Daher sind Regional-, Sach- und Fachbücher erfolgversprechender als beispielsweise Belletristik.

Titel

Der Titel sollte möglichst elektrisieren, Assoziationen wecken, neugierig machen und beim Sachbuch deutlich sagen, worum es geht. Untertitel können zusätzlich helfen. Und natürlich: Der Titel muss frei sein.

Ausstattung

Soll das Buch illustriert sein? Auch beim Paperback muss die Umschlaggestaltung attraktiv sein. Ein Blick auf die Taschenbuchreihen genügt, um den Anspruch, den Sie für Ihr Buch erfüllen sollten, zu erkennen. Das Honorar für Profis wie Grafiker und Illustratoren erhöht zwar die Produktionskosten, kann sich aber lohnen.

Druckqualität

Satz, Druck und Papier sollten Ihren Buchkonkurrenten im Markt zumindest entsprechen. Fotokopien sind für wissenschaftliche Arbeiten und die Alternativpresse vielleicht akzeptabel, nicht aber für den allgemeinen Buchmarkt.

Erscheinungsweise

Soll es eine Desktop-Publikation werden, die Sie mit Ihrem PC und Drucker je nach Bestelleingang (Publishing on Demand) produzieren und binden oder heften? Möchten Sie ein Periodikum herausgeben, das jährlich oder häufiger erscheint? Soll Ihr Buch ein Einzeltitel bleiben oder eine Reihe begründen?

Auflage

Oder lassen Sie eine Erstauflage drucken? Wie hoch soll sie sein? Grundsatz: Lieber nachdrucken, als auf der Auflage sitzen bleiben!

Vertrieb
Verkauf über den Buchhandel? Oder Direktvertrieb? Gibt es andere Vertriebswege – beispielsweise für ein Buch über Bierbrauen den Getränkehandel und Kaufhäuser? Regionaltitel könnten auch Geschenkläden oder Fotogeschäften angeboten werden.

Werbung/PR
Haben Sie schon eine zündende Werbeidee? Entscheidend für den Direktvertrieb! Wie wollen Sie Ihr Buch den Medien präsentieren? Brauchen Sie Werbemittel: Buchinfos, Prospekte?

Dienstleistung
Sie sind zwar Selbstverleger, aber können Sie alles selbst gut genug? Brauchen Sie die Hilfe, zumindest Tipps oder eine kritische Beurteilung des Textes oder der Gestaltung von Fachleuten, eventuell ein Lektorat zur Überarbeitung und Durchsicht auf Fehler? Als Autor ist man schon nach der zweiten Überarbeitung zu sehr mit dem Text vertraut, um alle Vertipper und Interpunktionsauslassungen zu bemerken.

Verkauf
Können Sie wie ein Verlagsvertreter den Buchhandel selbst besuchen? Wollen Sie Ihr Buch auch bei Veranstaltungen, Messen oder Lesungen anbieten?

Preis
In welcher Preiskategorie möchten Sie Ihr Buch platzieren? Entscheiden Sie dies zunächst (unabhängig von Ihrer eigenen Kalkulation) nach anderen in Thema und Ausstattung vergleichbaren Titeln, mit denen Ihr Werk konkurrieren muss.

Herstellung
Vergleichen Sie die Preise von mehreren Druckereien, die Bücher auch in kleinen Auflagen herstellen. Selbst wenn Sie nur 100 Exem-

plare Ihres Gedichtbandes drucken lassen, weil Sie Ihr Buch zu einem bestimmten Anlass herausgeben möchten, sollten Sie sich Mühe geben, damit es neben Profibänden bestehen kann. Suchen Sie eine Druckerei mit Erfahrung, die Sie bei der Herstellung (Papierauswahl, Umschlag, Bindung) berät.

Kalkulation

Haben Sie Ihr Ziel höher gesetzt und möchten Ihr Buch nicht nur verbreiten, sondern auch verkaufen, dann können Sie von einer einfachen Überschusskalkulation ausgehen: Legen Sie bei Ihrer Rechnung als Ziel die Kostendeckung fest. Ein zentraler Begriff für Ihre Kalkulation ist der Break-even-point, der Ihnen sagt, bei wie viel verkauften Büchern Sie Ihre Kosten decken. Von Gewinn keine Rede. Von allen Kosten auch nicht: Zunächst betrachten Sie nur die tatsächlichen Ausgaben. Größter Posten werden die Druckkosten sein, die wiederum hängen von der Höhe der ersten Auflage ab.

Direktverkauf

Selbstverlage haben es schwer, in den Buchhandel zu kommen. Deshalb suchen die meisten Selbstverleger nach Möglichkeiten, selbst zu verkaufen: Sie bieten beispielsweise kostenlose Lesungen in ihrer Heimat-Leihbücherei, Galerien, Künstlerkneipen oder bei Ausstellungen mit passender Thematik an. Dabei finden sich eigentlich immer einige freundliche Teilnehmer, die ein Buch kaufen – zum Ladenpreis.

Wer zusätzliche Absatzwege findet oder gar größere Mengen an öffentliche Stellen oder an Unternehmen, die ein besonderes Interesse daran haben, verkauft, kann bald schwarze Zahlen schreiben. Selbst wenn das nicht reicht, um alle Kosten zu decken, wird mit jedem verkauften Buch das Minus in der Kasse kleiner: Erster Erfolg!

>> *Erste Hilfe für Erstautoren*

> *Autorenverbände*

Die beiden großen deutschen Schriftstellerverbände haben vielleicht 5000 Mitglieder: der Verband deutscher Schriftsteller rund 4000 (Vorsitzender: Imre Török), der Freie Deutsche Autorenverband etwa 1000 Mitglieder. Heute ist der VS in der weltgrößten Gewerkschaft ver.di integriert. Der Bundesverband junger Autoren BVjA ist besonders rührig und klärt u.a. über den Buchmarkt auf. Das neue Urheberverlagsrecht wird in Verbandskreisen als Verdienst des VS angesehen.

Der Schweizerische Schriftsteller-Verband (650 Mitglieder), die frühere Gruppe Olten, besonders aber die Interessengemeinschaft österreichischer Autorinnen und Autoren (rund 3000 Mitglieder bei einer Bevölkerung von acht Millionen Menschen), der es gelungen ist, das öffentliche Engagement für Autoren zu verankern, bieten praktische Hilfen, die deutsche Autoren und Kleinverleger neidvoll über die Grenze blicken lassen. Im Gegensatz zu den deutschen Autorenverbänden sind diese nicht allein durch Mitgliederbeiträge, sondern durch »Bundessubventionen« (Schweiz) und, so Gerhard Ruiss von der österreichischen IG Autoren, Autorinnen, »Bundes- und Landessubventionen« finanziert.

Deutschen Bundes-, Landes- und Kommunal-Kulturpolitikern möchte man ähnliche Einsicht ans Herz legen, damit sie sich nicht länger auf dem angestaubten Image eines Dichter- und Denker-Landes ausruhen, in dem immer öfter der ohnehin schon mageren Literaturförderung die Mittel entzogen werden. Allerdings brauchen die Verbände dringend neue Initiativen zur Selbsthilfe, und »frisches Blut«, sprich Transfusion von Mitgliedern, die bereit sind, sich zu engagieren. Denn unter den Mitgliedern gibt es auch heute genügend Autorinnen und Autoren, die der Meinung sind »wir brauchen keinen Schriftstellerverband, wir brauchen Romanische Cafes« (Franz Xaver Kroetz bei seinem VS-Austritt 1983). Wie schwierig es ist, die Schriftsteller-Einzelgänger, denen Vereine und Organisationen manchmal suspekt sind, für Verbandsarbeit zu gewinnen, davon kann jeder Vorsitzende, Beauftragte, Sprecher oder »Landesfürst« großer Verbände ein Klagelied singen. Der Sorge der schreibenden Individualisten, dass »so ein Verband, wenn nicht von mediokren, dann doch von machtbesessenen Leuten übernommen wird« (Monika Maron), sitzt tief. Dabei sind alle wesentlichen Errungenschaften und Verbesserungen wie die Künstlersozialversicherung, die Leistungen von VG Wort, die Urheberrechtsreformen ganz wesentlich vom VS mitgestaltet worden – zum Vorteil von allen Autoren.

Autorenverbände und Autorenvereinigungen

Autorenforum e.V.
Manteuffelstr. 27
12203 Berlin
Tel. 030 - 8344066
vorstand@autorenforum-berlin.de
www.autorenforum-berlin.de
Vorsitz: 1. Vorsitzender: Henry
Kersting; 2. Vorsitzende: Katrin
Deibert
Ansprechpartner: Henry Kersting

Autorinnenvereinigung
c/o J. Monika Walther
Neustraße 28
48249 Dülmen
Tel. 0173 - 676 77 67
JMonikaWalther@aol.com
www.autorinnenvereinigung.de
Vorsitz: Monika Walther

**Bundesverband deutscher
Schriftsteller-Ärzte e.V.**
Carl-Oelemann-Weg 7
61231 Bad Nauheim
Tel. 06032 - 22 14
Fax 06032 - 22 16
www.schriftsteller-aerzte.de
Vorsitz: Dr. med. Harald Rauch-
fuß

**Bundesverband junger Auto-
ren und Autorinnen e.V.**
Postfach 20 03 03
53133 Bonn
Tel. 0228 - 22 27 08
Fax 0228 - 22 27 08
(nach Rücksprache)

info@bvja-online.de
www.bvja-online.de
Vorsitz: Tobias Kiwitt
Ansprechpartner: Tatjana Flade,
Tobias Flade

**DeliA e.V. Verband Deutscher
Liebesautorinnen und -autoren**
Fasanenweg 33
73230 Kirchheim / Teck
Tel. 07021 - 73 69 64
Fax 07021 - 73 69 67
rebecca.michele@delia-online.de
www.delia-online.de
Vorsitz: Rebecca Michéle

**Dramatiker-Union e.V.
Schriftsteller und Komponisten
von Bühne Film und Medien**
Parsevalstr. 7-9
12459 Berlin
Tel. 030 - 53 01 57 39
Fax 030 - 53 01 57 49
dramatikerunion@t-online.de
www.dramatikerunion.de
Vorsitz: 1. Gerd Natschinski,
Präsident, 2. Thomas Bürkholz,
Vizepräsident, 3. Axel Poike;
Syndikus: Prof. Dr. Jan Bernd
Nordemann, Beirat: Prof. Dr. Wil-
helm Nordemann, Tobias Siebert,
Carl Ceiss, Edith Jeske

**Europäische Autoren-
vereinigung
»Die Kogge« e.V.**
Rathaus Minden, Postfach 30 80
32387 Minden
Tel. 0571 - 894 14
Fax 0571 - 893 24
kulturbuero@minden.de
www.diekogge.eu
Vorsitz: Prof. Uli Rothfuss
Ansprechpartner: F.W. Steffen,
geschäftsf. Vorstand

**FDA – Freier Deutscher
Autorenverband**
Am Eichwinkel 29 b
04279 Leipzig
Tel. 0341 - 338 42 84
nagelfda@rz.uni-leipzig.de
www.fda.de
Vorsitz: Präsidentin: Prof. Dr. Ilse
Nagelschmidt
Ansprechpartner: Dr. Jörg Bilke,
Postfach 12 35, 96402 Coburg
Tel. 09561 - 8538820,
Joerg.Bilke@gmx.de

**FDA Landesverband
Baden-Württemberg**
Bugginger Weg 32
79379 Müllheim
Tel. 07631 - 14368, 704861
hartmut.brie@t-online.de
www.fda-lv-bw.de
Vorsitz: Dr. Hartmut Brie
Ansprechpartner: Dr. Hartmut
Brie
Sprechzeiten: tagsüber bis 20 Uhr

FDA Landesverband Bayern
Willibaldstr. 6
80687 München
Tel. 089 - 58 92 76 15
Fax 089 - 58 92 76 16
f.westner@salonline.de
www.fda.de
Vorsitz: Franz Westner
Ansprechpartner: Franz Westner,
Tel. 089 - 58 92 76 15
Sprechzeiten: Freitag 14-18 Uhr

FDA Landesverband Berlin
Neheimer Str. 6
13507 Berlin
Tel. 030 - 4327014
Fax 030 - 4327014
inge.beer@alice-dsl.net
www.fda.de/landesverbaende
oder www.berliner-freizeit.de
Vorsitz: Inge Beer, Gerhard Wis-
tuba (Stellvertreter)
Ansprechpartner: Inge Beer oder
Gerhard Wistuba

**FDA Landesverband Hamburg
und Schleswig-Holstein e. V.**
Eulenstr. 51
22765 Hamburg
Tel. 040 - 27 86 11 88
Fax 040 - 27 86 11 88
elbaol_fda@gmx.de
www.fda-hamburg.de
Vorsitz: Ellen Balsewitz-Oldach
Ansprechpartner: Ellen Balsewitz-
Oldach
Sprechzeiten: Mo-Do 11-17 Uhr

FDA Landesverband Hessen
Südwestring 44
64087 Dieburg
Tel. 06071 - 228 44
Fax 06071 - 228 44
blaue-feder@web.de
www.fda-hessen.de
Vorsitz: Inge Zahn

**FDA Landesverband
Niedersachsen**
Gorch-Fock-Ring 60 a
26826 Weener-Ems
Tel. 04408 - 17 16
fda-nds@web.de
www.fda.de
Vorsitz: Kriemhild Stöver

**FDA Landesverband
Nordrhein-Westfalen**
Amselweg 8
45289 Essen
kumawi@t-online.de
www.fda.de
Vorsitz: Marianne Kuhlmann
Ansprechpartner: Ellinor Wohlfeil,
ewohlfeil@t-online.de

**FDA Landesverband Rhein-
land-Pfalz**
Dantestr. 7
55128 Mainz
Tel. 06131 - 36 94 36
Fax 06131 - 36 35 59
jan@cattepoel.de
Vorsitz: Dr. Jan Cattepoel

FDA Landesverband Saarland
Dantestr. 7
55128 Mainz
Tel. 06132 - 36 94 36
Fax 06132 - 36 35 59
jan@cattepoel.de
www.fda-saarland.de

FDA Landesverband Sachsen
Am Hang 25, OT Wüstenbrand
09337 Hohenstein-Ernstthal
Tel. 03723 - 62 72 53
Fax 03723 - 62 72 54
almutfehrmann@gmx.de
www.fda.de
Vorsitz: Almut Fehrmann
Ansprechpartner: Almut Fehr-
mann; für Leipzig: Hannelore
Crostewitz (hannelore@croste-
witz.de, Tel. 0341 - 4798641); für
Dresden: Horst Seidel (Tel. 0351 -
2003324)

**FDA Landesverband
Thüringen**
Postfach 1245
96474 Bad Rodach
Tel. 09564 - 80 04 28
joerg.bilke@gmx.de
Vorsitz: Dr. Jörg B. Bilke

**Förderkreis der Schriftsteller
in Sachsen-Anhalt e.V.**
Böllberger Weg 188
06110 Halle
Tel. 0345 - 283 22 57
Fax 0345 - 283 22 57
foerderkreis-halle@t-online.de
www.foerderkreis-halle.de

Vorsitz: Ronald Gruner
Ansprechpartner: Rolf Krohn
Sprechzeiten: mittwochs mittags

**Förderkreis deutscher
Schriftsteller
in Baden-Württemberg e.V.**
Postfach 800324
70503 Stuttgart
info@schriftsteller-in-bawue.de
www.schriftsteller-in-bawue.de
Vorsitz: Dr. Renate Müller-Buck,
Rappenberghalde 74, 72070
Tübingen
Ansprechpartner: Geschäftsführerin: Dr. Meike Wiehl

**IGdA Interessengemeinschaft
deutschsprachiger Autoren e.V.
c/o Gaby G. Blattl**
Anton Baumgartnerstr. 44/
C3/2503
A-1230 Wien
Tel. +43 19 67 10 24
info@igda.net
www.igda.net
Vorsitz: Othmar Seidner
Ansprechpartner: Gaby G. Blattl

**Mörderische Schwestern
Netzwerk deutschsprachiger
Krimiautorinnen
c/o Ulla Lessmann**
Lehmbacher Weg 50
51109 Köln
info@moerderische-schwestern.eu
www.moerderische-schwestern.eu
Vorsitz: Ulla Lessmann
(ulessmann@t-online.de)

**Verband Norddeutscher
Autoren**
Ahornring 10
18292 Möllen/Krakow am See
Tel. 038457 - 24475
mv.thiele@t-online.de
www.vna-autoren.de
Vorsitz: Marianne Thiele
Sprechzeiten: nach Bedarf

P.E.N.-Zentrum Deutschland
Kasinostr. 3
64293 Darmstadt
Tel. 06151 - 23 12 - 0
Fax 06151 - 29 34 14
PEN-germany@t-online.de
www.pen-deutschland.de
Vorsitz: Präsident: Johano
Strasser, Generalsekretär: Herbert
Wiesner, Vizepräsidenten: Dirk
Sager (Writers-in-Prison-Beauftragter), Christa Schwenke (Writers-in-Exile-Beauftragte)
Ansprechpartner: Ursula Setzer

Schrieverkring Weser-Ems e.V.
Schinkenberg 10
28307 Bremen
Tel. 0421 - 48 03 78
Fax 0421 - 484 19 51
cvscholz@aol.com
www.schrieverkring.de
Vorsitz: Carl Scholz

**DAS SYNDIKAT
Geschäftsstelle Angela Eßer**
Eichenstr. 1c
86504 Merching
info@das-syndikat.com

www.das-syndikat.com
Vorsitz: Sprecher: Angela Eßer,
Andreas Izquierdo, Jürgen Kehrer

**Verband Deutscher
Drehbuchautoren e.V.**
Charlottenstr. 95
10969 Berlin
Tel. 030 - 25 76 29 71
Fax 030 - 25 76 29 74
info@drehbuchautoren.de
www.drehbuchautoren.de
Ansprechpartner: Katharina
Uppenbrink, Geschäftsführerin

**Verband deutscher
Schriftsteller
(VS) in ver.di
Bundesgeschäftsstelle**
Paula-Thiede-Ufer 10
10179 Berlin
Tel. 030 - 69 56 - 23 27
Fax 030 - 69 56 - 36 56
vs@verdi.de
http://vs.verdi.de
Vorsitz: Imre Török
Ansprechpartner: Bundesge-
schäftsführer: Heinrich Bleicher-
Nagelsmann, Justiziar: RA Wolf-
gang Schimmel

**Verband deutscher
Schriftsteller (VS) in der
ver.di (Ausland)**
Paula-Thiede-Ufer 10
10179 Berlin
Tel. 030 - 69 56 - 23 27
Fax 030 - 69 56 - 36 56
vs@verdi.de

http://vs.verdi.de
Vorsitz: Axel Thormählen
Ansprechpartner: Heinrich
Bleicher-Nagelsmann

**Verband deutscher
Schriftsteller (VS)
in der ver.di
Landesverband
Baden-Württemberg**
Königstr. 10a
70173 Stuttgart
Tel. 0711 - 887 88 - 0800
Fax 0711 - 887 88 - 08 99
vs@verdi.de
www.verdi.de/vs-bawue
Vorsitz: Dr. Jürgen Lodemann
Ansprechpartner: Dagmar Mann

**Verband deutscher
Schriftsteller (VS)
in der ver.di
Landesverband Bayern**
Schwanthaler Str. 64
80336 München
Tel. 089 - 599 77 - 10 82
Fax 089 - 599 77 - 10 89
mail@thomas-kraft.net
www.vs-bayern.de
Vorsitz: Dr. Thomas Kraft, Pano-
ramastr. 27a, 82211 Herrsching
Ansprechpartner: ver.di Bayern

**Verband deutscher
Schriftsteller (VS)
in der ver.di
Landesverbände Berlin
und Brandenburg**
Köpenicker Str. 30

10179 Berlin
Tel. 030 - 8866-5403
Fax 030 - 8866-5934
anke.jonas@verdi.de
www.vs-berlin-brandenburg.de
Vorsitz: Prof. Dr. Horst Bosetzky
(-ky)
Ansprechpartner: Anke Jonas
(030 - 8866-5403)

**Verband deutscher
Schriftsteller (VS)
in der ver.di
Landesverband
Nord/Hamburg**
Besenbinderhof 60
20097 Hamburg
Tel. 040 - 2858 - 4085
Fax 040 - 2858 - 9085
eilers@autorengruppe.de
www.vs-hamburg.de
Vorsitz: Dr. Reimer Eilers
Ansprechpartner: Anita Jonack

**Verband deutscher
Schriftsteller (VS)
in der ver.di
Landesverband Hessen**
Wilhelm-Leuschner-Str. 69
60329 Frankfurt
Tel. 069 - 2569-1500
Fax 069 - 2569-1599
erna.kronthaler@verdi.de
www.vs-hessen.de
Vorsitz: Alexander Pfeiffer
Ansprechpartner: Erna Kronthaler

**Verband deutscher
Schriftsteller (VS)
in der ver.di
Landesverband
Mecklenburg-Vorpommern**
Besenbinderhof 60
20097 Hamburg
Tel. 040 - 2858 - 4085
Fax 040 - 2858 - 9085
Vorsitz: Hans-Jürgen Schumacher
Ansprechpartner: Anita Jonack

**Verband deutscher
Schriftsteller (VS)
in der ver.di
Landesverband
Niedersachsen-Bremen**
Goseriede 10/12
30159 Hannover
Tel. 0511 - 124 00 - 293
Fax 0511 - 124 00 - 155
vs@verdi.de
www.verdi.de
Vorsitz: Dr. Johann-Günther
König
Ansprechpartner:
Sprechzeiten:

**Verband deutscher
Schriftsteller (VS)
in der ver.di
Landesverband
Nordrhein-Westfalen**
Hohenzollernring 85-87
50672 Köln
Tel. 0221 - 95 14 96 - 66
Fax 0221 - 95 14 96 79
fb8nrw@verdi.de
www.vs-nrw.de

Vorsitz: Eva Maaser
Ansprechpartner: Martin Nees

**Verband deutscher
Schriftsteller (VS)
in der ver.di
Landesverband
Rheinland-Pfalz**
Münsterplatz 2-6
55116 Mainz
Tel. 06131 - 97 26 - 190, -191, -192
Fax 06131 - 97 26 - 199
info@vs-rlp.de
www.vs-rlp.de
Vorsitz: Rhomas Krämer
Ansprechpartner: Gabriele Keiser

**Verband deutscher
Schriftsteller (VS)
in der ver.di
Landesverband Saarland**
Karlstr. 1
66111 Saarbrücken
Fax 0681 - 717 78
scheff@vs-saar.de
www.vs-saar.de
Vorsitz: Klaus Behringer

**Verband deutscher
Schriftsteller (VS)
in der ver.di
Landesverband Sachsen**
Haus des Buches
Gerichtsweg 28
04103 Leipzig
Tel. 0341 - 995 45 11
Fax 0341 - 995 45 11
kontakt@vs-in-leipzig.de
www.vs-in-leipzig.de

Vorsitz: Lutz Hesse
Ansprechpartner: Bärbel Todt
Sprechzeiten: Montag - Freitag 8
bis 16 Uhr

**Verband deutscher
Schriftsteller (VS)
in ver.di
Landesverband
Sachsen-Anhalt**
Ludwig-Wucherer-Straße 23
06108 Halle
Tel. 0345 - 2149-781
Fax 0345 - 2149-700
simonetrieder@aol.com
www.literatur-lsa.de
Vorsitz: Simone Trieder

**Verband deutscher
Schriftsteller (VS)
in der ver.di
Landesverband Schleswig-
Holstein**
Besenbinderhof 60
20097 Hamburg
Tel. 040 - 2858 - 4085
Fax 040 - 2858 - 9085
Vorsitz: Hannes Hansen
Ansprechpartner: Anita Jonack

**Verband deutscher
Schriftsteller (VS)
in der ver.di
Landesverband Thüringen**
Schillerstr. 44
99096 Erfurt
Tel. 0361 - 21 17 - 180
Fax 0361 - 21 17 - 176
www.schriftsteller-in-thueringen.de

Vorsitz: Landolf Scherzer, Sess-
lerstr. 16, 98530 Dietzhausen
Ansprechpartner: Landolf
Scherzer, Tel. 0175 - 5605648

**VdÜ/Bundessparte Übersetzer
im Verband deutscher Schrift-
steller(VS) in der ver.di**
Paula-Thiede-Ufer 10
10179 Berlin
Tel. 030 - 69 56 - 23 27
Fax 31 - 69 56 - 36 56
vs@verdi.de
www.literaturuebersetzer.de
Vorsitz: Hinrich Schmidt-Henkel
Ansprechpartner: Heinrich Bleicher-Nagelsmann

IG Autorinnen Autoren
Seidengasse 13
A 1070 Wien/Österreich
Tel. +43 - (0)1 - 526 20 44 - 13
Fax +43 - (0)1 - 526 20 44 - 55
ig@literaturhaus.at
www.literaturhaus.at/lh/ig
Vorsitz: Präsidentin: Renate
Welsh
Ansprechpartner: Gerhard Ruiss
Sprechzeiten: Mo-Do 10-17 Uhr,
Fr 10-15 Uhr

**Verband Autorinnen und
Autoren der Schweiz (AdS)**
Konradstr. 61
CH 8031 Zürich /Schweiz
Tel. +41 (0)44 - 350 04 60
Fax +41 (0)44 - 350 04 61
sekretariat@a-d-s.ch
http://www.a-d-s.ch

Vorsitz: Nicole Pfister Fetz
Ansprechpartner: Verena
Röthlisberger

**European Writers' Congress /
EWC**
87, Rue du Prince Royal
B 1050 Brüssel
Tel. +32 - 2 - 551 08 93
Fax +31 - 84 751 05 35
ewc-secretariat@inter.nl.net
www.european-writers-congress.
org
Vorsitz: Trond Andreassen
Ansprechpartner: Myriam Dioca-
retz

> Literaturpreise

Wer hat, dem wird gegeben?

Die Süddeutsche Zeitung und Die Zeit vermuteten »Literatur-Amigos« bei »Insidergeschäften«. Von Kungelei war die Rede, als vor einigen Jahren die begehrten und hochdotierten Literaturpreise vergeben wurden. Neu sind solche Vorwürfe nicht. Sie tauchen regelmäßig auf, wenn es um Geld und Ehre im Literaturbetrieb geht. Tatsächlich werden manche Autoren mit Preisen überschüttet – und der eine oder andere frierende Jungautor denkt verbittert, dass ihm ein Preis genügen würde. Etliche der Preisempfänger mit bekanntem Namen, sind gut verkaufende Autoren, denen die Ehre der Auszeichnung vielleicht genügen würde, weil sie dem Verkauf ihrer Bücher zugute kommt oder eine weitere Auflage mit sich bringt.

Hans Magnus Enzensberger ist sich sicher, dass »die Logik der Kumulation unbeirrbar ist: Die meisten Preise fallen an Preisträger, die keine Preise nötig haben. Das Gebot der Repräsentation behält in aller Regel die Oberhand.« So taucht auch er immer wieder auf Preiskandidatenlisten auf, doch anders als die meisten seiner Kollegen widmete er bei einer weiteren Ehrung in seiner Dankesrede (veröffentlicht im Deutschen Jahrbuch für Autoren & Autorinnen 2003/2004) den Preis einer Autorin, die ihn seiner Meinung nach nicht nur verdient, sondern auch »einen gut dotierten Preis brauchen könnte« – und reichte die Summe weiter.

Kein Autor in Deutschland kann von Preisen reich werden,

allenfalls kann er sich eine Weile ohne finanzielle Sorgen der Arbeit widmen. Das Handbuch der Literaturpreise und Autorenförderung kommt auf mehr als 1000 Preise, Stipendien aller Art und sonstige Autorenfördermaßnahmen.

Literaturpreise werden immer noch überwiegend von Steuerzahlern finanziert. Kammern, Betriebe, Unternehmern, Verbänden, Banken etc. sind noch selten am Literatursponsoring interessiert. Lediglich 7 % tragen sie zum Füllen des Literaturpreistopfes bei. Sponsoren bevorzugen immer noch die begreifbare Kultur, die sich in Stein oder Bild darstellt.

Bei hochdotierten Preisen ist eine Eigenbewerbung meist von vornherein ausgeschlossen. Der Vorwurf von *closed shops* im Literaturpreisbetrieb wird darum nicht zu Unrecht erhoben. Jeder zweite Literaturpreisorganisator lehnt Eigenbewerbungen ab – ein Schutz vor der Flut von Manuskripten, die von meist ehrenamtlichen Juroren gelesen werden müssten. Leider aber auch eine Chance weniger für Erstautoren.

Anders der Open-Mike-Wettbewerb, der jedes Jahr in der LiteraturWERKstatt ausgetragen wird. Am Open Mike präsentieren Autoren ihre Texte in längstens 15 Minuten dauernden Lesungen, dann klingelt unbarmherzig der Wecker. Aus Hunderten von Einsendungen werden 25 Lesekandidaten ausgewählt, von denen eine Jury vor dem Publikum die Sieger erklärt. Der Wettbewerb ist allerdings nichts für schreibende Oldies über 35 und die Texte müssen noch unveröffentlicht sein.

Der Open-Mike-Wettbewerb hat den Ruf einer Werkbörse: Hier werden jedes Jahr Verlagsverträge wenn nicht geschlossen, so doch vorbereitet. Die Glücklichen, die hoffnungsvolle Gespräche mit Lektoren und Agenten führten, warnte der Züricher Verleger Egon Ammann dennoch vor zuviel Optimismus: »Sie denken mit dem Betreten der Spielwiese hätten Sie den Betrieb erreicht. Denken Sie nicht, dass Sie mit dem Schreiben reich werden. Die Literatur produziert Sozialfälle. Gewissermaßen.«

> Förderpreise, Arbeitsstipendien und Burgschreiber

»Ich will Ihnen sagen, was der Dichter braucht: Geld und Muße«, wusste schon Arno Schmidt, der lange Zeit sehr knapp mit beidem war bis er seinen persönlichen Förderer fand. »Die feinste und autorenschonendste Art der Autorenförderung«, nennt Birgit Vanderbeke sie, die Literaturpreise, Stipendien und Literaturwettbewerbe. Denn »Geld ist Zeit zum Schreiben« erklärt Jürgen Christen in einem Beitrag des Handbuchs *Deutsches Jahrbuch für Autoren*.

Alissa Waiser stellt darin auch gleich die »Zehn Gebote« für Wettbewerbsteilnehmer auf, gefolgt von Maxim Billers »Einundzwanzig Ratschlägen« für die Juroren und Harald Braun, Chefredakteur von Allegra, schreibt über den jährlichen Literaturwettbewerb seiner Zeitschrift.

Rechnet man alle Förderungen zusammen, dann sind es täglich mehrere Preise oder Förderungen, die vergeben werden. Schriftstellernachwuchs, Debütanten und bereits bekannte Autoren und Übersetzer profitieren von der finanziellen Unterstützung, die es ihnen ermöglicht, ohne existentielle Sorge an einem neuen Buchprojekt zu arbeiten. Und wer zum Schreiben unbedingt Ruhe und Abgeschiedenheit braucht, kann sich um eines der attraktiven Aufenthaltsstipendien in einem Künstlerhaus bewerben. Verzeichnet sind mehr als 1000 Literaturpreise, Arbeits-, Reise- und Aufenthaltsstipendien und andere Auszeichnungen und Fördermaßnahmen: Rund 600 Literaturpreise mit Neben-, Sonder- und Förderpreisen.

> Ein Literaturwettbewerb

»Ich lese gern. Ich habe Respekt vor Menschen, die sich an den Schreibtisch setzen und ein paar Dinge von der Seele schreiben. Und ich achte Allegra-Leserinnen schon allein, weil es sie gibt. Das ist ein guter Zeitpunkt, diesen Umstand einmal ausdrücklich zu erwähnen und mich bei all den jungen Frauen (und Männern) zu entschuldigen, die sich durch die Zeilen im folgenden Abschnitt persönlich angegriffen fühlen könnten. Aber es muss sein: Über 2000 Kurzgeschichten oder Gedichte von Leuten zu lesen, die sich normalerweise damit beschäftigen, Finanzpläne zu erstellen, Fußnägel zu feilen oder, sagen wir, Erdkunde auf Lehramt zu studieren, ist kein wirklich schönes Erlebnis. Ganz und gar nicht, wenn ich ehrlich bin. Man muss sich das vorstellen wie ein Abendessen bei sich zu Hause, das aus 10 Gängen von 10 verschiedenen Köchen besteht, von denen aber nur einer oder zwei ihren Job gelernt haben. Aber sie können nicht einfach nach dem vierten oder fünften Gang sagen: Ich bin satt, DAS esse ich jetzt aber wirklich nicht mehr. Sie müssen. Das sind sie ihnen einfach schuldig. Schließlich haben sie die Kerle ja selbst eingeladen – und das im vollen Wissen darum, dass man sie im Normalfall überall, nur nicht an einem Herd antrifft.

Nach solch einer Literatur-Verköstigung fühlen wir uns dementsprechend: pappsatt, lethargisch, fertig mit der Welt. Und fest entschlossen, für lange, lange Zeit kein Buch mehr in die Hand zu nehmen. Für ein paar Tage mögen wir keine Menschen mehr, die sich zum Schreiben berufen fühlen. Natürlich schämen wir uns auch ein bisschen dafür, dass wir solch niedere Gefühle kultivieren.« Das ist keine Floskel. Haben wir wirklich nicht. Als wir den Literaturwettbewerb konzipierten, wollten wir natürlich eine Profi-Jury, die uns die Sichtung der eingereichten Arbeiten abnimmt und in deren Glanz wir uns – nach getaner Arbeit – sonnen dürfen. Doch finden sie mal junge Romanautoren, Lektoren aus den großen Verlagshäusern und Journalisten der seriösen Feuilletons, die sich 2100 Manuskripte ansehen.

Also mussten wir selbst ran. Wir – die Mitglieder der Allegra-Redaktion und ein paar Freunde des Hauses, die solch eine Veranstaltung aus unerfindlichen Gründen reizt.

Trotzdem gilt der »Tag der Literatur«, wie diese Vorauswahl in der Redaktion gerne genannt wird, auch immer als ein gewisses Vergnügen – und es hängt nicht nur damit zusammen, dass die festangestellten Mitarbeiter des Hauses an diesem Tag nicht an ihrem Schreibtisch sitzen müssen und das üppige Catering auf meine Kosten geht.

Auszug aus: »Der Allegra-Literaturwettbewerb« von Harald Braun in *Literaturpreise und Autorenförderung.* Die Zeitschrift »Allegra« erscheint nicht mehr.

> *Musentempel*

Getroffen vom vergifteten Pfeil der Verlagsabsage oder gnaden-
loser Kritik ziehen Sie sich in Ihr Schneckenhaus zurück, erträn-
ken die Enttäuschung oder suchen vergeblich Ablenkung auf 32
Kanälen.

Autorenalltag.

Gibt es denn keine Zufluchtstätten für seelisch misshandelte
Autorinnen und Autoren? Leider nicht, aber doch Kontakte, die
weiterhelfen: Mit praktischer Information, mit Rat und Treffen
von Gleichgesinnten, die allerdings, selbstsüchtige Brut!, selten
bereit sind, mitfühlend ihr Ohr der Kollegenklage zu leihen. Man
trifft sich bei Veranstaltungen, Stammtischen, Lesungen der Re-
gionalverbände. Auch wer noch nicht Mitglied ist, wird zu einer
offenen Veranstaltung der Autorenverbände gern eingeladen.

Aber Achtung bei so genannten Autorenvereinigungen oder
Schriftstellerverbänden, die ahnungslose Erstautoren an Zuschussverlage vermitteln oder gegen Kostenbeteiligung zu einer Veröffentlichung bereit sind. Die Höhe der Beteiligung sagt viel ...

Anlaufstellen sind auch Literaturbüros: Weniger allerdings Literaturhäuser, wo sich am Kamin oder im Park die renommierten
Größen des Literaturbetriebs versammeln und Kritiker mit Litera-
turwissenschaftlern an der Last der deutschen Literatur tragen.
Autoren sind auch dabei. Da sind Literaturbüros und -Werkstät-
ten eher geeignet, erste Hilfe zu leisten. Manche Literaturhäuser
sind dennoch, ohne den Eindruck einer Geschlossenen Gesellschaft zu vermitteln, ganz auf die praktische Autoren- und Literaturförderung ausgerichtet, nicht nur durch Lesungen.

Literaturbüros und Literaturhäuser

Dresdner Literaturbüro e.V.
Antonstr. 1
01097 Dresden
Tel. 0351 - 804 50 87
Fax 0351 - 804 50 87
info@dresdner-literaturbuero.de
www.dresdner-literaturbuero.de
Leitung: Andrea O´Brien
Ansprechpartner:
Schwerpunkte: Lesungen mit
nationalen und internationalen Autor/innen, jährlich BAR-
DINALE mit Lichtpoesiefestival »Light and Word« (ehemals:
Dresdner Lyriktage) und – alle
2 Jahre – Vergabe des Dresdner
Lyrikpreises der Stadt Dresden,
Schreibwerkstätten für Schreibinteressierte mit Betreuung durch
Dresdner Autoren, Beratung von
Autoren und allen Literaturinteressierten, Lesereihen, Literaturaktionen (z. B. Rätselkoffer, Dresden liest ...)

Literaturbüro Leipzig e.V.
im Haus des Buches
Gerichtsweg 28
04103 Leipzig
Tel. 0341 - 995 41 61
Fax 0341 - 995 41 61
kontakt@literaturhaus-leipzig.de
www.literaturhaus-leipzig.de
Leitung: Birgit Peter
Ansprechpartner: Vera Dumont,
Luitgard Beutler

Schwerpunkte: Anthologien,
Lesungen, Jugend-Literaturprojekt mit Werkstätten

Literaturforum im Brecht-Haus
Chausseestr. 125
10115 Berlin
Tel. 030 - 282 20 03 o. 030 - 282
80 42
Fax 030 - 282 34 17
info@lfbrecht.de
www.lfbrecht.de
Leitung: Ursula Vogel, Marit
Gienke, Marianne Conrad, Gabriele Müller

Literaturwerkstatt Berlin
Knaackstr. 97 (Kulturbrauerei)
10435 Berlin
Tel. 030 - 48 52 45 - 0
Fax 030 - 48 52 45 - 30
mail@literaturwerkstatt.org
www.literaturwerkstatt.org
Leitung: Dr. Thomas Wohlfahrt
Ansprechpartner: Dr. Christine
Lange
Schwerpunkte: Veranstaltungen
mit in- und ausländischen Autoren, Projekte: www.lyrikline.org,
Open Mike-Schreibwettbewerb,
Poesiefestival Berlin, ZEBRA
AWARD

Literaturhaus Berlin
Fasanenstr. 23
10719 Berlin
Tel. 030 - 88 72 86 - 0
Fax 030 - 88 72 86 - 13
literaturhaus@berlin.de
literaturhaus-berlin.de
Leitung: Ernest Wichner
Ansprechpartner: Sabine Büdel
Schwerpunkte: Lesungen, Ausstellungen

Literarisches Colloquium Berlin e.V.
Am Sandwerder 5
14109 Berlin
Tel. 030 - 81 69 96 - 0
Fax 030 - 81 69 96 - 19
mail@lcb.de
www.lcb.de
Leitung: Dr. Ulrich Janetzki
Schwerpunkte: Lesungen

Brandenburgisches Literaturbüro
Große Weinmeisterstr. 12
14469 Potsdam
Tel. 0331 - 280 41 03 u. 23 70 02 58
Fax 0331 - 24 08 84
blb@literaturlandschaft.de
www.literaturlandschaft.de
Leitung: Hendrik Röder
Ansprechpartner: Katarzyna Kaminska
Schwerpunkte: Lesungen, Ausstellungen, Publikationen

Literaturzentrum Neubrandenburg e.V. Brigitte-Reimann-Literaturhaus
Gartenstr. 6
17033 Neubrandenburg
Tel. 0395 - 57 19 18 - 0
Fax 0395 - 57 19 18 - 8
info@literaturzentrum-nb.de
www.literaturzentrum-nb.de
Leitung: Erika Becker
Ansprechpartner: Erika Becker
Schwerpunkte: regionales Literaturarchiv, Autorenlesungen, Autorenprojekte,Leseförderung, Hans-Fallada-Archiv, OT Carwitz, zum Bohnenwerder 2, 17258 Feldberger Seeenlandschaft, Tel. u. Fax: 039831 - 223 34)

Literatursalon Greifswald e.V.
Lomonossowallee 44
17491 Greifswald
Tel. 03834 - 81 77 00
Fax 03834 - 81 66 88
kontakt@literatur-salon.de
www.literatur-salon.de
Ansprechpartner: Karin Langer
Schwerpunkte: Ausstellungen, Lesungen, Konzerte

Literaturhaus Rostock
Ernst-Barlach-Str. 5
18055 Rostock
Tel. 0381 - 492 55 81
Fax 01805 - 060 33 51 42 13
info@literaturhaus-rostock.de
www.literaturhaus-rostock.de
Leitung: Geschäftsführer Reiner

Mnich, Programmleitung Katinka Friese
Schwerpunkte: Literaturvermittlung (Autorenlesungen, Diskussionen, Literaturveranstaltungen); Leseförderung (Projekte und Aktionen für Kinder und Jugendliche); Autorenförderung (Beratung, Manuskriptbetreuung, Lektorat, Wettbewebe, Literaturpreise, Kursangebote)

Literaturbüro Lüneburg e. V.
Am Ochsenmarkt 1
21335 Lüneburg
Tel. 04131 - 30 96 87
Fax 04131 - 30 96 88
literaturbuero@stadt.lueneburg.de
www.literaturbuero-lueneburg.de
Leitung: Kerstin Fischer
Ansprechpartner: Kerstin Fischer
Sonja Doneit
Schwerpunkte: Organisation von Lesungen, Verwaltung und Betreuung des Heinrich-Heine-Stipendiums

Literaturhaus Hamburg
Schwanenwik 38
22087 Hamburg
Tel. 040 - 22 70 20 - 11
Fax 040 - 220 66 12
info@literaturhaus-hamburg.de
www.literaturhaus-hamburg.de
Leitung: Dr. Rainer Moritz
Schwerpunkte: Lesungen zeitgenössischer Literatur

Literaturhaus Schleswig-Holstein e.V.
Schwanenweg 13
24105 Kiel
Tel. 0431 - 5 79 68 40
Fax 0431 - 5 79 68 42
info@literaturhaus-sh.de
www.literaturhaus-sh.de
Leitung: Dr. Wolfgang Sandfuchs

literatur büro oldenburg
Peterstr. 23
26121 Oldenburg
Tel. 0441 - 235 30 14
Fax 0441 - 235 21 61
literaturbuero@stadt-oldenburg.de
www.literaturbuero-oldenburg.de
Leitung: Monika Eden
Schwerpunkte: Literaturvermittlung (Veranstaltungsprogramm mit deutsch- und fremdsprachiger Gegenwartsliteratur); Autorenförderung; Professionalisierung von regionalen Veranstaltern durch Beratung und Kooperation; Vernetzung der Literaturförderung in der Nord-West-Region Niedersachsens

Bremer Literaturkontor
Goetheplatz 4, Villa Ichon
28203 Bremen
Tel. 0421 - 32 79 43, 336 55 93
Fax 0421 - 336 56 21
info@literaturkontor-bremen.de
www.bremer-literaturkontor.de
Leitung: Angelika Sinn
Schwerpunkte: Autorenförderung, Öffentlichkeitsarbeit

Literaturbüro Hannover e.V.
Sophienstr. 2
30159 Hannover
Tel. 0511 - 88 72 52
Fax 0511 - 809 34 07
info@literaturbuero-hannover.de
www.literaturbuero-hannover.de
Leitung: Kathrin Dittmer

Literarischer Salon Hannover
Königsworther Platz 1
30167 Hannover
Tel. 0511 - 7 62 - 82 32
Fax 0511 - 7 62 - 82 32
info@literarischer-salon.de
www.literarischer-salon.de
Ansprechpartner: Matthias Vogel,
Joachim Otte, Matthias Nolte,
Jens Meyer
Schwerpunkte: Forum für Kulur,
Medien und Gesellschaft

Literaturbüro Ostwestfalen-
Lippe in Detmold e.V. Haus
Münsterberg
Hornsche Str. 38
32756 Detmold
Tel. 05231 - 39 06 03
Fax 05231 - 39 06 53
literaturbuero@owl-online.de
www.literaturbuero-detmold.de
Leitung: Dr. Brigitte Labs-Ehlert
Ansprechpartner: Marlen Dettmer
Schwerpunkte: Literatur- und
Musikfest »Wege durch das
Land«. Autorenberatung. Konzep-
tion von Literaturveranstaltungen.

Literarisches Zentrum
Göttingen
Düstere Str. 20
37073 Göttingen
Tel. 0551 - 495 68 24
Fax 0551 - 495 68 24
info@lit-zentrum-goe.de
www.lit-zentrum-goe.de/
Leitung: Prof. Heinz Ludwig
Arnold
Schwerpunkte: Literatureranstal-
tungen, »Literatur macht Schule«

Raabe-Haus: Literaturzentrum
Braunschweig
Leonhardstr. 29 A
38102 Braunschweig
Tel. 0531 - 4 70-48 46
Fax 0531 - 4 70-48 44
raabe-haus@braunschweig.de
www.literaturzentrum-braunschweig.de
Leitung: Andreas Böttcher
Schwerpunkte: Literaturveranstal-
tungen

Literaturhaus Magdeburg
Thiemstr. 7
39104 Magdeburg
Tel. 0391 - 404 49 95
Fax 0391 - 404 49 95
literaturhaus-md@kukma.net
www.literaturhaus.de.md
Leitung: Dr. Gisela Zander
Ansprechpartner: Ute Berger
Schwerpunkte: Ausstellungen
zu Erich Weinert u. Georg Kai-
ser, Literarische Veranstaltungen,
Sonderausstellungen zu literari-
schen Themen

**Literaturbüro Nordrhein-
Westfalen in Düsseldorf**
Bilkerstr. 5
40213 Düsseldorf
Tel. 0211 - 828 45 90
Fax 0211 - 828 45 93
Mail@literaturbuero-nrw.de
www.literaturbuero-nrw.de
Leitung: Vorstand: Dr. Susanne
Schwabach-Albrecht, Claudia
Scheler MdL, Reinhard Kill
Ansprechpartner: Michael Serrer
(Leiter), Maren Jungclaus, Heike
Funcke
Schwerpunkte: Lesungen, Weiter-
bildung u. Beratung regionaler
Autoren, internationale Literatur-
projekte

Literaturbüro Ruhr e.V.
Friedrich-Ebert-Str. 8
45964 Gladbeck
Tel. 02043 - 992 -168, -646, -644
Fax 02043 - 99 14 13
info@literaturbuero-ruhr.de
www.literaturbuero-ruhr.de
Leitung: Gerd Herholz
Ansprechpartner: Gerd Herholz,
Elisabeth Roters-Ulrich, Verena
Geiger
Schwerpunkte: Internationale
Literaturprojekte, Literaturpreis
Ruhrgebiet, Autoren-Meisterklas-
sen, kreatives Schreiben, Kultur
& Schule, Literatur in der kultu-
rellen Bildung

**Literaturbüro
Westniedersachsen**
Am Ledenhof 3-5
49074 Osnabrück
Tel. 0541 - 286 92
Fax 0541 - 323 43 33
litos-info@gmx.de
www.osnabrueck.de,
www.literaturbuero.de
Leitung: Beatrice Le Coutre-Bick
Schwerpunkte: Zentrum für zeit-
genössische Literatur, Förderung
v. Lese- u. Schreibkultur, Literarische Projekte und Veranstaltungen, Beratung v. Autoren u.
Veranstaltern, Literarische Wettbewerbe, Autorenfortbildung
(Talentförderung)

Literaturhaus Köln
Schönhauser Str. 8
50968 Köln
Tel. 0221 - 995 55 - 810
Fax 0221 - 995 55 - 815
info@literaturhaus-koeln.de
www.literaturhaus-koeln.de
Leitung: Geschäftsführung: Mar-
tina Roth, Projektleiterin Junges
Literaturhaus: Ines Dettmann
Ansprechpartner: Programmlei-
tung: Thomas Böhm
Schwerpunkte: Literaturveranstal-
tungen

Literaturbüro in der Euregio Maas-Rhein e.V.
An der Schanz 8
52064 Aachen
Tel. 0241 - 559 19 62
literaturbuero@heimat.de
www.literaturbuero-emr.de
Leitung: Regina Sommer (Vorsitzende)
Ansprechpartner: Hartwig Mauritz (Tel. 0031 - 43 - 306 06 61)
Schwerpunkte: Offenes Treffen angehender Autoren jeden 1. Mittwoch im Monat um 20.00 Uhr in der Barockfabrik, Löhergraben, Malraum II.Etage. Alle zwei Monate einen »shop talk« für publizierte Autoren. Öffentliche Lesungen in- und ausländischer Autoren und Übersetzer. Interdisziplinäre Veranstaltungen (Literatur, Musik, Tanz, bildende Kunst)

Haus der Sprache und Literatur
Lennéstraße 46
53113 Bonn
Tel. 0228 - 9 14 01 11 oder -12
Fax 0228 - 9 14 01 10
hslbonn@hslbonn.de
www.bonn.de
Ansprechpartner: Karin Hempel-Soos

LiteraturBüro Mainz e.V. für Rheinland-Pfalz
Neutorstr. 1
55116 Mainz
Tel. 06131 - 22 02 02
Fax 06131 - 22 88 45
info@literaturbuero-rlp.de
www.literaturbuero-rlp.de
Leitung: Marcus Weber (1. Vorsitzender)
Ansprechpartner: Sigrid Fahrer (stellvertretende Vorsitzende), Ingo Rüdiger (stellvertretender Vorsitzender) Ilka Groh (Finanzen), Dietmar Gaumann (Presse- und Öffentlichkeitsarbeit), Gunda Kurz (Geschäftsführung)
Schwerpunkte: Lesungen, Lesefestivals, Autorenweiterbildung, Leseförderung bei Kindern und Jugendlichen

Westfälisches Literaturbüro in Unna e.V.
Friedrich-Ebert-Str. 97
59425 Unna
Tel. 02303 - 96 38 50
Fax 02303 - 96 38 51
post@wlb.de
www.wlb.de
Leitung: Dr. Herbert Knorr
Ansprechpartner: Christiane Antons
Schwerpunkte: Literatur-Projektmanagements, Veranstaltungen, Fortbildungen, Beratung, Infoschrift »Lit°Form«, Internet-Datenbank www.nrw-literatur-im-netz.de, Mord am Hellweg

Literaturhaus Frankfurt
Schöne Aussicht 2
60311 Frankfurt
Tel. 069 - 75 61 84 - 0
Fax 069 - 75 61 84 - 20
info@literaturhaus-frankfurt.de
www.literaturhaus-frankfurt.de
Leitung: Dr. Maria Gazzetti,
Maike Zeidler
Schwerpunkte: Lesungen,
Literarische Ausstellungen, Symposien, Tagungen, Schreibwerkstätten für Jugendliche,
Lyrikfestival, Literaturbiennale,
Preisverleihungen, Kinderbuch-Veranstaltungen

**Hessisches Literaturforum
im Mousonturm e.V.**
Waldschmidtstr. 4
60316 Frankfurt
Tel. 069 - 24 44 99 40
Fax 069 - 24 44 99 39
info@hlfm.de
www.hlfm.de
Leitung: Werner Söllner
Ansprechpartner: Werner Söllner,
Björn Jager, Harry Oberländer
Schwerpunkte: Lesungen, Seminare, Literaturzeitschrift Der Literatur-Bote

Literaturhaus Darmstadt
Kasinostraße 3
64293 Darmstadt
Tel. 06151 - 13 33 38
Fax 06151 - 13 30 24
info@literaturhaus-darmstadt.de
www.literaturhaus-darmstadt.de

Leitung: Andreas Müller, Rainer
Wieczorek

**Verein Stuttgarter
Schriftstellerhaus e.V.**
Kanalstr. 4
70182 Stuttgart
Tel. 0711 - 23 35 54
Fax 0711 - 236 79 13
info@stuttgarter-schriftstellerhaus.de
www.stuttgarter-schriftstellerhaus.de
Leitung: Astrid Braun
Schwerpunkte: Vier Stipendiaten
pro Jahr, ca. 300 Übernachtungen in- u. ausländischer Übersetzer, Schriftsteller- u. Übersetzer-Stammtische, Buch- u.
Autoren-Vorstellungen, Almanach
Stuttgarter Schriftstellerhaus

**Literaturbüro Freiburg/
Literatur Forum Südwest e.V.**
Urachstraße 40
79102 Freiburg
Tel. 0761 - 28 99 89
Fax 0761 - 28 99 89
info@literaturbuer-freiburg.de
www.literaturbuero-freiburg.de
Leitung: Dr. Stefanie Stegmann
Schwerpunkte: Literaturveranstaltungen, Seminar- und Werkstattarbeit, Arbeit mit Jugendlichen,
Beratung und Information

Stiftung Literaturhaus München

Salvatorplatz 1
80333 München
Tel. 089 - 29 19 34-0
Fax 089 - 29 19 34-19
info@literaturhaus-muenchen.de
www.literaturhaus-muenchen.de
Leitung: Dr. Reinhard G. Wittmann
Schwerpunkte: Gegenwartsliteratur, Kreatives Schreiben für Autoren und Übersetzer, Literaturausstellungen

Münchner Literaturbüro – Haidhauser Werkstatt e.V.

Milchstr. 4
81667 München
Tel. 089 - 48 84 19
post@muenchner-literaturbuero.de
www.muenchner-literaturbuero.de
Leitung: Petra Ina Lang
Schwerpunkte: Jeden Freitag Autorenlesungen mit Publikumsdiskussion, Haidhauser Büchertage mit Präsentation von Kleinverlagen, Literaturzeitschriften, Sonderprojekten; Haidhauser Werkstattpreis (HWP), Publikumspreis

Stadt Erlangen, Kulturprojektbüro

Gebbertstr. 1
91052 Erlangen
Tel. 09131 - 86 - 10 30
Fax 09131 - 86 - 14 11
karin.lippert@stadt.erlangen.de
www.erlangen.de,
www.poetenfest-erlangen.de
Ansprechpartner: Karin Lippert
Schwerpunkte: Erlanger Poetenfest (jährlich, am letzten Augustwochenende) mit Literaturpreis; Internationaler Comic-Salon Erlangen mit Max- und Moritz-Preis; »seiten sprünge – Autoren in der Stadt«; Arbeitskreis Schule & Literatur; Mitherausgabe des »Literaturspiegel«.

Literaturhaus

Seidengasse 13
A-1070 Wien
Tel. 0043-01 - 526 20 44 - 0
Fax 0043-01 - 526 20 44 30
info@literaturhaus.at
www.literaturhaus.at
Leitung: Mag. Robert Huez
Ansprechpartner: Dr. Anne Zauner, Mag. Robert Huez
Schwerpunkte: Österreichische Literatur im 20. u. 21. Jahrhundert, besonders nach 1945

Unabhängiges Literaturhaus NÖ

Steiner Landstr. 3
A-3504 Stein/Krems
Tel. 0043 - 02732 - 728 84
Fax 0043 - 02732 - 839 93
ulnoe@ulnoe.at
www.ulnoe.at,
www.literaturundwein.at
Leitung: Sylvia Treudl, Michael Stiller, Wolfgang Kühn
Ansprechpartner: alle
Schwerpunkte: Lesungen, Buchpräsentationen, Veranstaltung des Festivals »Literatur & Wein«, Kooperationen mit anderen Kultureinrichtungen, Betreuung einer Atelierwohnung für internationale AutorInnen.

Literaturhaus Salzburg

Strubergasse 23
A-5020 Salzburg
Tel. 0043-0662 - 42 24 11
Fax 0043-0662 - 42 24 11 13
fuschelburger@literaturhaussalzburg.at, info@literaturhaussalzburg.at
www.literaturhaus-salzburg.at
Leitung: Tomas Friedmann
Ansprechpartner: Peter Fuschelberger
Schwerpunkte: Literaturveranstaltungen aller Art (Lesungen, Hörspiele, Theater, Schreibwerkstätten) Bibliothek, Mediathek, Autorenvereinigungen, Beratung, Literaturzeitschriften

Literaturhaus am Inn

Josef-Hirn-Str. 5/10.St.
A-6020 Innsbruck
Tel. 0043-0512 - 507 - 45 05, 45 14
Fax 0043-0512 - 507 - 29 60
literaturhaus@uibk.ac.at
www.uibk.ac.at/literaturhaus/
Leitung: Dr. Anna Rottensteiner
Ansprechpartner: Dr. Anna Rottensteiner
Schwerpunkte: Förderung, Präsentation u. Verbreitung d. zeitgenössischen Literatur in Tirol, Veranstaltungen, Kooperation m. anderen Literaturhäusern, Servicestelle für AutorInnen, Literaturinteressierte, Schulen, Presse, Dokumentation Tiroler Literatur, Vermittlung zwischen Öffentlichkeit u. Literaturwissenschaft

Literaturhaus Mattersburg

Wulkalände 2
A-7210 Mattersburg
Tel. 0043-02626 - 677 10
Fax 0043-02626 - 677 10-5
office@literaturhausmattersburg.at
www.literaturhausmattersburg.at
Leitung: Barbara Mayer

Literaturhaus Basel
Barfüssergasse 3
CH-4001 Basel
Tel. 0041-061 - 261 29 50
Fax 0041-061 - 261 29 51
info@literaturhaus-basel.ch
www.literaturhaus-basel.ch
Leitung: Katrin Eckert, Intendantin
Schwerpunkte: Austausch und
Begegnung mit der Literatur
im weitesten Sinne. Lesungen,
Podiums- und Werkstattgesprä-
che, Literaturwettbewerbe, The-
menabende und Projekte für den
literarischen Nachwuchs. Außer-
dem Workshops, Textwerkstätten,
Lesezirkel, Lektoratsservice, lite-
rarische Führungen.

**Literaturhaus der
Museumgesellschaft**
Limmatquai 62
CH-8001 Zürich
Tel. 0041-01 - 254 50 08
Fax 0041-01 - 252 44 09
info@mug.ch / info@literatur-
haus.ch
www.museumsgesellschaft.ch /
www.literaturhaus.ch
Leitung: Beatrice Stoll
Ansprechpartner: Beatrice Stoll,
Karin Schneuwly, Simona Fischer
(Literaturhaus), Thomas Ehrsam
(Bibliothek)
Schwerpunkte: Literaturveran-
staltungen, Bibliothek, Lesesäle,
Treffpunkt

Die Zusammenarbeit von Literaturhäusern hat bereits Tradition, diverse
Ausstellungen, Lesereisen und die Plakataktion »Poesie in die Stadt«
wurden gemeinsam realisiert. Zum Netzwerk zählen mittlerweile acht
Literaturhäuser: Berlin, Hamburg, Frankfurt, Salzburg, München, Köln,
Stuttgart und Leipzig. Die Vernetzung der einzelnen Häuser untereinander
ermöglicht es, gemeinsame Anliegen gezielter zu präsentieren
und überregionale Projekte zu verwirklichen. Organisiert wird das
literaturhaeuser.net über die Koordinationsstelle der Literaturhäuser,
die für die Realisation der gemeinsamen Projekte zuständig ist und die
Zusammenarbeit mit Kooperations- und Werbepartnern fördert.

Literaturhaeuser.net
literaturhaeuser.net GbR
c/o Stiftung Buch-. Medien- und Literaturhaus München
Salvatorplatz 1
80331 München
Tel. 089 - 29 19 34 - 17
www.literaturhaeuser.net

>> *Sozialversicherung*
Finanzen
Steuern

Aus: *Deutsches Jahrbuch für Autoren & Autorinnen*

> *Kranken- und Rentenversicherung, Urheberrechtsvergütungen, Finanzen*

Künstlersozialkasse

Die Künstlersozialversicherung ermöglicht auch den Autoren, die knapp bei Kasse sind, Renten-, Kranken- und Pflegeversicherung zu bezahlen als seien sie Arbeitnehmer: Der Autor zahlt 50% der Beiträge, für den Rest kommen die Verwerter, also auch Verlage, und der Bund auf.

Die Künstlersozialversicherung ist eine Pflichtversicherung: Sie müssen ihr beitreten, wenn Ihr Einkommen über den jeweiligen Bemessungsgrenzen des entsprechenden Jahres liegt.

Voraussetzung ist, dass Sie Ihre künstlerische und publizistische Tätigkeit, selbständig und erwerbsmäßig ausüben. Berufsanfänger haben besondere Bedingungen. Fordern Sie unverbindlich Unterlagen von der Künstlersozialkasse an.

Künstlersozialkasse, 26380 Wilhelmshaven
Telefon: 0 44 21 - 75 43-9. www.kuenstlersozialkasse.de

Verwertungsgesellschaft Wort

Viele Autoren und Autorinnen wissen nicht, dass ihnen außer dem Honorar ihres Verlagsvertrags eine weitere kleine Einnahmequelle zusteht: Die Verwertungsgesellschaft Wort, abgekürzt VG Wort, nimmt für Autoren (Urheber) und Verleger (Verwerter) bestimmte urheberrechtliche Ansprüche wahr, die vom Autor und Verleger nach dem Urheberrechtsgesetz nicht oder nur unter erheblichen organisatorischen Aufwendungen wahrgenommen werden können.

Dazu melden Autor und Verleger im Rahmen eines Wahrneh-
mungsvertrages die Werke an, die sie veröffentlicht haben. An-
meldeschluss ist der 31. Januar eines jeden Jahres für Veröffentlichungen des Vorjahres.

Einmal im Jahr zahlt die VG Wort dann nach einem bestimmten Verteilungsschlüssel die von ihr eingenommenen Vergütungen an mehr als 100 000 Autoren, Journalisten und Verleger aus.
Die Ausschüttungen betrugen 2002 mehr als 77 Mio. Euro! Wer
keinen Wahrnehmungsvertrag mit der VG Wort geschlossen hat,
geht leer aus oder muss sich selbst mühsam um die Durchset-
zung seiner Rechte bemühen. Man sollte deshalb kein Geld ver-
schenken und umgehend die entsprechenden Vertragsunterlagen
bei der VG Wort anfordern.

VG Wort, Goethestr. 49, 80336 München, Tel. 089-51412-0,
Fax 089-51412-79 www.vgwort.de, E-Mail vgw@vgwort.de
VG Büro Berlin, Köthener Str. 44, 10963 Berlin,
Tel. 030-261 27 51, Fax 030/26138 79

Steuern

Einkünfte aus schriftstellerischer Tätigkeit unterliegen der Ein-
kommensteuer. Das gilt natürlich nicht nur für Honorare aus Verlagsverträgen, auch für Einnahmen aus Nebenrechten etc. Abzie-
hen dürfen Autoren alle Betriebsausgaben, die, abgesehen vom
Computer, meist nicht sehr hoch sind.

Preise oder Stipendien sind unter bestimmten Voraussetzungen steuerfrei: Sie müssen aus öffentlichen Mitteln zur Förderung der künstlerischen Fortbildung gewährt werden, dürfen
nicht an eine künstlerische Gegenleistung gekoppelt sein, und
reich werden dürfen Sie auch nicht damit, es soll nur zum Le-
bensunterhalt reichen (Sie wissen ja: Armut fördert die Kunst!).

Ein neueres Urteil des Bundesfinanzhofs stärkt die Position
angehender Autoren: »Langjährige Verluste aus selbstständiger
Arbeit lassen bei einem bildenden Künstler, der als solcher sowohl selbstständig als auch nichtselbstständig tätig ist und aus

seiner künstlerischen Tätigkeit insgesamt positive Einkünfte erzielt, noch nicht auf eine fehlende Gewinnerzielungsabsicht schließen«, urteilte der Bundesfinanzhof am 6. März 2003. Damit gehören oft willkürlich anmutende Entscheidungen der Finanzämter, wonach ein angehender Künstler nur seinem Hobby nachgehe und daher keine Kosten seiner künstlerischen Arbeit absetzen dürfe, hoffentlich der Vergangenheit an.

Preise oder Stipendien sind steuerfrei, wenn sie aus öffentlichen Mitteln zur Förderung der künstlerischen Fortbildung gewährt werden, sie dürfen nicht an eine künstlerische Gegenleistung gekoppelt sein, und reich werden dürfen Sie auch nicht damit.

Es kann vorteilhaft sein, für die Mehrwertsteuer zu optieren, dann kann die Mehrwertsteuer der Kosten (meist 16%) gegen die nur mit 7% Mehrwertsteuer berechneten Honorare verrechnet werden. Näheres vom Steuerberater!

Förderung durch das Arbeitsamt

Was die meisten angehenden Autoren vermutlich so wenig wissen wie die Beamten der Arbeitsämter. Als künftiger freier Schriftsteller ohne weiteres Einkommen können Sie eine Förderung beantragen. Das ist allerdings eine Aufgabe für Hartnäckige. Sie können beispielsweise einen Computer oder ein Notebook und ein Überbrückungsgeld für sechs Monate genehmigen oder – ablehnen lassen. Die bürokratischen Hindernisse sind beträchtlich, aber einen Versuch ist es Wert.

Ob daraus eine Schriftstellerexistenz werden kann, die dem Freiberufler ein dauerhaftes Einkommen sichert, ist allerdings eine andere Frage. »Ich habe schon in vielen Existenzgründergesprächen so manchem die Idee ausgetrieben, sich als Schriftsteller selbstständig zu machen«, sagt Werner Ley, der für künstlerische Berufe zuständige Sekretär der ver.di in NRW. »Natürlich gibt es immer mal jemanden, der besonders begabt ist oder eine Nische clever nutzen kann und sich als Einsteiger durchsetzt. Eine reelle Chance, davon zu leben, gibt es kaum.«

Die Bedingungen für die Existenzgründerförderung ändern sich und werden laufend ergänzt. Mehr Information dazu bei der Bundesagentur für Arbeit, im Internet: www.arbeitsagentur.de.

>> *Erste Veröffentlichungen*

> Leute, kauft Literaturzeitschriften!

Dies ist ein ganz direkter Aufruf, Literatur in Zeitschriften zu kaufen, geschrieben und gestaltet von Meistern wie auch Dilettanten, aufwendig produziert oder billig gedruckt, farbig oder schwarzweiß sind sie (fast alle) bunt und lebendig, manche verrückt, einige ironisch und humorvoll – was etwas heißen will im deutschen Literaturbetrieb.

Wen ein Titel aus unserer Liste anspricht, der sollte nicht lange zögern, ein Scheinchen lockerzumachen, um ein Heft anzufordern. Literaturzeitschriftenverleger sind Enthusiasten und Idealisten, auch Studenten, die nach Feierabend und am Wochenende viel tun – für deutschsprachige Literatur, für uns Leser und für manchen Autor, der hier seine erste Öffentlichkeit findet.

Die Themenvielfalt gibt vielen Autoren/ Autorinnen eine Möglichkeit zur ersten Veröffentlichung, dafür oft kein Honorar, wie *HELs Zirkular* betont: »Honorar: neben den ersten Dichtern deutscher Sprache stehn.« Oder wie Frank Broker wissen lässt: »Honorar: Belegexemplar und Weltruhm!«: oder ganz kategorisch: »nein«.

Leider mussten etliche der ambitionierten Zeitungsmacher in den vergangenen Jahren aufgeben, weil das Geld gar zu knapp wurde, oder sie ihrem Baby nicht mehr die nötige Zeit widmen konnten. So werden gelegentlich Literaturzeitschriften ungeplant zu echten Sammlerexemplaren.

Wenn das keine rationale Kaufmotivation ist ... Also Leute, helft Euch selbst: Kauft Literatur in Zeitschriften! (Bei Probeheftanforderungen und Manuskripteinsendungen bitte ein Scheinchen oder Briefmarken beilegen!)

Literaturzeitschriften

Akzente

Vilshofener Str. 10
81679 München
zeller@hanser.de
www.hanser.de
Ansprechpartner: Michael Krüger
Erscheinungsweise: 6mal pro Jahr
Probeheft: ja
Manuskripte erwünscht: ja
Medientyp: nur Print

AROVELL Kunstzeitschrift

Vordertal 660
A-4824 Gosau/ Österreich
arovell@arovell.at
www.arovell.at
Ansprechpartner: Paul Jaeg
Themen: Moderne Lyrik, kritische Erzählungen, Rezensionen,
Kunstberichte
Erscheinungsweise: 4-mal
Probeheft: Abo € 10,– (4 Zeitschriften)
Manuskripte erwünscht: ja
Autorenhonorar: nach Vereinbarung
Medientyp: nur Print

Autorensolidarität

Seidengasse 13
A-1070 Wien/Österreich
ig@literaturhaus.at
www.literaturhaus.at/lh/ig
Ansprechpartner: IG Autorinnen
Autoren
Themen: berufsspezifische Informationen f. österreichische Autorinnen und Autoren und Infos
über Literaturpreise und Stipendien im gesamten deutschsprachigen Raum
Erscheinungsweise: 4 mal jährlich
(nur im Abo erhältlich)
Probeheft: gratis
Manuskripte erwünscht: nein
Autorenhonorar: nein
Medientyp: nur Print

Bella triste

Moltkestr. 64
31135 Hildesheim
bella_triste@gmx.de
www.bellatriste.de
Ansprechpartner: Florian Kessler
Themen: Zeitschrift für junge
Literatur
Erscheinungsweise: 3 mal jährlich
Manuskripte erwünscht: nein
Medientyp: Print und Online

Die Brücke

Riottestr. 16
66123 Saarbrücken
bruecke@haushake.de
www.bruecke-saarbruecken.de
Ansprechpartner: Redaktion
Die Brücke e.V.
Themen: Migration und Feste
Europa
Erscheinungsweise: Vierteljährlich
Probeheft: € 10,-
Medientyp: Print und Online

Brückenschlag
Ehndorfer Str. 15-17
24537 Neumünster
verlag@paranus.de
www.paranus.de
Ansprechpartner: Fritz Bremer,
Hartwig Hansen, Jürgen Blume
Themen: Zeitschrift für Sozial-
psychiatrie – Jahrbuch, durch-
gehend mit Farbillustrationen,
Gedichte, Geschichten, Essays
und Bilder, erscheint als Themen-
heft
Erscheinungsweise: 1mal jährlich
Probeheft: Einzelheft € 15,–
Manuskripte erwünscht: ja
Autorenhonorar: Belegexemplar
Medientyp: nur Print

Buchkultur Verlags Ges.m.b.H.
Huetteldorferstr. 26/4-6
A-1150 Wien
redaktion@buchkultur.net
www.buchkultur.net
Ansprechpartner: Dr. Tobias Hierl,
Hannes Lerchbacher
Erscheinungsweise: 6-mal jährlich
+ Sonderhefte
Probeheft: gratis
Medientyp: Print und Online

**Caligo – unabhängige
Literaturzeitschrift**
Geschw.-Scholl-Str.28b
06118 Halle
redaktion.caligo@arcor.de
www.caligo-zeitschrift.de.vu
Ansprechpartner: Carsten
Schmidt

Themen: Prosa, Lyrik, Bilder,
Karikaturen, Rezensionen, Inter-
views zu Themen aus Krimi,
Horror, SciFi und Satire
Erscheinungsweise: halbjährlich,
Frühjahr/Herbst
Probeheft: € 4,35
Manuskripte erwünscht: Mit-
machen erwünscht
Autorenhonorar: nein
Medientyp: nur Print

**Criminalis – Magazin für
Krimiliteraturfreunde**
Am Eschkamp 7A
48291 Telgte
info@capricorn-verlag.de
www.criminalis.de
Ansprechpartner: Capricorn
Literaturverlag
Themen: alles rund ums Genre
Krimi
Erscheinungsweise: jährlich im
September
Probeheft: € 11,50
Manuskripte erwünscht: nein
Medientyp: nur Print

**das gefrorene meer
zeitschrift für literatur international**
Winzerstr. 62
01445 Radebeul
redaktion@dasgefrorenemeer.de
www.dasgefrorenemeer.de
Themen: Literatur, Philosophie,
Sozial-Kulturwissenschaften
Erscheinungsweise: online kontinuierlich, print zweimal jährlich

Probeheft: € 8,–
Manuskripte erwünscht: ja
Autorenhonorar: nein
Medientyp: Print und Online

Decision
Postfach 10 31 53
33531 Bielefeld
Ansprechpartner: Stefanie Weh
Themen: Deutsch-französische
Literatur, Musik, Kunst
Erscheinungsweise: 4mal
Manuskripte erwünscht: ja
Autorenhonorar: nein

**Der Dreischneuß Marien-Blatt
Verlag**
Braunstr. 12
23552 Lübeck
marienblatt@gmx.net
www.dreischneuss.de
Ansprechpartner: Regine
Mönkemeier
Themen: Zeitschrift für Literatur,
jeweils Themenhefte in schöner
Ausstattung mit Lyrik- und Pro-
satexten, Bildern oder Graphik,
Rezensionen
Erscheinungsweise: 1mal jährlich,
August
Probeheft: € 4,05; 3,20 im Buch-
handel!
Manuskripte erwünscht: ja, Aus-
chreibung im Internet beachten,
gern per E-mail
Autorenhonorar: nein, nur 1
Belegheft
Medientyp: Print und Online mit
Leseproben und Archiv

EDIT – Papier für neue Texte
Haus des Buches, Gerichtsweg 28
04103 Leipzig
mail@editonline.de
www.editonline.de
Ansprechpartner: Patrick J.
Hutsch
Themen: »Entdeckerzeitschrift«
für junge, deutschsprachige
Prosa, Lyrik und Kritik
Erscheinungsweise: 3mal jährlich
Probeheft: € 5,00 zzgl. Porto
Manuskripte erwünscht: ja
Autorenhonorar: ja
Medientyp: Print und Online

**YE – die Schachtel für
Kunst und Poesie**
Neustr. 2
53925 Sistig/Eifel
editionYE@t-online.de
www.editionye.blogspot.com
Ansprechpartner: Redaktion
c/o Theo Breuer
Themen: Schachteledition mit
originalen lyrischen, visuellpoeti-
schen, druckgraphischen Blättern
(auch Autographen)
Erscheinungsweise: ca. 1mal im
Jahr
Manuskripte erwünscht: nein
(auf Anfrage)
Autorenhonorar: 1 Exemplar der
Kunstschachtel
Medientyp: Nur Print

Eiswasser
Horner Heerstr. 33
28359 Bremen
www.eiswasser.de
Themen: Lyrik und Kurzprosa
Erscheinungsweise: 2-4mal
Manuskripte erwünscht: ja
Autorenhonorar: 2 Hefte/nach
Vereinbarung

Elfenschrift
c/o Ulrike Stegemann
Stichstraße 6
31028 Gronau (Leine)
info@elfenschrift.de
www.elfenschrift.de
Ansprechpartner: Ulrike
Stegemann
Themen: Fantasy
Erscheinungsweise: 4 x jährlich
Probeheft: € 3,50
Manuskripte erwünscht: ja, Kurz-
geschichten, max. 8000 Zeichen
Autorenhonorar: Belegexemplar
Medientyp: Print

**entwürfe. Zeitschrift für Lite-
ratur**
Neugasse 6
CH-8005 Zürich/Schweiz
www.entwuerfe.ch
Ansprechpartner:
Themen: Literatur aus dem deut-
schen Sprachraum zu einem
Thema, ausserdem junge Schrei-
bende, unveröffentlichte Texte,
Bild- und Kunstrubrik
Erscheinungsweise: 4mal
Probeheft: sfr. 19

Manuskripte erwünscht: ja
Autorenhonorar: Jahresabo

Am Erker
c/o Frank Lingnau
Rudolfstr. 8
48145 Münster
am-erker@t-online.de
www.am-erker.de
Ansprechpartner: Fiktiver Alltag
e.V.
Themen: Thematisch orientierte
Hefte mit erzählender Prosa,
Essays, Schriftstellerporträts und
einer umfangreichen Bücher-
schau
Erscheinungsweise: 2mal
Probeheft: Probeheft incl. Ver-
sand: € 5,–
Manuskripte erwünscht: ja
Autorenhonorar: nein
Medientyp: Print, Auswahl online

erostepost im Literaturhaus
Strubergasse 23
A-5020 Salzburg/Österreich
erostepost@literaturhaus-salzburg.at
www.erostepost.at
Ansprechpartner: Dirk Ofner,
Kurt Wölflingseder
Themen: Anthologiecharakter, es
werden nur Prosatexte und Lyrik
veröffentlicht, Erstveröffentli-
chungen junger, noch unbekann-
ter deutschsprachiger Autoren
Erscheinungsweise: 2mal
Probeheft: gratis
Manuskripte erwünscht: ja
Autorenhonorar: € 20,- per

Druckseite
Medientyp: nur Print

Exil
Postfach 17 02 34
60076 Frankfurt am Main
exilkoch@seznam.cz
www.slm.uni-hamburg.de/exi-
larchive
Ansprechpartner: Edita Koch,
Dr. Henrike Walter
Themen: Zeitschrift für Literatur,
Theater, Kunst und Wissenschaft
im Exil der deutschsprachigen
Autoren 1933-1945. Für Literatur-
wissenschaftler und interessierte
Leser.
Erscheinungsweise: 2mal
Probeheft: € 5,–
Manuskripte erwünscht: ja, mit
Rückporto
Autorenhonorar: leider kein
Honorar
Medientyp: nur Print

Faltblatt
Neustr. 2
53925 Sistig/Eifel
editionYE@t-online.de
www.editionye.blogspot.com
Ansprechpartner: Redaktion
c/o Theo Breuer
Themen: Lyrische Zeitschrift für
neue Gedichte, visuelle Poesie,
Buchvorstellung, Essay, Zeit-
schriftenvorstellung, Autoren-
und Verlagsporträt
Erscheinungsweise: ca. 1mal im
Jahr

Probeheft: € 5,–
Manuskripte erwünscht: nein
Autorenhonorar: mehrere Beleg-
exemplare
Medientyp: Nur Print

Fantasia
Postfach 13 71
94003 Passau
franz.schroepf@t-online.de
www.edfc.de
Ansprechpartner: Franz Schröpf
Themen: Fantastik in Medien,
Literatur und Kunst
Erscheinungsweise: monatlich als
PDF
Probeheft: € 7,50 jährlich, Probe-
heft gratis
Manuskripte erwünscht: ja
Autorenhonorar: nein
Medientyp: Online

**Federwelt – Zeitschrift für
Autorinnen und Autoren**
Taxisstr. 15
80637 München
www.federwelt.de
Ansprechpartner: Sandra Uschtrin
(Hrsg.), Andreas Noga
Themen: Praxisorientierte Fach-
artikel u. Interviews zum Thema
Schreiben u. Veröffentlichungen,
Informationen über Literaturwett-
bewerbe, Rezensionen, Lyrik und
Prosa
Erscheinungsweise: 6 x jährlich
Probeheft: € 7,50
Manuskripte erwünscht: nach
Absprache

Autorenhonorar: Lyrik/ Prosa:2 Belegexemplare, Sachartikel für Autoren: nach Absprache. Außerdem gibt es den Federwelt-Newsletter per E-Mail.
Medientyp: Print und Online

Das Gedicht
Buchenweg 3b
82234 Weßling
www.dasgedicht.de
Ansprechpartner: Anton G. Leitner
Themen: Lyrik, Essay, Kritik, Erotik etc. – nur Erstveröffentlichungen (auch sehr bekannter AutorInnen), ggf. Themenhefte
Erscheinungsweise: 1-2mal
Manuskripte erwünscht: jein
Autorenhonorar: 1 Belegexemplar, Seitenhonorare (bei Förderung)

Holunderground
Steinrutsch 7
65931 Frankfurt/Main
hadayatullah@web.de
Ansprechpartner: Hadayatullah Hübsch
Themen: Zeitschrift für Lyrik (mit Collagen unterlegt). N u r Lyrik, keine Prosa, keine Rezensionen.
Erscheinungsweise: 1mal
Probeheft: € 5,–
Manuskripte erwünscht: ja
Autorenhonorar: nein
Medientyp: nur Print

die horen – Zeitschrift für Literatur, Kunst und Kritik
Wurster Str. 380
27580 Bremerhaven
diehoren@johann-p-tammen.de
www.die-horen.de
Ansprechpartner: Johann P. Tammen
Themen: Themenspektrum siehe Homepage
Erscheinungsweise: 4mal
Manuskripte erwünscht: ja
Autorenhonorar: ja
Medientyp: nur Print

Intendenzen. Zeitschrift für Literatur
c/o Ron Winkler
Anklamerstr. 54
10115 Berlin
intendenzen@gmx.de
www.intendenzen.de
Ansprechpartner: Ron Winkler
Erscheinungsweise: unregelmäßig
Probeheft: 4,40 €
Manuskripte erwünscht: ja
Autorenhonorar: leider nein

Konzepte – Zeitschrift für Literatur
Postfach 2654
89216 Neu-Ulm
konzepte@bvja-online.de
www.bvja-online.de
Ansprechpartner: Redaktion
Themen: Beiträge sowohl etablierter als auch noch unbekannter Autoren
Erscheinungsweise: 1mal jährlich

Probeheft: € 7,50 und 1,50 Porto
Manuskripte erwünscht: ja
Autorenhonorar: 2 Belegexemplare

KRAUTGARTEN
Postfach 42
B-4780 St. Vith Belgien
bruno.kartheuser@skynet.be
www.krautgarten.be
Ansprechpartner: Bruno
Kartheuser
Themen: Gedichte und Prosa,
Künstlervorstellung, Rezensionen, politisch-gesellschaftliche
Analyse
Erscheinungsweise: halbjährlich
Probeheft: € 10,–
Manuskripte erwünscht: ja,
Papierausdruck oder Mail
Autorenhonorar: nein
Medientyp: nur Print

Kritische Ausgabe
Zeitschrift für Germanistik &
Literatur
Germanistisches Seminar der
Universität Bonn
Am Hof 1d
53113 Bonn
www.kritische-ausgabe.de
redaktion@kritische-ausgabe.de
Ansprechpartner: Benedikt
Viertelhaus, Chefredakteur
Themen: Essayistische Themenschwerpunkte pro Ausgabe
wechselnd, bisher z. B. Popliteratur, DDR-Literatur, Industrie,
Krieg, Großstadt, Literatur im

Dritten Reich;
Erscheinungsweise: halbjährlich
Probeheft: € 7,00
Manuskripte erwünscht: ja, nach
vorheriger Anfrage
Autorenhonorar: nein
Medientyp: Print und Online

Kunst & Kultur
Neckarhalde 27a
72070 Tübingen / ver.di Bundesverwaltung 10112 Berlin
www.kunstundkultur-online.de
Ansprechpartner: Redaktion
Burkhard Baltzer
Themen: Themen zur Kunst und
Kulturpolitik
Erscheinungsweise: 8mal jährlich
Probeheft: € 5,–
Manuskripte erwünscht: nach
Absprache
Autorenhonorar: ja, je nach Textart

Lettre International
Erkelenzdamm 59/61
Elisabethhof – Portal 3b
10999 Berlin
redaktion@lettre.de,
lettre@lettre.de
www.lettre.de
Ansprechpartner: Frank Berberich
Themen: Deutsche Erstveröffentlichungen, Kultur, Kunst, Wirtschaft, Politik, Literatur, Theater,
Film, Musik etc.
Erscheinungsweise: vierteljährlich
Probeheft: € 11,–
Manuskripte erwünscht: ja

Autorenhonorar: ja
Medientyp: Print, Auswahl online

LICHTUNGEN

Stigergasse 2/III
A-8020 Graz/Österreich
office@lichtungen.at
www.lichtungen.at
Ansprechpartner: c/o Kulturamt
der Stadt
Themen: Literatur, Kunst und
Zeitkritik
Erscheinungsweise: 4-mal jährlich
Probeheft: € 6,- zzgl.
Versand,
Abo: 22,- € (Ö), 26,- € (EU)
Manuskripte erwünscht: ja, per
E-Mail
Autorenhonorar: ja
Medientyp: nur Print

Lichtwolf – Zeitschrift trotz Philosophie

c/o Timotheus Schneidegger,
Süderdeichstr. 6
26506 Norden
redaktion@lichtwolf.de
www.lichtwolf.de
Ansprechpartner: Timotheus
Schneidegger (verantwortlicher
Herausgeber)
Themen: Philosophie, Hoch-
schulpolitik, Sozialkritik, Unter-
grundkultur, Poesie
Probeheft: € 3,–
Manuskripte erwünscht: ja, max.
10.000 Zeichen
Autorenhonorar: 2 Freiexemplare/
Verhandlungssache

Lima (Literarisches Magazin)

Schulstr. 5
01189 Dresden
nicole-arendt@gmx.net
www.bvja-online.de
Ansprechpartner: Nicole Arendt
Themen: Prosa und Lyrik, Foto-
grafien
Erscheinungsweise: 1mal pro Jahr
Probeheft: € 7,–
Manuskripte erwünscht: ja,
(siehe Homepage)
Autorenhonorar: nein, jedoch
kostenlose Belegexemplare
Medientyp: nur Print

Literarische Kostproben

Anton Störck-Gasse 56/2/1/6
A-1210 Wien Österreich
Ansprechpartner: Helga Helnwein
Themen: Lyrik – Prosa
Erscheinungsweise: 4mal jährlich
Probeheft: € 3,–
Medientyp: nur Print

Der Literat

Postfach 19 19 23
14008 Berlin
kontakt@derliterat.de
www.derliterat.de
Ansprechpartner: Inka Bohl MA
Themen: Fachzeitschrift für Lite-
ratur und Kunst
Erscheinungsweise: 8mal jährlich
Probeheft: Jahresabonnement €
47,00, für Studenten € 37,60
Manuskripte erwünscht: ja
Autorenhonorar: ja
Medientyp: nur Print

**Literaturblatt
Baden-Württemberg**
Postfach 101061
70009 Stuttgart
info@literaturblatt.de
www.literaturblatt.de
Ansprechpartner: Irene Ferchl
Themen: Bücher u. Literatur-
szene, keine unverlangten Texte,
Feuilletonisches, Essays
Erscheinungsweise: 6mal pro Jahr
Probeheft: € 4,– (S. Hirzel, Stutt-
gart))
Manuskripte erwünscht: nein
Autorenhonorar: ja
Medientyp: Print und Online

LITERATUREN
Reinhardtstr. 29
10117 Berlin
redaktion@literaturen.de
www.literaturen.de
Ansprechpartner: Literaturen
Erscheinungsweise: monatlich mit
jeweils einem Doppelheft Januar/
Februar und Juli/ August
Manuskripte erwünscht: nein
Autorenhonorar: nein
Medientyp: Print und Online

LIT FORM
Friedrich-Ebert-Str. 97
59425 Unna
www.wlb.de
Ansprechpartner: Westfälisches
Literaturbüro in Unna e.V.
Themen: Programme, Informationen, Perspektiven zum Literaturbetrieb

Erscheinungsweise: 4mal
Manuskripte erwünscht: nein
Autorenhonorar: nein

Luftdurchlässig
Beethovenstr. 2
12247 Berlin
www.luftdurchlaessig.de
Ansprechpartner: Annette Illigner
Erscheinungsweise: Jahres-
publikation
Autorenhonorar: kein Honorar,
Belegexemplar für Autoren
Medientyp: Nur Print

Manuskripte
Sackstr. 17
A-8010 Graz/Österreich
lz@manuskripte.at
www.manuskripte.at
Ansprechpartner: Alfred
Kolleritsch
Themen: Manuskripte gibt es seit
1960. Es werden deutschspra-
chige Texte veröffentlicht.
Erscheinungsweise: 4mal im Jahr
Probeheft: € 10,- (Ö), € 11,70 (EU)
Manuskripte erwünscht: ja
Autorenhonorar: ja, nur für
bestellte Essays
Medientyp: nur Print

Der Mongole wartet
Am Dornbusch 15
44789 Bochum
DrZittlau@arcor.com
www.zenon-verlag.de.vu
Ansprechpartner: Michael Arenz
Themen: Internationale Prosa,

Essays, Lyrik, Präsentation von
Werken bildender Künstler, far-
big und s/w auf ganzen Seiten
(Umfang : 520 Seiten)
Erscheinungsweise: erscheint 1
bis 2 mal im Jahr
Probeheft: € 28,-
Manuskripte erwünscht: ja
Autorenhonorar: nein
Medientyp: nur Print

My Way
Finkenstr. 8
59192 Bergkamen
Ansprechpartner: Ulrich Gernand
Themen: Magazin für kulturellen
Eigensinn Musik, Literatur, Kunst,
Museum, Kultur, Natur
Erscheinungsweise: 2mal
Manuskripte erwünscht: ja
Autorenhonorar: nein
Medientyp: nur Print

**Die NEUE RUNDSCHAU
im S. Fischer Verlag**
Postfach 700 355
60553 Frankfurt am Main
www.fischerverlage.de/page/nr_
selbstportrait
Herausgeber: Jörg Bong, Hans-
Jürgen Balmes, Alexander Roesler
und Oliver Vogel
Themen: Forum moderner Literatur und Essayistik, ein Ort intel-
lektueller Debatten, literarischer
Neuentdeckungen und Wieder-
erinnerungen.
Probeheft: Probeheft: Einzelheft:
10 Euro, Jahresabonnement: 34

Euro inkl. Porto (Europäisches
Ausland 38 Euro;)
Medientyp: nur Print

**orte – Schweizer Literatur-
zeitschrift**
Wirtschaft Rütegg
CH-9413 Oberegg AI
info@orteverlag.ch
www.orteverlag.ch
Ansprechpartner: Werner Bucher
Themen: Themenhefte mit Man-
tel, Schwerpunkt moderne Lyrik,
kein Gesäusel
Erscheinungsweise: erscheint
5mal im Jahr
Probeheft: € 9,70
Manuskripte erwünscht: lieber
Abos als Manuskripte
Autorenhonorar: nein
Medientyp: nur Print

Ostragehege
c/o Axel Helbig
Birkenstr. 16
01328 Dresden
ostragehege-redaktion@web.de
www.ostra-gehege.de
Ansprechpartner: Axel Helbig, Ulf
Großmann, Jayne-Ann Igel
Themen: Literatur, Kunst, Musik
Erscheinungsweise: vierteljährlich
Probeheft: € 6,40
Manuskripte erwünscht: ja,
digitalisiert
Autorenhonorar: in der Regel €
15,– pro Druckseite
Medientyp: nur Print

Pandora
Charlottenstr. 36
12683 Berlin
service@otherland-berlin.de
www.pandora-shayol.de
Ansprechpartner: Hannes Riffel
Themen: Erzählungen, Essays,
Rezensionen
Erscheinungsweise: 1xpro Jahr
Probeheft: € 14,90, Abo 25,00
(zwei Ausgaben)
Manuskripte erwünscht: nein
Autorenhonorar: nein
Medientyp: nur Print

**PARK Zeitschrift für
neue Literatur**
Tile-Wardenberg-Str. 18
10555 Berlin
park53@aol.com
Ansprechpartner: Michael Speier
Themen: Zeitschrift für internationale Gegenwartspoesie, bringt
nur Erstdrucke und Erstüberset-
zungen (zweisprachig)
Erscheinungsweise: unregelmäßig
(1-2 mal jährlich)
Probeheft: € 7,–
Manuskripte erwünscht: nein
Medientyp: nur Print

phantastisch!
Postfach 11 07
29452 Hitzacker
ahavemann@t-online.de
www.phantastisch.net
Ansprechpartner: Achim
Havemann
Themen: Science Fiction, Fantasy,

Horror, Fantastik
Erscheinungsweise: 4 Ausgaben/
Jahr
Probeheft: € 5,75/ Ausland: € 6,90
Manuskripte erwünscht: ja
(derzeit nur Kurzgeschichten –
Artikel)
Autorenhonorar: ja (derzeit aller-
dings nur Anerkennungshonorar)
Medientyp: nur Print

PhoBi
Guldeinstr. 48
80339 München
Ansprechpartner: C.H. Filz, Hrsg.
Themen: Bild- und Textalma-
nach zu Alltag-Kultur-Geschichte,
bevorzugt kulturkritische und
satirische Anmerkungen
Erscheinungsweise: jährlich, mit
Schwerpunktthema
Probeheft: € 5,–
Manuskripte erwünscht: ja
Autorenhonorar: nein, Autoren-/
Belegexemplar
Medientyp: nur Print

poet
Fechnerstr. 6
04155 Leipzig
verlag@poetenladen.de
www.poetenladen.de,
www.poetenladen-der-verlag.de
Ansprechpartner: Andreas Heidt-
mann, Katharina Bendixen u. a.
Themen: Junge Lyrik, Prosa,
Schriftstellergespräche
Erscheinungsweise: halbjährlich
Manuskripte erwünscht: ja

Autorenhonorar: je nach Förder-situation
Medientyp: Print und Online

Quickborn
Zeitschrift für plattdeutsche
Sprache und Literatur
Am Langberg 51
21033 Hamburg
quickbornev@aol.com
www.quickborn-vereinigung.de
Ansprechpartner: Vereinigung
Quickborn e.v. Hamburg
Themen: Sprache und Literatur
Erscheinungsweise: 4mal
Probeheft: € 7,–
Manuskripte erwünscht: ja
Autorenhonorar: nein
Medientyp: nur Print

Rabenflug
Herminenstr. 7
65191 Wiesbaden
EmvBonin@aol.com
http://rabenflug-kulturzeitschrift.
smallpress.de
Ansprechpartner: Evelyne v.
Bonin
Themen: Gegenwartsdichtung
und frühere Literatur/Geschichte
werden zueinander in Bezug
gesetzt: Gedichte, Kurzprosa,
Essays sowie Kulturnotizen
Erscheinungsweise: 2mal
Probeheft: € 3,–, Abo € 6,00 , Ein-zelpreis 3,20, jeweils plus Porto
Manuskripte erwünscht: ja
Medientyp: nur Print

Salbader
c/o Andreas Jeromin
Lottumstr. 9/10
10119 Berlin
andreas-scheffler@gmx.net
www.salbader.de
Ansprechpartner: Andreas
Scheffler, Bov Bjerg, Jürgen Witte,
Hans Duschke, Hinark Husen
Themen: Unterhaltung, Satire
Erscheinungsweise: 2mal
Probeheft: € 4,–
Manuskripte erwünscht: ja, bis
4000 Zeichen
Autorenhonorar: ca. € 31,– pro
Beitrag
Medientyp: nur Print

Der Sanitäter
Verlag Peter Engstler
Oberwaldbehrungen
97645 Ostheim/Rhön
engstler-verlag@t-online.de
www.engstler-verlag.de
Ansprechpartner: Peter Engstler
Themen: Lyrik, Prosa, Poesie +
Politik, Erstveröffentlichungen
Erscheinungsweise: unregelmäßig
Manuskripte erwünscht: nein
Autorenhonorar: nein
Medientyp: nur Print

Scheidewege
Jahresschrift für skeptisches
Denken
Heppstr. 110
72770 Reutlingen
redaktion_scheideweg@t-online.de
www.scheidewege.de

Ansprechpartner: Hg.:
Max-Himmelheber-Stiftung.
Verlag: S. Hirzel, Stuttgart
Themen: Ökologisch-philosophi-
sche Themen
Erscheinungsweise: 1mal (jeweils
im September), ca. 400 Seiten
Probeheft: € 29,50 zzgl. Versand-
kosten. Im Abo 24,00 €
Manuskripte erwünscht: ja
Autorenhonorar: € 30,– pro Seite
Medientyp: nur Print

**Schreibheft Zeitschrift für
Literatur**
Nieberdingstr. 18
45147 Essen
schreibheft.@netcologne.de
www.schreibheft.de
Ansprechpartner: Norbert Wehr
Themen: Avancierte Projekte der
Weltliteratur
Erscheinungsweise: 2mal jährlich
Probeheft: € 11,30
Manuskripte erwünscht: nein
Autorenhonorar: ja

**Schublade
Mitgliedermagazin des BVjA**
Postfach 200303
53133 Bonn
www.bvja-online.de
Themen: Mitgliederzeitschrift des
Bundesverband junger Autoren,
Autorinnen
Medientyp: Print

**Signum.Blätter für Literatur
und Kritik**
Liliengasse 18
01067 Dresden
m.n.weiss@t-online.de
www.zeitschrift-signum.de
Ansprechpartner: Norbert Weiß
(Herausgeber), Signum e. V.
Dresden
Themen: Prosa, Lyrik, Essays,
Kritik, Dramatik
Erscheinungsweise: 2mal jährlich
plus Sonderhefte (unregelmäßig)
Probeheft: € 6,15 plus Porto
Manuskripte erwünscht: ja (mit
Rückporto), Papierausdruck
Autorenhonorar: ja
Medientyp: nur Print

Sinn und Form
Akademie der Künste
Hanseatenweg 10
10557 Berlin
sinnform@adk.de
www.sinn-und-form.de
Ansprechpartner: Sebastian
Kleinschmidt, Gernot Krämer,
Matthias Weichelt
Themen: Literatur, Philosophie,
Essay, Prosa, Lyrik, Gespräch
Manuskripte erwünscht: ja
Autorenhonorar: ja
Medientyp: nur Print

Social Beat SLAM!poetry
(früher «einblick")
Lehenstr. 33
71679 Asperg
www.killroy-media.de

Ansprechpartner: Michael Schönauer (Hrsg.)
Themen: Popliteratur, Literatur der 90er ins neue Jahrtausend, street credibility
Erscheinungsweise: unregelmäßig
Manuskripte erwünscht: ja, aber meist schreiben wir Autoren direkt an
Autorenhonorar: Belegexemplar
Medientyp: nur Print

**Ed. Spektrum
Verlag und Brunnenturm-Presse**
im Höfli/Dielsdorferstr. 1
CH-8158 Regensberg/Zürich
Ansprechpartner: Sven Knebel
Themen: Dichtung + Original-Grafik International, bibliophil.
Format 31 x 44, seit 1958, 16-20 Seiten mehrfarbig ab Druckstock.
Erscheinungsweise: 4mal
Manuskripte erwünscht: nein
Autorenhonorar: nein

Sprache im technischen Zeitalter
Am Sandwerder 5
14109 Berlin
geiger@lcb.de
www.lcb.de, www.spritz.de
Ansprechpartner: Hg: Norbert Miller, Joachim Satorius; Red.: Thomas Geiger, Thorsten Dönges
Themen: Literatur, Literatur-wissenschaft
Erscheinungsweise: 4mal
Manuskripte erwünscht: ja, aber

nicht per E-mail
Autorenhonorar: ja
Medientyp: nur Print

Sterz Zeitschrift für Literatur, Kunst und Kulturpolitik
Mandellstr. 10
A-8010 Graz/Österreich
zeitschrift@sterz.mur.at
www.sterzschrift.at,
www.sterz.mur.at
Ansprechpartner: Dipl.-Ing. Gernot Lauffer, Ludwig Frege
Themen: auf Anfrage/Themenan-kündigung im Heft bzw. mittels »Vorlauf«
Erscheinungsweise: 4mal
Probeheft: Inland (Österreich) € 2,–, Ausland € 6,–
Manuskripte erwünscht: ja
Autorenhonorar: nein
Medientyp: nur Print

Storyatella
Oderberger Straße 45
10435 Berlin
verlag@storyatelle.de
www.storyatella.de
Ansprechpartner: Frank Nuss-bücker, Andreas B. Vornehm
Themen: Das Leben schreibt das Beste, aber nicht alles! Gute Unterhaltung – im wahrsten Sinn beider Worte
Erscheinungsweise: 2 x jährlich, April und November
Probeheft: € 5,–
Manuskripte erwünscht: ja
Autorenhonorar: ist Fernziel,

momentan Freiexemplare
Medientyp: nur Print

Text + Kritik
Tuckermannweg 10
37085 Göttingen
www.etk-muenchen.de
Ansprechpartner: Prof. Heinz
Ludwig Arnold
Themen: Autorenhefte, Themenhefte zur Gegenwartsliteratur
Erscheinungsweise: 4mal plus
1 Sonderheft
Manuskripte erwünscht: nein
Autorenhonorar: ja
Medientyp: nur Print

TextArt
Magazin für kreatives
Schreiben
Gierather Mühlenweg 15
51469 Bergisch Gladbach
verlag@textartmagazin.de;
redaktion@textartmagazin.de
www.textartmagazin.de
Ansprechpartner: Oliver Buslau,
Carsten Dürer
Themen: Beiträge zum Kreativen
Schreiben
Erscheinungsweise: vierteljährlich
Probeheft: € 5,20
Autorenhonorar: nach Vereinbarung
Medientyp: nur Print

Twilightning
das phantastische Magazin
Sandweg 38
20257 Hamburg

info@twilightmag.de
www.twilightmag.de
Ansprechpartner: Heiko Henning
Themen: Kurzgeschichten, Novellen, Rezensionen, Artikel und
Comics, alle Geschichten, die für
die regulären Ausgaben zu lang
sind, werden in den Storybänden
veröffentlicht
Erscheinungsweise: ca. 4mal jährlich
Probeheft: € 4,–
Manuskripte erwünscht: ja
Autorenhonorar: nein
Medientyp: Print und Online

DUM – Das Ultimative
Magazin
Walterstr. 33/2
A-3550 Langenlois Österreich
dummail@gmx.at
www.dum.at
Ansprechpartner: Wolfgang Kühn
Themen: Lyrik & Kurzprosa vornehmlich noch nicht etablierter,
junger AutorInnen; Buchrezensionen,
AutorInnen-Porträts, Veranstaltungsankündigungen
Erscheinungsweise: vierteljährlich
Probeheft: € 3,30
Autorenhonorar: nein
Medientyp: nur Print

Walthari
Fritz-Claus-Str. 23
66981 Münchweiler
www.walthari.com
Ansprechpartner: Prof. Dr. E.

Dauenhauer
Themen: Texte-Medien-Märkte-Porträts, gegründet 1984, Halbjahreszeitschrift m. ca. 100 Druckseiten
Erscheinungsweise: 2mal
Manuskripte erwünscht: ja, nach Voranfrage
Autorenhonorar: nein
Medientyp: Print und Online

Wegwarten – Eine literarische Zeitschrift für Einzelne
Rodenberger Str. 13
30459 Hannover
Ansprechpartner: Walter Lobenstein
Themen: Lyrik, Kurzprosa, Essays, Aphorismen, Romanauszüge, Zeichnungen, Holz- u. Linoldrucke, Grafik u. Fotos (fester Mitarbeiterkreis)
Erscheinungsweise: vierteljährlich
Probeheft: gratis
Manuskripte erwünscht: nein
Autorenhonorar: nein
Medientyp: nur Print

Wespennest
Rembrandtstr. 31/4
A-1020 Wien/Österreich
office@wespennest.at
www.wespennest.at
Ansprechpartner: Walter Famler
Themen: International orientierte Zeitschrift für Literatur und Essay
Erscheinungsweise: 4mal
Probeheft: € 6,–
Manuskripte erwünscht: nein
Autorenhonorar: nein
Medientyp: nur Print

Zeichen und Wunder
Grüneburgweg 89
60323 Frankfurt
bruntraeger@web.de
www.zeichenwunder.de
Ansprechpartner: Hubert Bruntraeger, Christoph Leisten, Andreas Lehmann, Anna Ertel
Themen: Essays zu Themen der Zeit, Kurzprosa, Gedichte
Erscheinungsweise: 2mal jährlich
Probeheft: Probeheft kostenlos, ansonsten € 8,– plus Versand
Manuskripte erwünscht: ja
Autorenhonorar: nein
Medientyp: nur Print

Autorenhaus-Verlagsprogramm

Tagebuch & Erinnerungen schreiben
Freedom Writers – Wie eine junge Lehrerin und 150 gefährdete Jugendliche sich und ihre Umwelt durch Schreiben verändert haben
Von den Freedom Writers mit Erin Gruwell
Tagebuch schreiben *Von Tristine Rainer*

Lyrik & Songtexte schreiben
Gedichte schreiben *Von Thomas Wieke*
Songtexte schreiben *Von Masen Abou-Dakn*

Kreatives Schreiben
Zen in der Kunst des Schreibens *Von Ray Bradbury*
Schriftsteller werden *Von Dorothea Brande*
Raum zum Schreiben *Von Bonni Goldberg*
Wild Mind – Freies Schreiben *Von Natalie Goldberg*
Schreiben in Cafés *Von Nathalie Goldberg*
Schule des Erzählens *Von Sibylle Knauss*
Emotionen. *Von Susanne Konrad*
Kleiner Autoren-Workshop *Von Ursula LeGuin*
Beim Schreiben allein *Von Joyce Carol Oates*
Komik und Satire *Von Bernd Zeller*
Die eigene literarische Stimme finden *Von Manfred Hagel*
Kinder- und Jugendbuch schreiben & veröffentlichen *Von H. Brosche*

Kreatives Schreiben für Jugendliche
Was sagt der Tiger? *Von Astrid Krömer*
Die neue Wörterwerkstatt *Von Sylvia Englert*
Türen zur Fantasie *Von Marion Gay*

Liebesromane & Erotik schreiben
Heftromane schreiben und veröffentlichen *Von Anna Basener*
Emotionen *Von Susanne Konrad*

Krimi & Thriller schreiben
Crime – Kriminalromane und Thriller schreiben *Von Larry Beinhart*
Literarisches Schreiben *Von Lajos Egri*
Der Mord als eine schöne Kunst betrachtet *Von Thomas de Quincey*

Bitte besuchen sie auch www.autorenhaus-verlag.de

Journalismus, Nonfiction schreiben

Associated Press-Handbuch Journalistisches Schreiben
Von Rene J.Cappon
50 Werkzeuge für gutes Schreiben *Von Roy Peter Clark*
Nonfiction schreiben *Von William Zinsser*
Kreatives Schreiben für Studenten & Professoren *Von Frank Cioffi*

Schreiben & Veröffentlichen

Literaturagentur. Autor – Agent – Verlag *Von Joachim Jessen u.a.*
Deutsches Jahrbuch für Autoren, Autorinnen
Mini-Verlag. Selbstverlag, Verlagsgründung *Von Manfred Plinke*
Handbuch für Erst-Autoren *Von Manfred Plinke*
»Ich bin ganz, ganz tot, in vier Wochen« *Von Birgit Vanderbeke*

Theater & Stücke schreiben

Die Technik des Dramas *Von Gustav Freytag*
Vorsprechen *Von Paula B. Mader*
Kleines Schauspieler-Handbuch *Von Uta Hagen*
Dramatisches Schreiben *Von Lajos Egri*

Film & Drehbuch schreiben

Wie man einen Film macht *Von Claude Chabrol*
Filme machen *Von Sidney Lumet*
Die Technik des Dramas *Von Gustav Freytag*
Dramatisches Schreiben *Von Lajos Egri*
Schule des Erzählens *Von Sibylle Knauss*
Schritt für Schritt zum erfolgreichen Drehbuch *Von Chris. Keane*
Das Drehbuch *Von Syd Field*
Die häufigsten Probleme beim Drehbuchschreiben und ihre Lösungen
Von Syd Field
Grundkurs Film von *Syd Field*

Cartoonbücher

Struwwelhitler. Der Anti-Nazi-Klassiker von 1941
Von Robert u. Philip Spence

Schriftstellerbücher in der edition tieger

Musen auf vier Pfoten: Schriftsteller und ihre Hunde
Musen auf vier Pfoten: Katzen und ihre Schriftsteller
Autorenhaus Literaturkalender
www.edition-tieger.de